초등
교육실습
운영시스템

초등교육실습
운영시스템

초판 1쇄 발행 2020년 9월 11일

지은이 | 김동민, 고은별, 김호정, 노진영, 안 나, 정호중, 정유진

발행인 | 최윤서
편집장 | 허병민
디자인 | 디자인붐
마케팅지원 | 김수경
펴낸 곳 | (주)교육과실천
도서문의 | 02-2264-7775
인쇄 | 031-945-6554 두성 P&L
일원화 구입처 | 031-407-6368 (주)태양서적
등록 | 2020년 2월 3일 제2020-000024호
주소 | 서울특별시 중구 창경궁로 18-1 동림비즈센터 505호
ISBN 979-11-969682-3-6 (13370)

현장 중심의 교육실습 어떻게 할까?

초등 교육실습 운영시스템

김동민 · 고은별 · 김호정 · 노진영 · 안 나 · 정호중 · 정유진 지음

사람과교육

추천사

📖 30여 년간 교원양성 대학교에서 근무하며 느꼈던 아쉬움 중의 하나가 '일선 학교나 예비 교사 모두가 필요로 하는 교육실습'을 어떻게 만들고 실행하면 좋을 것인가 하는 것이었다. 실제로 현재의 교육실습은 현실과 괴리가 있는 이론 및 과정 중심의 실습이어서 현장에서 실습을 담당하는 교사나 예비 교사가 모두 만족을 하지 못하는 것이 현실이다. 그래서 현장에서 직접 학생들을 열성적으로 지도했던 선생님들이 모여서 교육실습의 틀을 다시 만들고, 이론적으로 보완하여 이러한 해묵은 교육실습의 내용 및 시행과정의 문제점을 말끔히 해소해줄 수 있는 방안을 마련했다. 아무쪼록 이 책이 교육 현장과 교사양성 대학교의 교직과정 사이를 잇는 가교가 되기를 기원하며, 온몸을 바쳐서 이것을 기획하고 완성하기까지 수고를 아끼지 않은 선생님들께 박수를 보낸다. **– 김경성, 서울교육대학교 명예총장**

📖 호기심 가득한 눈빛, 끝없는 이야기로 가득한 교실, 아이들의 삶과 만나는 교육실습은 예비 교사에게 더없이 소중한 시간입니다. 두려움과 설렘으로 시작하여 '선생님'이라는 이름의 무게를 몸으로 느끼고 아이들의 눈빛과 숨결을 가슴으로 만나며 좋은 선생님이 되겠다는 꿈을 다집니다. 예비 교사의 배움과 성장에서 가장 중요한 과정입니다. 그렇지만 담당 교사에게는 적잖이 부담스러운 일이라 선뜻 맡으려 하지 않습니다. 이 책은 교육실습 운영 방법을 만남에서 헤어짐까지 체계적이고 꼼꼼히 펼쳐 놓았습니다. 학교와 교사가 교육실습 운영에 도전할 수 있도록 돕는 든든한 길잡이로 모자람이 없습니다. 예비 교사는 미래의 동료입니다. 교육실습 운영은 미래 동료 교사들이 좋은 선생님이 되려는 열정을 지피도록 돕는 일이며 배움과 성장에 함께하는 일입니다. 이 책과 함께 많은 교사가 그 배움과 열정의 밑불이 되길 소망합니다. **– 최교진, 세종특별자치시교육청 교육감**

교사로서 성장은 교육대학에 입학할 때부터 시작하여 퇴직 때까지 중단 없이 이뤄진다. 흔히 예비 교사 때는 수급에 상대적으로 더 많은 신경을 쓰지만, 사실 바람직한 성장은 예비 교사 때 어떤 공부와 경험을 했느냐와 관계한다. 예비 교사 양성과정의 여러 요소 중에 교육 실습이 있다. 예비 교사들은 교육실습 과정에서 현장의 실제적 지식을 탐구하고 적용하며 교사로서 자질을 키운다. 이 책은 교육실습을 운영하는 데 필요한 핵심적인 정보를 담고 있다. 저자들은 일련의 구조화된 프로그램을 바탕으로 현직 교사와 예비 교사의 만남, 멘토링, 경험의 축적, 동반 성장을 제안한다. 처음으로 교생을 만나는 교사는 물론이고, 여러 번 교육 실습생을 지도해본 경력 교사에 이르기까지 체계화된 교육실습 지침서를 필요로 하는 독자들에게 권한다. **- 함영기, 서울특별시교육청 교육연수원 원장**

교생 선생님을 흔쾌히 받아들일 수 있는 준비된 학교와 교사가 얼마나 있는가? 형식적인 교육실습이 아닌 교사로서 성장하는 데 실질적인 도움을 주는 교육실습 과정을 어떻게 해야 보장할 수 있을까? 생각처럼 쉬운 문제가 아니다. 교육실습 기간을 더욱 늘려야 한다는 요구가 나온 지는 오래되었지만, 변화는 없고 도돌이표 논쟁만 반복한다. 교생실습이 이렇게 바뀌어야 한다고 걱정할 때, 저자들은 이렇게 하면 된다고 자신 있게 말하고 있다. 이 책은 교육실습 내실화를 목표로, 교생 선생님과 지도교사가 현장에서 부딪히는 여러 문제를 극복할 수 있는 유용하고 상세한 정보와 자료를 친절하게 제공하고 있다. 이 책은 교생실습 차원을 넘어 교원양성 과정의 혁신에 관한 단서를 제공하고 있다는 점에서 그 의미가 크다. 임상과 현장과 실천이 없는 교원양성기관의 통렬한 반성을 촉구한다. 현장에서 우리는 다시 시작해야 한다. **- 김성천, 한국교원대학교 교육정책전문대학원 교수**

차례

제3부 · 교육실습 운영 프로그램

제4부 · 교육실습 운영 Q&A

특별한 만남을 시작하며

내 마음속 교생 선생님 —

우리는 교생 선생님에 대한 여러 경험이 있습니다. 어린 학생이었을 때 늘 함께 지내는 담임선생님과는 다른, 새롭고 젊은 선생님을 만나 짧지만 특별한 시간을 보냈습니다. 교육실습생으로 학교에 가서 아이들과 지도교사를 만나 함께 지내며 관찰하고 수업을 준비하고 떨리는 마음으로 아이들 앞에 섰던 추억도 있습니다. 그리고 교사가 되어서는 교육실습생을 맞이하여 함께 지내며 성장하도록 도와주기도 했습니다. 그리고 이제 곧 교육실습생을 맞이해야 하는 선생님도 있습니다. 어쩌면 이 책을 읽고 있는 선생님이 바로 그럴지도 모르겠군요. 어떠신가요? 기대되나요, 아니면 불안한가요? 우리 삶의 놀라운 만남은 이렇게 기대와 불안과 함께 찾아오곤 합니다.

가장 기대되는 시간이지만 —

교육실습은 대학에서 배운 이론을 현장에서 실천해보는 것이기 때문에 대단히 중요합니다. 실제로 교육대학 및 초등교육과 학생들이 가장 기대하는 시간이기도 하지요. 교사로 첫걸음을 내딛기 전, 교직의 이정표가 되는 소중한 경험을 하기도 하지만 아쉽게도 그저 그런 시간을 보내기도 합니다. 교사가 되기 위해서 9주 동안 교육실습을 하게 됩니다. 그런데 이

기간이 충분하다고 느껴지나요? 그리고 그 기간 동안 교육실습이 체계적으로 운영된다고 생각하나요?

아이들을 가르치는 것과는 또 다른 의미 —

교사에게 가장 중요한 일은 교실에서 아이들을 만나 행복하게 지내면서 잘 성장하도록 가르치는 것입니다. 모든 교사가 이를 바라고 이루기 위해 많은 노력을 하고 있습니다. 이렇게 중요한 일을 하고 싶어 하는 예비 교사들, 교육실습생을 돕는 것도 매우 중요한 일입니다. 실습지도교사로서 자신의 학급운영, 생활지도, 교수·학습을 함께하면서 자세하게 관찰하고 기록하며 질문하는 교육실습생들을 도우려면 먼저 자신의 삶을 바라보아야 합니다. 자신이 어떻게 학급을 운영하고 있고, 밑바탕이 되는 철학은 무엇이며, 아이들에게 어떤 것을 어떻게 가르치고, 문제가 생겼을 때 어떻게 해결하는지 살펴보고 체계화해야 합니다. 이 과정은 어렵고 힘들기도 하지만, 성찰과 감동을 줍니다. 그리고 교육실습생과 실습지도교사가 함께 성장하는 길이기도 합니다. 어린 학생 제자만이 아니라 교사 제자의 성장을 돕는 기쁨은 실습지도교사의 역할을 선택한 이들에게만 주어지는 특별한 선물입니다.

성공적인 교육실습지도를 하려면 —

교육실습생들이 행복한 만남을 통해 성장하고 실습지도교사에 대한 고마움과 교사로 살아갈 희망을 마음 깊이 간직하게 되기도 하지만, 그저 학점을 따는 수준에 머물거나 도리어 교사로 살아갈 삶의 희망을 잃게 되기도 합니다. 어떤 선생님이 교육실습생들에게 희망을 줄 수 있을까요?

스턴버그는 성공하는 사람들에게는 세 가지 지능이 있다고 말합니다. 이를 교육실습과 연계해서 살펴보겠습니다.

• 요소지능: 교육실습생에게 무엇을 가르칠 것인가?

• 경험지능: 교육실습생들을 직접 가르쳐본 경험이 얼마나 되는가?

• 맥락지능: 이론과 경험을 통합한 맥락, 즉 교육실습 운영시스템을 갖고 있는가?

초등교육실습운영시스템 ―

지금까지의 교육실습은 전체적인 체계가 부족하고 지도교사 개인의 역량에 의존하다 보니 여러 문제가 있었습니다. '사람과교육실습연구회'는 그런 문제를 극복하며 교육실습생들이 만족하고 지도교사들이 보람을 느낄 수 있도록 꼭 필요한 교육내용과 효과적인 교육 방법, 지원체계 등을 통합하여 '교육실습운영시스템'을 체계화하고 다양한 프로그램을 정리했습니다.

이 책을 이렇게 활용해보세요

제1부 교육실습 운영 이해에서는 교육실습 운영에 대한 전반적인 이해를 돕습니다. 초등 교육실습운영시스템의 개념, 현행 교육실습 운영 방식과 외국 교육실습 운영 방식을 살펴봅니다. 그리고 교육실습에 참여한 교육실습생들과 지도교사의 생생한 이야기를 살펴보면서 우리나라 초등 교육실습에 꼭 필요한 것들이 무엇인지에 대한 도움을 얻을 수 있습니다.

제2부 교육실습 운영 지원 시스템은 교육실습을 총괄 운영해야 하는 실습운영 부장교사에게 필요한 내용을 담았습니다. 어떻게 하면 교육실습을 체계적으로 운영할 수 있을지에 대한 고민과 아이디어를 담아보았습니다. 실습부장은 교육실습협력학교 구성원들인 관리자, 지도교사, 교육실습생, 학생들과 동시에 의사소통해야 합니다. 그러한 위치에서 다양한 역할을 수행해야 하는 실습부장이 교육실습 운영을 위해 어떤 영역에서 어떤 지원을 해주면 좋을지 좀 더 구체적이고 실제적인 내용을 나눠보겠습니다.

제3부 교육실습 운영 프로그램은 교육실습에 참여하고 교육실습생을 직접 지도해야 하는 교사를 위한 내용을 담았습니다. 교육실습생을 맞이하는 첫날부터 헤어지는 날까지 구체적인 지도 방법, 매일 교육실습생과의 일대일 멘토링 내용과 방법, 교육실습 공통 프로그램, 교육실습 기본 프로그램과 같은 실제적이고 구체적인 내용을 참고하면 교육실습생을 어떻게 지도해야 할지에 대한 다양한 아이디어와 체계적인 방법을 얻을 수 있습니다.

제4부 교육실습 운영 Q&A는 교육실습생이 궁금해하는 질문에 대한 답변들, 처음 교육실습생을 지도하는 교사들이 궁금해하는 질문에 대한 답변들, 교육실습을 총괄 운영하는 실습부장이 궁금해하는 질문과 답변들, 실습지도교사들이 바라는 내용, 교육실습 운영을 위한 각종 서식을 담았습니다. 누구나 처음 접하는 것에 대한 두려움과 어려움이 있는데, 그에 대한 고민과 궁금증을 모아서 답변들을 정리했습니다.

부록 수업 및 특강 아이디어 11가지는 교육실습생들에게 공개할 시범수업에 대한 아이디어와 그 지도안(약안) 6가지, 특강 아이디어 큐시트 5가지를 담았습니다. 첫 만남 및 헤어짐 수업 아이디어, 놀이를 활용한 수업 아이디어, 교육실습생 보조 · 활용 · 참여수업에 대한 아이디어, 학급회의 수업 아이디어, 토의 · 토론 수업 아이디어, 실습부장을 위한 수료식 행사 큐시트도 담아보았습니다. 부록에 담은 수업 및 특강 아이디어를 참고하여 교육실습을 알차고 효과적으로 운영해보시기 바랍니다.

이 책을 읽고 관련 문서가 필요하거나 구체적인 도움을 원한다면
'사람과교육실습연구회' 밴드로 오시기 바랍니다.
https://band.us/@edupro2020

제1부

교육실습 운영 이해

제1부 교육실습 운영 이해는 교육실습 운영에 대한 전반적인 이해를 돕고자 구성했습니다. 초등교육실습운영시스템의 개념, 현행 교육실습 운영 방식과 외국 교육실습 운영 방식을 살펴봅니다. 그리고 교육실습에 참여한 교육실습생들과 지도교사의 생생한 이야기를 살펴보면서 우리나라 초등 교육실습에 무엇이 더 필요한지에 대한 이해를 넓힐 수 있을 것입니다.

1장

초등교육실습 운영시스템은 무엇인가?

'초등교육실습운영시스템'이란?

교육실습에 다년간 참여해보신 선생님들이나 교육실습에 처음으로 참여하는 선생님이 한결같이 고민하는 부분이 있습니다. 그것은 자신이 맡게 되는 교육실습생들에게 어떻게 양질의 교육실습을 제공할 수 있을까 하는 것입니다. 그러나 참고할만한 '교육실습 지도 매뉴얼'을 찾아보기 힘듭니다.

작은 휴대전화나 컴퓨터를 운영하는 데 정교한 시스템이 필요하듯 교육실습협력학교를 목적에 맞게 운영하기 위해서도 최적의 시스템이 필요합니다. 이에 대한 문제의식과 현장의 요구를 반영한 '초등교육실습운영시스템'이 개발되었습니다. 초등교육실습운영시스템은 교육실습을 보다 체계적이고 효과적으로 할 수 있는 프로그램입니다. 사람과교육연수원의 행복교실 프로그램에 기반을 두고 있으며 교육실습생의 수업, 학급운영, 생활지도 등 교사에게 꼭 필요한 역량을 높일 수 있도록 구성되었습니다. 단순히 교육실습을 운영하는 차원을 넘어 교육실습이 전문적으로 이루어질 수 있도록 돕습니다. 이 결과물은 교육실습의 중요성과 그 내용에 대해 함께 고민한 초등교육실습연구팀 선생님들이 계셨기에 가능했습니다.

초등교육실습연구팀이 개발한 '초등교육실습운영시스템'을 통하여 교육실습을 총괄하는 교육실습 부장교사는 교육실습을 체계적으로 운영하는 방법을, 교육실습생을 일대일로 지도해야 하는 지도교사는 교육실습생들을 지도하는 내용과 방법을, 교육실습에 참여하는 교육실습생들은 교육실습에 참여하면서 실제 교육 현장에 나가기 전에 어떤 준비를 해야 하는지에 대한 답을 찾게 되길 기대합니다.

'초등교육실습운영시스템'은 누구를 위한 것인가?

1. 교육실습 지도교사

학급에서 교육실습생을 맞이하여 지도하는 교육실습 지도교사가 어떻게 교육실습생을 지도하고, 무엇을 지도해야 하는지에 대한 내용을 담았습니다. 또한, 교육실습협력학교를 총괄 운영해야 하는 실습지도 부장교사의 효과적인 실습운영을 돕기 위해 교육실습 지원 시스템에 대한 내용도 구체적으로 담았습니다.

2. 교육대학교, 교육청

교육실습협력학교 선정과 지원을 돕는 교육대학교와 교육청에서도 학교 현장에서 교육실습이 어떻게, 어떤 내용으로 운영되는지 참고할 수 있도록 그 내용을 자세하게 다루었습니다. 전국의 교육대학교와 교육청에서도 '초등교육실습운영시스템'을 참고하시어 일선에서 교육실습을 운영하시는 선생님들과 교육실습에 참여하는 교육실습생들에게 실제적이고 체계적인 행·재정적 지원을 아낌없이 펼쳐주시길 기대합니다.

3. 교육실습생, 실습지도교사 연수 프로그램

　교육실습협력학교에 실습지도교사로 선정된 교사들은 당장 교육실습생들을 지도해야 하는 상황에서 제대로 된 매뉴얼이나 체계적인 연수 지원이 없습니다. 이러한 현장의 요구를 반영한 '초등교육실습운영시스템'을 바탕으로 교육실습 지도교사를 위한 실제적이고 효과적인 연수 프로그램이 개발되고 제공되기를 바랍니다.

교육실습운영 시스템을 집필하게 된 계기는?

전국 교육대학 예비 교사들이 교육 현장 중심의
'초등교육실습운영시스템'을 원합니다

　2019년 제7기 전국교육대학생연합(이하 전교련)에서 제기한 '교원양성기관 교육과정 개편 7대 요구안'에서는 현장 실습이 확대되고 내실화되어야 한다고 요구했습니다. 전교련에서는 현장 연계성을 가장 확실히 담보하는 방법이 현장 실습이며, 교대 교육과정에서 가장 만족도가 높다는 근거(실습 확대 필요성: 예비 교사 4/5점, 현장 교사 4.3/5점)를 들어 실습을 강화 및 발전하는 방향으로 나아가야 한다고 말했습니다.

　이는 현장 교사들도 깊이 공감하는 내용입니다. 이러한 전교련의 요구에 답하며 교육실습 운영 및 지도 경험이 풍부한 전국의 선생님 7명(초등교육실습연구팀)이 뜻을 모아 '초등교육실습운영시스템'을 개발하게 되었습니다.

교육실습 지도교사들도 실제적이고 체계적인
'초등교육실습운영시스템'을 원합니다

　　교사들도 교육실습생들을 체계적으로 지도하고 싶으나 참고할만한 자료나 연수를 찾아보기가 쉽지 않습니다. 또한, 교육실습생을 지도하는 역할을 맡게 되었을 때 실제적인 지도교사 연수가 없을 경우 철저하게 교사 개인의 역량에만 의존해야 하기 때문에 준비도 미흡할 뿐 아니라 교육실습을 운영하는 과정에서도 여러 가지 어려움에 처하게 됩니다. 그러므로 교육실습을 운영하며 교육실습생을 지도하는 현장의 선생님들도 한결같이 '초등교육실습운영시스템'을 필요로 합니다.

교육실습 지원 기관에서도 체계적인
'초등교육실습운영시스템'이 필요합니다

　　교육실습협력학교를 지원하는 기관인 교육대학교나 교육청에서도 교육실습 지도교사 연수의 필요성을 인식하고 있으나 체계적인 '교육실습운영 프로그램'이나 강사 인력풀이 마땅하지 않습니다. 이는 '초등교육실습운영시스템'이 마련되어 있지 않으며, 교육실습을 운영하거나 교육실습생을 지도해본 선생님들 또한 교육대학교나 교육청에서 주관하는 실습지도교사 연수를 통해 교육실습지도 역량을 키운 기억이 없기 때문입니다.

　　실습지도교사들은 각자도생으로 자신이 관련 자료를 찾고 자신의 경험에 비추어 교육실습생을 지도하거나 실습지도 경험이 있는 주변 동료 교사의 도움을 통해 개별적으로 자가 연수를 했던 것입니다. 그러나 이제라도 '초등교육실습운영시스템'을 개발하고 보급하여 실습지도 선생님들을 적극적으로 지원해주어야 합니다.

2장

현행 교육실습은
어떻게
운영되는가?

2장에서는 우리나라 현행 교육실습이 어떤 방식으로 운영되고 있는지, 교육실습협력학교 선정 방식은 어떠한지, 교육실습 운영 기간, 교육실습생 지도 인원, 지도안 작성을 살펴보겠습니다. 앞으로 우리가 운영할 교육실습에 대한 아이디어와 제안이 떠오를 것입니다.

교육실습은 어떤 방식으로 운영되고 있나요?

부설초등학교 교육실습학교

전국 국립교육대학교 부설초등학교에서는 교육실습을 매년 운영하고 있습니다.

지도교사는 별도의 선정과정을 거쳐 부설초등학교에서 최대 5년까지 근무하게 됩니다. 그 기간 동안 해당 교육대학교 교육실습생을 지도합니다.

교육실습협력학교

① 학교형

교육실습협력학교 학교형은 단위 학교 전체 교직원 중 초등 1급 정교사 자격을 취득한 교사가 교육실습생을 5년 동안 지도할 수 있습니다. 학교형 교육실습협력학교는 5년 단위로 지원하며, 재지정되면 추가로 5년을 더 지도할 수 있습니다. 인천의 경우 일 년 단위로 응모하여 선정된 학교는 일 년씩 교육실습생을 지도합니다.

② 학년형

교육실습협력학교 학년형은 고학년 군이나 5~6학년 군으로 응모하여 일 년 단위로 교육실습생을 지도하는 시스템으로 운영되고 있습니다.

③ 농어촌형

교육실습협력학교 농어촌형 역시 일 년 단위로 응모하여 지도하는 시스템으로 운영하고 있습니다. 농어촌 교육실습생은 학교 인근에 숙소를 얻어서 숙박을 해결합니다.

선정 방식

기본적으로 교대부설초등학교가 메인으로 매년 교육실습을 담당하고 있으며, 이를 통해서는 수요가 충족되지 않아 일반 학교를 대상으로 매년 교육실습협력학교를 모집합니다. 일반 학교가 교육실습을 원하는 경우에는 연구학교의 일종으로 교육실습협력학교를 공모하여 선정된 학교가 운영합니다.

교육실습 기간은 어떻게 운영되고 있나요?

※ 2019년 학사일정 기준으로 작성함

학년 교육대	1학년		2학년		3학년		4학년		합계
	1학기	2학기	1학기	2학기	1학기	2학기	1학기	2학기	
경인			2주 참관			3주 수업	4주 수업 실무		9주+교육봉사 30시간
공주			1주 참관 (P/F)			4주 수업	4주 수업		9주+교육봉사 60시간
광주		1주 참관	1주 농어촌		5주 교육 봉사	교육 실습 I 2주	교육 실습 II 4주		8주+교육봉사 5주
대구					2주 농어촌	2주 수업	4주 수업 실무		8주+교육봉사 60시간
부산			1주 참관	1주 참관		4주 수업	4주 실무		10주
서울			1주 관찰	2주 참관	2주 수업	2주 운영	2주 종합		9주
이화여대			4주		4주		4주		12주
전주	1주 참관 (P/F)			1주 참관 (P/F)		4주 수업	4주 실무		10주
제주			2주 참관		3주 수업	3주 수업	1주 실무		9주
진주			30시간 교육 봉사	2주 참관	2주 수업 I	2주 수업 II	2주 실무		8주+교육봉사 30시간
청주		1주		2주		2주	4주		9주+교육봉사 30시간
춘천				2주		2주	4주		8주
한국 교원대			1주 참관 (P/F)			1주 참관 3주 수업	1주 참관 2주 수업 1주 실무		9주

지도 인원은 몇 명씩 이루어지고 있나요?

1:1 지도의 경우

3학년 수업실습생과 4학년 수업실무 실습생의 경우 1:1 지도가 효과적입니다. 지도교사와 교육실습생 간 래포가 형성되기 쉬우며, 1:多의 경우 질문하기 어려운 것들을 묻고 답하는 자연스러운 소통이 가능합니다.

1:2 지도의 경우

2학년 참관실습이나 3학년 수업실습은 1:2로 운영이 가능합니다. 한 학급에 교육실습생이 2명 배정될 경우 2명의 교육실습생은 서로 자료를 공유하며 효율적으로 참관 및 수업실습에 참여할 수 있다는 장점이 있습니다. 반면에 교육실습생 평가의 관점에서 두 교육실습생이 비교되기 쉬우며 서로 지나친 경쟁으로 관계가 불편해질 수도 있습니다.

1:3 지도의 경우

교육실습생들 간의 협업이 용이하고 3명의 교육실습생이 보조교사 역할을 분담하여 학생들을 지도하기에 효율적이며 학급에 필요한 역할을 돌아가며 하기도 좋습니다. 또한, 3명의 교육실습생이 공동으로 수업을 디자인하고, 협업하며 수업자료를 제작하여 다양하고 깊이 있는 수업 참여가 가능합니다. 학생들도 교육실습생을 만나 다양한 활동을 하며 가까워질 수 있습니다. 그리고 다른 교육실습생들이 학생을 대하는 방식이나 태도, 수업에 대한 철학, 교육관 등을 가까이서 자연스럽게 보고 배울 수 있어 동료학습이 가능합니다.

1:4 지도의 경우

참관실습의 경우 1:4 지도가 가능하나 그 이상의 경우 교사와 교육실습생의 집중도가 떨어지며 개별지도가 어렵습니다.

지도안 작성은 어떻게 지도하고 있나요?

1. 수업구상안

수업의 기본적인 개요인 배움 개요(일시, 교과, 단원, 차시, 주제, 교과서), 배움 열기(동기 유발, 배움 문제 확인, 배움 활동 안내), 배움 활동(1~3가지 활동), 배움 정리(학습정리, 평가, 차시 예고)의 순서로 수업의 전반적인 흐름을 작성하는 1쪽 이내의 간단한 수업 흐름도 개념의 수업안입니다. 이는 처음 수업을 하는 교육실습생이 부담 없이 수업을 준비할 수 있도록 수업 아이디어만 간단하게 작성할 수 있는 기초적인 수업 지도안 양식입니다.

2. 수업지도안 약안

수업지도안 약안은 2~3쪽 이내의 분량으로 구상안에 수업자 의도, 평가계획, 판서 계획 등을 추가한 단위 차시 수업을 위한 기본적인 양식입니다. 교대 3~4학년 교육실습생들이 수업에 대한 기본적 흐름을 파악하며 수업 아이디어를 담을 수 있는 기본적인 지도안 양식입니다.

3. 수업지도안 세안

수업지도안 세안은 본시 수업안에 단원의 개관, 수업자 의도, 교육과정 재구성,

학생실태 분석, 평가 계획, 수업자료 등의 내용을 담아 10쪽 이내로 구성한 세부적인 수업안입니다. 시범수업이나 공동수업안, 대표 수업을 할 경우에 작성하거나 교대 3~4학년의 경우 교육실습 기간 중 1회 정도 작성하게 됩니다. 수업지도안 세안은 일반적으로 수업자의 의도, 단원 소개, 본시 학습 개요, 본시 학습 수업안, 기타 자료로 구성됩니다.

 * 수업구상안 및 약안, 세안 양식은 4부 4장을 참고하시기 바랍니다.

3장

외국 교육실습은
어떻게
운영되는가?

유럽의 교육실습 운영

영국에서는 국가 수준의 교사 교육과정이 있으며, 대학마다 서로 다른 교사 교육과정 프로그램을 운영하고 있습니다. 대개 3년제의 경우 17주, 4년제의 경우 20주간 교육실습이 이루어집니다.

프랑스에서는 대학 학부에서 3년 이상의 교육과 교사교육대학원(IUFM)에서 유치원 교사부터 고등교육기관 교수요원까지 2년간 교육을 받습니다. 대학원 2년의 기간 중 12주간의 교육실습을 받게 되며 임용시험 합격 후 1년간은 수습교사의 신분으로 수업 및 교직 실무 경험을 쌓게 됩니다.

독일은 대학 전공 분야별로 양성하며, 주마다 차이가 있으나 노스트라인-베스트팔렌주의 경우 2단계 교원양성과정을 운영합니다. 4년제 대학 재학 중 8주간의 교

국가	운영 방식	실습 기간	비고
영국	국가 수준 교사 교육과정에 따라 대학별 운영	17주(3년제)~20주(4년제)	
프랑스	대학 학부에서의 3년 이상의 교육 + 교사교육대학원(IUFM) 2년 교육	석사 2년 동안 12주 (초등 118시간 의무 중등 118~220시간)	– 임용고사 합격자는 1년 동안 수습교사 신분으로 1주에 18시간 학교 수업 후 정식 교사 임명
독일	대학 전공 분야별 양성. 주 정부마다 교원양성제도 차이가 있음	8주간 교육실습(4년제) + 근무준비과정 18개월 *노르트라인 – 베스트팔렌주 2단계 양성과정	
핀란드	학사 3년 + 석사 2년	22주~25주	– 별도의 교원임용시험 없음 – 경력 10년 이상 멘토 교사에게 도움 및 평가
미국	주 정부마다 교원 양성 및 채용 기준, 자격증 갱신 독자적 제도를 지님	7주~16주 *미시간주의 경우 4년제 졸업 후 1년간 교육실습생 실습 과정	– 교사의 80% 석사학위 취득자 – 교육실습 외 1년간 현장 인턴 경험 – 교원시험 합격자는 3년간 유효한 가자격증을 가지고 2~3년간의 자격 유효 기간 중 지도교원 지도하에 교육실습
호주	4년제 이상의 대학 학력 요구 매 학년에 걸쳐 다양한 형태로 교육실습이 이루어짐	최소 80일(16주)	– 학년별로 교육실습의 강조점을 달리 운영함 – 교육실습 포트폴리오
일본	문부대신이 인정하는 대학(대학원 포함) 내지 단기대학(2년제)에서 양성 *초등교원은 대부분 국립 4년제 교원양성대학	3학년 4~5주 4학년 15일(2주가량)	– 4년제 + 2년제 교직전문대학원 지원 확대 – 채용된 교사는 1년간 학교 인턴십 제도(초임자 연수) 도입
싱가포르	NIE(교사양성기관)에서 교사과정 프로그램을 이수 – 대학 졸업생의 경우 1개년 프로그램 – 고교 졸업생 또는 기술전문학교 졸업생의 경우 2개년 또는 4개년 프로그램	10주	– NIE 감독관과 해당 학교 멘토 교사들이 직접 관찰·평가 – 수업관찰보고서 차후 인사 참고자료 활용

육실습을 마치고 1차 국가고시 합격 후 18개월간 임시공무원으로 학교에서 근무하며 전공별로 지도교사의 지도하에 교육실습을 합니다. 4회 정도 시범수업을 하여 평가를 받으며 수업 프로젝트를 한 후 논문을 씁니다. 그 후 2차 국가고시에 합격하면 정식 교사로 임명받습니다.

마지막으로 **핀란드**에서는 대학 학부(학사)에서의 3년 이상의 교육과 대학원(석사)에서의 2년 이상의 교육을 통해 교사가 될 수 있습니다. 별도의 임용시험은 없으나 평균 22~25주가량의 긴 교육실습 동안 10년 이상의 실습멘토교사에게 교육실습을 받게 됩니다. 실습멘토교사가 되기 위해서는 까다로운 교원 선발과정을 통과해야 하며, 방학 동안 긴 시간의 실습생 지도 전문 교육을 받아야 합니다.

> 유럽은 우리나라와 달리 교사가 되기 위해서는 학사 졸업 후 교육대학원에 진학하는 것이 일반적이므로 조금 더 긴 시간이 소요됩니다. 또한, 교원양성 프로그램에서 교육실습이 차지하는 비중이 매우 큽니다.

미국 및 호주의 교육실습 운영

미국은 교원양성, 채용, 자격증 갱신에 관련하여 주마다 독자적 제도가 있습니다. 교사의 80%가 석사학위 소지자이며, 평균 교육실습 기간은 10주입니다. 교육실습 외에 모든 프로그램을 마친 학생은 1년간 현장에서 인턴으로 근무하고, 교원시험 합격자는 3년간 유효한 가자격증을 가지고 2~3년 동안 지도교원 지도하에 교육실습을 받습니다.

호주에서는 교사가 되려면 4년제 이상의 대학 학력 소지가 필요하며, 우리나라 교육대학교와 비슷하게 매년 교육실습이 이루어지고 있습니다. 대학 재학 중 4년 간 최소 16주의 교육실습이 이루어지며, 각 교육실습에서 예비 교사가 해결해야 할 과제와 과제의 평가 기준이 명확히 제시되어 있습니다. 또한, 4년간 실습을 통해 수집하고 수행한 모든 자료를 포트폴리오로 만들도록 하여 전문성 향상과 반성적 성찰의 기회를 제공합니다.

> 미국과 호주도 교육실습 기간이 우리나라에 비해 긴 편입니다. 또한, 신규 교사 인턴십 제도 활용, 교육실습 포트폴리오 제도 도입 등 현장 전문성 강화를 위한 다양한 방안을 운영하고 있습니다.

아시아의 교육실습 운영

일본은 문부대신이 인정하는 교원양성과정이 있는 대학 또는 단기대학에서 교원을 양성하고 있으며, 교육실습 기간은 3학년 4~5주, 4학년 15일(2주)입니다. 최근 들어 일본은 현장 중심 교육과 교사 전문성 향상을 위해 다양한 시도를 하고 있습니다. 교사 대상으로 교직전문대학원 지원을 확대하고 있으며, 신규 교사를 대상으로 일 년간 학교 인턴십(초임자 연수)을 운영하고 있습니다.

싱가포르는 다른 나라와 달리 국가교육연구소(NIE)라는 기관 한 곳에서 교원 양성을 책임지고 있습니다. 교육실습생은 NIE 프로그램 중 학교에 나가 10주 정도 실습을 하는데, 교육실습생이 하는 수업은 NIE 감독관과 해당 학교 멘토 교사들이 직접 관찰·평가합니다. 또한, 실습생의 수업관찰 보고서는 이력서에 저장돼 추후 인사 고과에 참고자료로 활용되며 수업에 어려움을 겪는 예비 교사의 경우

또다시 실습을 해야 합니다.

일본과 싱가포르 역시 현장 중심 교사 교육과정의 필요성을 인식하고 인턴십 제도 도입, 교직전문대학원 지원 확대, 교육실습생 관찰 및 평가 강화 등 교원 자질 함양을 위한 프로그램을 운영하고 있습니다.

시사점 – 현실에서 한 걸음 더 나아가다

해외 교원양성제도와 교육실습 운영 사례를 살펴보면, 우리에 비해 지나치게 길고 비용이 많이 드는 것이 아닌가 하는 생각이 듭니다. 하지만 교육이 일어나는 장소가 결국에는 학교라는 점을 생각해볼 때 해외 사례에서 살펴볼 수 있는 현장 중심 교원양성제도의 확대는 우리에게 시사하는 바가 큽니다. 전공 분야에 대한 지식을 넘어서 실제 학교 현장을 경험해봄으로써 보고 배우고 느끼며 교사의 자질과 역량을 함양할 수 있다는 점이 우리 교육실습에 주는 가장 큰 시사점이라고 할 수 있습니다.

대학교에서 이론을 충분히 학습함과 동시에 충분한 연습 기간을 갖고 경험하며 배우고 느끼는 기회를 많이 갖는 것과 더불어 보다 체계적인 실습지도 매뉴얼이 필요합니다.

4장

우리가 만나는 교육실습생은 누구인가?

1990년대의 특징

우리가 맞이해야 할 교육실습생들에 대한 이해가 필요합니다. 90년대생들의 특징은 단순하거나 재미있거나 정직하다고 합니다. 복잡한 것은 싫어하여 문자 메시지도 이미지나 축약형, 초성으로 대화하는 것을 즐깁니다. 그리고 재미있지 않으면 참을 수 없어서 재미있는 영상, 서적, 대화, 활동들을 찾고 소비합니다. 생각과 표현도 솔직합니다. 이전 세대는 기성세대와 생각이 달라도 적극적으로 표현하거나 행동에 옮기기 어려워하는데, 90년대생은 자신이 생각한 것을 그대로 행동으로 옮기거나 표현합니다.

1990년대생의 삶

　90년대생들이 단순하거나 재미있거나 정직하다는 특징을 가진 배경을 살펴보면 흥미로운 점들이 있습니다. 그들이 어린 시절인 1990년대에 부모나 주변 사람들이 IMF 경제 위기(1998년)를 겪는 모습을 보며 성장했으며, 사춘기를 지나 대학교에 입학할 즈음인 2000년대에는 서브프라임 사태(2008년)로 세계 경제 위기가 있었습니다. 그렇기에 그들은 더욱 안정적인 직업인 '공무원'을 꿈꾸면서 현실에서 누릴 수 있는 것들을 미래로 돌리지 않고 하고 싶은 것들을 현재에 누리고자 하는 경향이 있습니다.

　또한, 90년대 교육실습생들은 불안정한 경제적, 사회적 분위기에서 어린 시절을 보냈기 때문에 안정감을 추구하며, 공부를 매우 잘하는 학생들로 칭찬을 받고 자라며 교육대학교에 입학한 우수한 인재들입니다.

　뛰어나고 존중받아왔기 때문에 자기주장도 강하고, 교대에 입학하는 것도 교사로서의 사명감을 품고 진학하는 것이 아니라 사회적 특성과 맞물려 안정적 직업이라는 동기를 가지고 전략적으로 진학하는 경우가 많습니다.

　다른 대학도 다녀보고, 사회생활도 해보고, 다양한 사회 경험을 가진 후 고민 끝에 교사로서의 소명과 동기를 가지고 교대에 입학하지 않았기에 아직은 교사로서 큰 기대나 동기가 많지 않은 편입니다.

1990년대 교육실습생들을 어떻게 도울 수 있을까?

　1990년대생들의 특징과 삶을 이해하고 교육실습생들의 성장을 돕고 지원하기 위해서는 그들이 지도교사 세대와 다른 특징을 가지고 있음을 인정하고 존중하며 동료로 받아들이는 것부터 시작해야 합니다.

자존감과 유능감이 높은 그들의 부족한 점을 지적하기보다는 그들이 가진 장점과 가능성을 살려주고 역량을 키울 수 있는 실제적이고 체계적인 '교육실습 프로그램'을 구성하고 운영해야 합니다. 특강, 참관실습, 수업실습(사전 계획, 수업, 사후 협의), 학생 상담 및 생활지도 영역에 대한 전문적인 지원이 필요합니다.

인간적인 존중, 분명한 역할과 책임감 부여, 전문적인 지원을 통해 교육실습생들이 자신의 능력을 발휘하고 즐겁고 열심히 배울 수 있는 실습의 장을 마련해준다면 지도교사와 교육실습생은 미래의 동료 교사로서 서로 격려와 자극을 주며 함께 성장할 수 있습니다.

5장

교육실습생은
무엇을
원하는가?

설문 개요

교육실습을 보다 효과적이고 체계적으로 운영하기 위해 2018년부터 2019년까지 2년 동안 전국의 교육실습협력학교에서 만난 교육실습생들에게 설문과 인터뷰를 해보았습니다.

1. 설문 기간: 2018.04.16.~2019.11.25.(2년)
2. 설문 대상
   ① 전국 교육대학교 재학생
   ② 교육실습협력학교 학생
   ③ 교육실습협력학교 지도교사

3. 설문 방식

① 교육실습생 설문: 실습학교 자체 온·오프라인 설문조사, 5개 시·도 교육대학교 설
   문조사, 인터뷰

② 지도교사 설문: 실습학교 자체 온·오프라인 설문조사(좋.아.해.바), 인터뷰

설문 및 인터뷰는 전국(서울, 인천, 청주, 대구, 진주)의 부설초등학교 교육실습학교
및 교육실습협력학교의 교육실습에 참여한 교육실습생, 학생, 지도교사를 대상으
로 진행했습니다. 설문 시기는 1～4학년 교육실습 중 지도교사와의 멘토링 시간,
수료식 전 설문 작성 시간에 실시했습니다.

설문은 교육실습생의 경우 교육실습협력학교 자체 설문지를 개발하여 온·오프
라인 방식으로 했습니다. 교육실습 지도교사의 경우 '좋아해바'(좋았던 점, 아쉬웠던
점, 해결 방안, 바라는 점) 기법을 활용한 자체 설문지를 활용한 온·오프라인 방식의
설문을 실시했습니다.

4. 설문 양식 (*설문지 양식은 제4부 4장 서식 참조)

① 2학년 참관실습 운영 만족도 설문조사

> 11. 지도 선생님들의 수업 및 생활지도 방법 중 가장 도움이 되었던 점은 무엇
> 인가요?
> ※ 수업지도, 생활지도, 기타 영역에서 도움이 되었던 점이나 현장에 적용할 점
> 을 자유롭게 적어주세요.
>
> 14. 참관실습을 참여하면서 좋았던 점, 개선할 점, 바라는 점을 자유롭게 기술
> 해 주십시오.
> ※ 좋았던 점이나 개선 점, 바라는 점 등을 자유롭게 적어주세요.

15. 지도 선생님들께 하고 싶은 이야기를 자유롭게 기술해 주십시오.

※ 마지막으로 지도 선생님들에게 하고 싶은 마음을 전해 주세요!

② 3학년 수업실습 운영 만족도 설문조사

17. 지도 선생님들의 수업 및 생활지도 방법 중 가장 도움이 되었던 점은 무엇인가요?

※ 수업지도, 생활지도, 기타 영역에서 도움이 되었던 점이나 현장에 적용할 점을 자유롭게 적어주세요.

20. 수업실습을 참여하면서 좋았던 점을 자유롭게 기술해 주십시오.

※ 수업실습 프로그램 중 지속적으로 반영하면 좋을 내용이나 추천 프로그램을 자유롭게 적어주세요.

21. 수업실습을 참여하면서 개선할 점이나 바라는 점을 자유롭게 기술해 주십시오.

※ 수업실습 프로그램 중 축소하거나 개선하면 더 좋을 아이디어를 자유롭게 적어주세요.

23. 지도 선생님들께 마지막으로 하고 싶은 이야기를 자유롭게 기술해 주십시오.

※ 마지막으로 지도 선생님들에게 하고 싶은 마음을 전해 주세요.

③ 4학년 수업실무실습 운영 만족도 설문조사

18. 지도 선생님들의 수업 및 생활지도 방법 중 가장 도움이 되었던 점은 무엇인가요?
※ 수업지도, 생활지도, 기타 영역에서 도움이 되었던 점이나 현장에 적용할 점을 자유롭게 적어주세요.

21. 수업실무실습을 참여하면서 좋았던 점을 자유롭게 기술해 주십시오.
※ 수업실무실습 프로그램 중 지속적으로 반영하면 좋을 내용이나 추천 프로그램을 자유롭게 적어주세요.

22. 수업실무실습을 참여하면서 개선할 점이나 바라는 점을 자유롭게 기술해 주십시오.
※ 수업실무실습 프로그램 중 축소하거나 개선하면 더 좋을 아이디어를 자유롭게 적어주세요.

23. 지도 선생님들께 마지막으로 하고 싶은 이야기를 자유롭게 기술해 주십시오.
※ 마지막으로 지도 선생님들에게 하고 싶은 말을 적어주세요.

설문 분석

교육실습은 구성원들에게 어떤 의미가 있나요?

교육실습생들에게는 어떤 의미가 있는가?

▶ 교대에서보다 훨씬 많이 배운 것 같아요.

"교대 4년 교육과정보다 교육 현장에서의 1~4주간의 교육실습프로그램을 통해 교육 현장의 실제적인 것을 더 많이 배우고 느끼고 깨닫는 것 같아요. 교대에서는 이론 중심의 교육과정을 배우다 보니 현실과 거리감이 많았고 실제적으로 피부에 와 닿지 않았는데, 교육실습을 하면서 교대에서 무엇을 배우고 준비하고 가야 할지에 대한 방향과 생각을 정리할 수 있었어요."

▶ 아이들을 만나고 나니 교사가 되고 싶은 마음이 더 커지는 것 같아요.

"교대 다니면서 만날 수 없는 아이들, 느낄 수 없는 교육 현장에 대한 생동감을 느끼고 나니 교사로서 아이들 앞에 빨리 서고 싶다는 열망과 기대를 품게 되었어요. 실습 기간 동안 아이들을 만나고 아이들이 예비 교사인 나를 '선생님'이라고 불러주니 '이제 나도 곧 선생님이구나'라는 것을 실감하게 되었어요. 그래서 하루 빨리 선생님이 되고 싶다는 생각을 하게 되었어요."

▶ 교육 현장 경험을 통해 진로에 대해 생각해볼 수 있어 좋았어요.

"교대 다니면서 막연하게 가졌던 교직에 대한 방향과 이상과 기대가 조금 더 구체적이고 현실적으로 다가왔어요. 1학년부터 교육실습에 참여해서 교육 현장을 제대로 이해하는 기회를 주면 좋겠어요. 교사로서 진로를 고민하는 친구들에게도 조금 더 빨리 자신의 진로를 선택할 기회를 주는 것도 필요하기에 교육실습의 시기를 앞당기고 시수를 늘리면 좋겠어요."

학생들에게는 어떤 의미가 있는가?

▶ 학생들에게 다양한 경험과 추억을 제공해준다.

"담임선생님과도 재미있게 수업을 하지만, 교생 선생님들도 수업 준비를 많이 하셔서 재미난 수업을 많이 해주셔서 수업마다 기대가 되고 배우는 게 많은 것 같아요."

▶ 여러 교사에게 관심과 애정을 받는다.

"담임선생님뿐 아니라 교생 선생님들이 저희에게 관심도 많이 가져주시고 쉬는 시간이나 점심시간에도 즐겁게 놀아주시고 좋은 이야기도 많이 해주셔서 학교 오는 게 너무 즐겁고 기대가 돼요."

▶ 사랑받기 위해 더 열심히 공부한다.

"교생 선생님께서 준비한 수업에 잘 참여해서 칭찬도 받고 공부도 더 즐겁게 하고 싶은 마음도 많이 들어요."

지도교사에게는 어떤 의미가 있는가?

▶ 교사 제자를 육성하는 기쁨

"교직 경력이 쌓이면서 학생들을 가르치며 학생들이 성장하는 모습을 보는 기쁨도 크지만, 성인 학습자이자 후배인 교육실습생을 지도하면서 교사 제자를 도와서 학교 현장에 임용될 수 있도록 돕는다는 기쁨도 큰 것 같아요."

▶ 자존감, 자신감, 전문성 향상

"내가 가진 학급운영, 교수·학습 노하우를 교육실습생들에게 나누기 위해 평소보다 더 많이 연구하고 정리하게 되더라고요. 그러면서 교사로서 자신감과 전문성도 향상되고 있음을 느낀답니다."

▶ 지도교사의 초심, 준비, 협력하며 성장

"교육실습생을 지도하면서 교육실습생의 마음을 헤아리며 초심을 떠올리게 되었어요. '나도 교육실습생 시절이 있었지'라고 떠올리며 초심으로 돌아가 수업을 준비하게 되고 아이들을 바라보는 마음도 새롭게 갖게 되더군요. 또한, 교육실습생을 지도하는 선생님끼리 자료나 수업 아이디어를 공유하며 함께 성장하는 시간을 갖게 되어 기뻤답니다."

교육실습에 참여하면서 아쉬운 점은 무엇인가?

지도교사에게는 어떤 아쉬움이 있는가?

▶ 수업 공개에 대한 부담이 큽니다.

"수업을 공개하기 위해서는 평소보다 더 많이 신경 쓰고 교재 연구하며 자료도 제작해야 하니 많은 에너지와 시간을 쓰게 됩니다. 또한, 누군가가 나의 교실에서 나의 수업을 본다는 것이 가장 큰 부담으로 다가옵니다."

▶ 선정 시스템의 문제. 장벽이 높습니다.

"교육실습생들의 성장을 돕기 위한 마음이 커서 교육실습생을 지도하고 싶어도 교육실습협력학교에 선정되기가 쉽지 않고 실습학교로 전근 가기에는 희망하는 교사가 많아서 교육실습협력학교의 진입장벽이 높은 편입니다."

▶ 교육실습지도 매뉴얼이 없습니다.

"교육실습생을 지도하기 위한 구체적이고 세밀한 실습지도 교육 콘텐츠나 관련 연수, 매뉴얼이 턱없이 부족합니다. 이에 대한 자료 개발 및 제공이 필요합니다."

▶ 교사들이 충분히 준비되지 않은 채 교육실습생들을 맞이합니다.

"교육실습협력학교에 선정되어도 실습지도 또는 실습운영을 위한 준비 시간이 부족하며, 행·재정적 지원이 필요합니다. 실습지도 매뉴얼뿐만 아니라 운영을 위한 안내도 필요합니다."

▶ 선정되지 못한 학급 교사와 학생들의 시선을 의식해야 합니다.
"교육실습협력학교라 하더라도 교육실습생을 배정받지 못한 학급의 학생들의 부러움과 비교의 시선이 있을 수 있기에 교육실습을 운영하는 것에 대한 부담이 있습니다."

▶ 교육실습에 대한 행정적 지원이 부족합니다.
"연구학교 유공교원 실적이 9개월 정도 인정되는 실정입니다. 일반 연구학교 운영(10개월 인정)에 비해 더 많은 에너지와 노력이 들어가는데 연구학교 실적(9개월)이 그에 비해 부족합니다."

▶ 교육실습에 대한 재정적 지원이 부족합니다.
"실습학교 운영을 위해서는 교육실습생들을 위한 복지, 실습운영비가 필요하지만 교육대학교, 교육청, 학교 자체 예산으로는 부족한 실정입니다. 지도교사 수당 또한 1일당(8시간) 5,600원~6,400원 가량(시급 700원~800원)으로 2020년 최저시급이 8,590원인 점을 감안하면 지도교사들에게 과도한 열정 페이를 강요하는 상황입니다."

▶ 교대에서 명단이 늦게 와서 계획 수립부터 늦어지니 전체 일정이 늦어집니다.
"교대에서 실습명단을 학기 초에 일괄적으로 제공할 필요가 있습니다. 명단 제공이 지연됨에 따라 실습운영 계획 수립부터 지연되는 어려움이 있습니다. 교육실습생들도 실습 기간을 얼마 남겨두지 않고 실습학교를 알게 되어 실습을 준비하기가 어려운 상황입니다. 학기 시작 전, 수강신청 기간에 실습학교를 지원하게 하여 지도교사와 교육실습생이 실습을 온전히 준비할 수 있으면 좋겠습니다."

▶ 실습지도교사 연수가 미흡합니다.

"실습지도교사 연수가 지원되지 않거나 학기 중에 연수가 실시되어 실효성이나 효과성이 없는 연수가 되기 쉽습니다. 실습학교를 선정하면 곧바로 해당 지도교사들을 위한 체계적이고 실제적인 사전 연수가 학기 시작 전에 실시되어야 합니다."

▶ 교대 정산 서류의 간소화가 필요합니다.

"교육대학교에서 지원한 예산을 정산하려고 보면, 너무나 많은 서류를 요구합니다. 이는 교육실습협력학교에 과도한 에너지를 행정에 허비하게 만듭니다. 이에 대한 적절한 조치가 필요합니다. 정산 서류를 간소화하는 것만으로도 일선 교육실습협력학교의 업무가 상당히 경감될 수 있습니다."

교육실습생들에게는 어떤 아쉬움이 있는가?

▶ 다양한 수업을 경험하고 싶어요.

"교대에서 책으로만 배우던 수업 장면이 학교 현장에서는 실제로 어떻게 이루어지는지 관심이 생기더라고요. 그래서 다양한 수업 장면이 궁금했어요. 교과별, 학습주제별로 수업이 어떻게 이루어지는지 참관하고 싶어요."

▶ 아이들과 함께 하는 시간이 부족해요.

"실습 기간 동안 담임교사 수업참관, 대표 교사 시범수업참관, 수업 준비, 생활지도, 특강 등으로 인해 정작 학급 아이들과 함께 인사하고 대화하면서 아이들과 래포를 형성할 시간이 턱없이 부족하더라고요. 교육실습 프로그램 안에 교육실습생과 학생이 함께할 시간을 마련해주면 좋겠어요."

▶ 특강 시간이 너무 많아요.

"다양한 주제의 특강이 마련되어 있어서 좋긴 하지만, 이론 중심의 특강을 앉아서 듣기만 하려니 집중력이 많이 떨어지기도 하고 정작 수업을 준비할 시간이 없어서 시간에 쫓기듯 수업을 준비하면서 지치는 경우가 많았어요. 특강 시간을 줄여서 수업을 준비할 실제적인 시간도 확보해주면 좋겠어요."

▶ 비판 중심의 수업 협의로 상처받았어요.

"비평이 아닌 비판이 오가는 수업 협의로 마음의 상처를 받기도 해요. 물론 교육실습생으로서 잘 모르니까 배우고 고치고 수정해가는 것은 맞지만, 너무 비판하는 것보다 발전 방향을 짚어주시고 잘한 것도 칭찬과 격려를 해주시면 더욱 힘이 날 것 같아요."

▶ 특강이 강의식이라 흥미가 떨어지고 지쳐요.

"특강 시간이 긴 것도 힘들지만, 특강 형식이 강사 위주의 일방적인 강의식이라 흥미가 떨어져요. 또 강의식보다 참여식이 낫지만, 활동이 많은 실습을 하다 보면 지치기도 하더라고요. 짧은 실습 기간 동안 해야 하는 것이 많은데, 꼭 필요한 것에 집중할 수 있으면 좋겠어요."

▶ 선생님들이 너무 바쁘세요.

"실습을 지도해주시는 선생님들께서 교육실습생지도 이외에도 기본적으로 학교 업무나 학년 업무가 너무 많은 것 같아요. 그래서 실습 기간인데도 학교 회의 참석하시랴 학생 지도하시랴 업무 처리하시랴 분주하신 모습에 지도를 받기가 너무 미안할 정도입니다. 최소한 교육실습 기간만이라도 업무나 회의를 줄이면 좋겠습니다."

교육실습 교재에는 어떤 아쉬움이 있는가?

▶ 표준 매뉴얼이 없어서 교사 개인 역량에 의존하여 교재를 제작하게 됩니다.

"실습지도 매뉴얼 부재로 교사 개인 역량에만 의존하거나 임기응변식으로 교재를 제작하는 상황이 발생합니다. 전국 어디에서나 양질의 교육실습이 이루어질 수 있도록 체계적이고 실제적인 '교육실습 표준 매뉴얼'이 필요합니다."

▶ 양질의 자료가 축적되어 보급되지 못하고 있습니다.

"실습지도를 다년간 해서 양질의 자료가 누적되더라도 그것이 다른 학교나 교사에게 전해지지 못하는 것이 현실입니다. 실습학교나 교육대학교, 교육청 차원에서 교육실습 운영 자료와 교재를 체계적으로 개발하여 보급하면 좋겠습니다."

학생에게는 어떤 아쉬움이 있는가?

▶ 학습 분위기, 학력 저하의 우려

"교육실습생이 지도교사의 수업 지도를 받고 수업을 진행하더라도 학기 중에 찾아온 교육실습생들로 학기 초 형성된 수업 분위기가 흐트러지기 쉽고, 교육실습생의 지도가 부족한 경우 학생들의 학력이 다소 떨어질 수 있습니다."

▶ 교육실습생 선생님들과 헤어지려니 너무 아쉬워요

"너무나 친절하시고 상냥하시고 재미있게 가르쳐주신 교육실습생 선생님들과 정들만 하면 떠나시니 너무 아쉽고 서운해요. 다음에도 또 우리 학교에 오셔서 재미있게 가르쳐주세요."

교육실습에서 무엇을 원하나요?

교육실습생들의 실습학교 선택 기준은 무엇인가요?

교육실습생들은 단연 교통편을 최우선으로 꼽습니다. 출퇴근을 하면서 소진되는 에너지가 가장 크기에 주거지나 기숙사에서 가까운 실습학교를 선호합니다. 1순위에서 원하는 학교가 안 될 경우 선배들의 전년도 실습학교 평판을 듣고 선택하는 경우도 적지 않습니다. 그 밖에도 실습지도교사의 역량, 실습학교의 교육실습생 복지(급식, 간식, 휴게 공간 등) 등이 실습학교 선정에 중요한 요소로 꼽힙니다.

교육실습은 언제부터 참여하길 원하나요?

"저희가 교사로서의 직업적성과 흥미를 발견하고 소명을 의식하기 위해서는 최소한 1학년 2학기에는 교육실습을 하고 싶어요."

교육실습 평가 방식은 어떻게 하면 좋을까요?

"참관실습의 경우 Pass/Fail 절대평가 방식으로 운영되면 좋겠습니다. 상대평가로 진행될 경우 실습생 간 과도한 경쟁으로 인해 정작 중요한 참관실습에 집중할수 없는 경우가 발생합니다. 수업실습의 경우에도 100점 만점 점수를 부여하되 역시 절대평가로 운영되면 좋겠습니다. 그러면 성실히 참여한 정도를 반영해줄 수 있음과 동시에 과도한 경쟁으로 서로 지치는 일이 줄어들지 않을까 생각합니다."

온라인 연수보다 오프라인 연수가 더 좋아요

"교육실습 전에 참여하여 이수해야 하는 사전 온라인 연수보다는 교대 자체에서 학과별, 주제별, 전체별 오프라인 특강을 실제적이고 구체적으로 진행해주면 좋겠습니다. 미이수자 감점제를 적용하기에 사전 온라인 연수를 수강하기는 하지만, 집중력과 현장감이 떨어져 효과성에 의구심이 들기 때문에 교대에서 오프라인을 진행해주면 좋겠습니다. 특강 주제도 선배 교사들의 추천 주제와 해당 학생들의 요구를 반영한 주제를 중심으로 선정해주면 좋겠습니다."

특강보다는 교실에 있고 싶어요

"교대에서 많이 들을법한 이론적인 특강보다 교실에서 아이들을 만나고 지도 선생님의 수업을 참관하여 아이들과 직접적인 관계를 맺고 싶어요."

학교 행사에 참여하고 싶어요

"교실에서만 보는 수업보다는 더욱 생동감 넘치는 수업이나 교육 현장의 모습을 보고 싶어요. 그래서 현장체험학습, 운동회, 학부모 공개수업, 청소년단체와 같은 이벤트에 적극적으로 참여해보고 싶어요. 실습에 학교 행사도 반영해주세요."

간식 많이 챙겨주면 정말 행복하고 감사해요

"아침 출근길, 멀리서 출퇴근해야 하는 상황에서 잠도 줄이고 서둘러서 출근하면 뱃속이 허해서 집중력도 떨어져요. 배가 고파요. 간식을 많이 챙겨주면 모든 피로와 스트레스가 싹 사라져 버리는 것 같아요."

구체적이고 실제적인 특강과 수업지도안 작성 시간을 제공해주세요

"전체적으로 특강의 수를 줄이고 수업이나 학생지도에 관한 실제적인 주제로 특강을 해주면 좋겠습니다. 또한, 당장 수업을 해야 하는 교육실습생의 입장에서는 수업지도안을 작성할 실제적인 시간을 확보해주면 큰 도움이 될 것 같습니다."

해결 방법(제안) - 초등교육실습운영시스템

교육실습 설문과 설문 분석을 통해 교육실습생, 실습교사, 학생의 실제적인 요구를 알아보았습니다. 이러한 교육실습 구성원들의 실제적인 필요를 정리하면 다음과 같습니다.

교육실습 기간 및 운영 방식의 효율화

교대 1학년 2학기부터는 교육실습을 할 기회가 주어져야 합니다. 현장에 직접 나가봐야 앞으로 교사가 될지 다른 진로를 모색할지에 대해 명확히 생각해볼 수 있기 때문입니다. 또한, 교대 4학년은 임용고사를 준비해야 하는 심리적 압박감이 있는 시기입니다. 그러므로 4학년 실습 기간은 4주에서 3주로 줄일 수 있도록 교대 4년간의 교육실습 기간을 1학년 1주, 2학년 2주, 3학년 3주, 4학년 3주(총 9주)

로 배정해주어야 합니다.

지도교사 프로그램 체계화 및 매뉴얼

전국 표준 초등교육실습운영시스템의 개발 보급이 필요하며, 표준안을 기반으로 지역 및 단위 실습학교의 여건에 맞는 초등교육실습운영시스템 활용이 필요합니다.

지도교사의 교육실습생지도 역량 강화

'교육의 질은 교사의 질을 넘을 수 없다'라는 말처럼 교육실습의 질도 교육실습 지도교사의 질을 뛰어넘을 수가 없습니다. 그러므로 지도교사의 지도 역량이 개발되고 발전할 수 있도록 교육청마다 체계적이고 표준화된 교육실습 지도교사 연수를 지원하고 운영해야 합니다.

실습 운영 지원 시스템의 효율화

교육실습운영을 효율적으로 운영하기 위한 지원 영역이 무엇인지 살펴야 하며, 효과적인 운영을 위한 지원 전략도 필요합니다. 이에 대한 구체적인 내용은 제2부 '교육실습 지원 시스템'의 5가지 실습지원 전략을 참고하시기 바랍니다.

실습학교(교사) 선정 과정의 효율화

매년 교육실습학교를 선정하는 방식은 형식에 지나치게 얽매인 과도한 공모계획서 작성으로 인해 불필요하게 교사의 피로도만 높입니다. 이보다는 단위 학교나 동아리 혹은 교사별로 다양한 형태의 교육실습이 가능하게 해야 합니다. 지도교사가 자신의 여건을 고려해 자유롭게 교육실습에 참여할 수 있는 새로운 방식의 시스템이 필요합니다.

지도교사 설문 분석

좋았던 점

- 좀 더 나은 지도를 위해 많은 준비를 하다 보니 지도교사인 저 자신도 성장이 이루어졌습니다.
- 지도교사 간 양질의 정보를 나누다 보니 소통의 장을 마련할 수 있었습니다. 특히 실습부장교사의 총괄하에 지도교사들이 능동적으로 참여하고 모두 자기 일처럼 뛰어들어 지도교사 스스로 만족함을 얻을 수 있었습니다.
- 실습지도를 통해 자신의 수업과 학생지도 방법 등을 진지하게 고민하게 되었고, 나 자신 스스로 조금 더 성장하기 위해 자료를 찾고 공부를 하면서 노력했던 일들을 생각하니 보람이 있었습니다.
- 실습생과 반 학생들과의 소통 과정을 보는 것이 즐겁고 새로웠습니다. 경력이 쌓이면서 반 학생들과의 교감이 줄어든다는 생각이 있었는데, 실습생들을 보며 신규 때 학생들과 소통했던 기억도 나고 반 학생들과의 소통 방법을 생각해보는 시간이었습니다.
- 경력이 쌓이다 보면 매너리즘에 빠지는 시기가 오는데 교육실습생을 지도하며 스스로 공부하게 되고 교육실습생들에게 아이디어를 얻기도 하면서 자극을 많이 받았습니다.
- 교육실습생을 지도하면서 교사로서의 내 모습을 돌아보는 성찰의 시간을 많이 가질 수 있었습니다. 교단에 첫발을 내디뎠을 때의 초심이 떠올라 학생지도와 교재연구에 열정의 불씨가 살아나는 계기가 되었습니다. 특히, 교육실습

생들이 보았을 때 내가 어떤 교사의 모습으로 비칠까 하는 고민을 통해 교사로서 살아가는 내 삶을 돌아볼 수 있었던 점이 교사로서 한 단계 성장할 기회를 제공받은 것 같습니다.

- 지역의 인재를 양성한다는 보람이 있었습니다. 교육실습생이 오니 반 아이들이 너무 좋아했고 교실에 활기가 느껴져서 좋았습니다. 저도 다시 처음의 마음으로 돌아가 열정을 가질 수 있어 좋았습니다.

- 후배를 양성한다는 기쁨과 보람을 느낄 수 있었고, 학급운영과 수업 등 전반적인 학교생활에 대해 연구하며 교육실습생들을 지도하니 누구보다 저 자신이 가장 성장한다는 느낌을 얻었습니다. 또한, 교육실습생들과 함께하며 즐거워하는 아이들에게 좋은 추억 거리가 생긴 것 같아 흐뭇했습니다.

실습지도교사들은 교육실습생을 지도하며 타인을 돕는 동시에 자기 성찰을 하게 됨을 알 수 있었습니다. 많은 교사가 조금씩 꺼져가던 열정의 불씨를 되살리는 기회가 되었다고 이야기해주었습니다. 이런 긍정적인 효과들은 학생지도와 교재연구라는 교사 본연의 업무에 더 집중하게 하는 선순환으로 이어지리라 생각됩니다. 또한, 교사 자신의 만족감이 높아졌다는 응답이 많았습니다. 후배를 양성한다는 공헌의 기쁨이 교사로서의 자존감을 높인다는 사실을 알 수 있습니다.

아쉬운 점

- 학교의 많은 업무와 병행하다 보니 온전히 교육실습생들에게 열정을 쏟기가 쉽지 않았습니다. 교육실습생들 역시 담임교사가 너무 바빠 보여 질문하는 것이 미안할 정도라고 하더군요.

- 실습지도에 대한 경험(생활방식, 마음가짐 등)과 노하우가 부족해서 실습생들을 잘 이해하지 못한 면이 있었던 것 같습니다.
- 수업과 생활지도, 학부모와의 관계 등에 관한 실습생들의 지적 수준을 잘 이해하지 못하고 너무 높은 수준에서 지도한 면이 있었습니다.
- 표준화된 지도 매뉴얼이 없어 지도교사의 개인 역량에 의존하다 보니 혼란스러웠습니다.
- 담임 지도 시간에 어떤 주제로 이야기를 나누어야 할지, 어떤 부분을 지도해야 할지 정보가 부족했습니다.
- 관계 형성을 위한 시간이 부족했던 점이 아쉬웠습니다. 교육실습생들 개개인의 특성을 이해하고 교사로서 발휘할 수 있는 장점이 무엇인지 의미 있는 시간을 가지고 싶었는데 실습이 너무 빡빡하게 짜여 있어 시간을 내기가 쉽지 않았던 점이 많이 아쉬웠고, 실습생 역시 본인들이 해야 할 일들로 시간과 마음의 여유를 가질 수 없었던 점이 아쉽습니다.

실습지도교사들이 온전히 교육실습생지도에 집중할 수 있는 환경을 마련해주는 것이 필요합니다. 학기 초 교육실습을 고려한 업무분장을 마련할 필요가 있고 학교교육 계획을 수립할 때 실습 기간의 학교 교육 활동을 조정할 필요가 있습니다. 또한, 교육실습 매뉴얼이 없거나 지도교사에게 충분히 전달되지 않아 실습지도를 교사 개인의 역량에 의존하고 있으므로 이에 대한 대책이 필요합니다.

해결 방안

- 너무 많은 양의 과제와 업무보다는 목표보다 다소 적은 양으로 여유롭게 접근

할 수 있도록 하면 좋을 것 같습니다.

• 실습생들과의 실제적 소통의 장을 마련하여 실습생들이 어려울 때 빠르게 도와주는 것이 좋겠습니다.

• 체계적인 실습지도 방법에 대한 노하우를 알려줄 수 있는 자료(교재, 영상, 매뉴얼 등)가 필요합니다.

• 실습 운영 방식에 있어서 실습부장과 실습지도교사 간의 민주적인 사전 협의와 합의가 필요합니다.

• 교육실습생과 지도교사와의 시간이 실습에서 가장 중요하므로 지도교사가 어떤 부분을 지도해야 하는지 구체적인 지도 연수가 필요함을 느낍니다. 이 연수는 교육청에서 주관해도 좋지만, 단위 학교로 강사가 직접 와주어 동료 실습지도교사가 같이 연수를 받으면 좋겠습니다.

• 실습생이 좋은 수업을 할 수 있으려면 지도교사와 교육실습생 그리고 학급 학생들 간의 관계를 형성하는 충분한 시간을 마련해주는 것이 필요합니다. 그러므로 수업 전후 지도교사와의 준비 시간을 충분히 확보하고 실습생 역시 학생들과 좋은 관계를 맺을 수 있는 시간을 확보하면 좋겠습니다.

교육실습생의 부담을 줄여야 한다는 의견이 많았습니다. 수업의 수를 줄이거나 준비할 수 있는 충분한 시간 확보가 필요해 보입니다. 지도교사의 입장에서는 지도 역량을 강화할 수 있는 매뉴얼 보급과 동시에 역량 강화 연수가 필요해 보입니다. 실습 운영 프로그램 면에서는 교육실습생이 지도교사 및 학급 학생들과 충분히 관계를 형성할 수 있는 시간이 마련되어야 할 것입니다. 실습 운영 측면에서는 교육실습 부장교사의 과업이 너무 많으므로 사전 협의를 통해 민주적으로 역할을 나누어 맡는 것이 필요해 보입니다.

바라는 것

- 예산 지출 시 참석 명단에 서명을 받는 등 예산 정산서의 서류가 많고 복잡했습니다. 좀 더 간소화하면 좋겠습니다.
- 예산을 쓸 수 있는 범주를 없애고 학교 자율로 예산 활용 권한을 부여해주면 좋겠습니다. 예산 사용에 규제가 많을수록 실제로 교육실습을 운영하는 데 어려움이 많습니다.
- 예산을 한꺼번에 교부해주면 좋겠습니다. 중간에 조금씩 나누어 교부하면 예산을 계획하고 사용하기 어렵습니다.
- 실습생 간식비의 경우 실습지도교사에게 과도한 업무로 느껴지는 부분이 있어 실습생 개인에게 실비로 지급하는 등의 실습지도교사 업무 경감 방안이 수립되면 좋겠습니다.
- 교육실습생 실습 프로그램에 대한 매뉴얼이 있으면 지도교사 간의 지도 내용에서 편차가 더 적을 것 같고 교육실습에 대한 부담이 줄 것 같습니다.
- 행정업무의 간소화, 실습생에게 집중할 수 있는 시간적 여유, 학교 행사가 간소화되면 좋겠습니다.
- 실습생들의 복지를 위한 충분한 예산이 마련되어야 하며 실습학교와 실습협력학교가 소통하여 실습을 위한 기본 계획을 마련하여 진행하는 것이 필요합니다.

> 예산에 대한 단위 학교의 자율성을 확보하는 것이 필요합니다. 더불어 예산 사용 절차와 보고 서류를 단순화하여 행정적인 일보다 교육실습에 온전히 집중할 수 있는 여건을 마련해주어야 합니다. 교육실습에 대한 예산이 증액되어 더 좋은 환경에서 실습이 이루어지기를 바랍니다. 마지막으로 교육대학교-실습학교 간 프로그램이 연계된다면 좀 더 질 높은 교육실습이 될 것입니다.

6장

교육실습을
어떻게
운영해야 할까?

교육실습생과 교사의 설문, 지도교사의 운영 경험을 분석한 결과, 보다 효과적이고 실제적인 교육실습 운영을 위해 다음과 같이 7가지를 제안해봅니다.

1. '실천교육학'을 교대 교육과정에 반영

교육대학교 교육과정에 학교 현장에서 꼭 필요하고 실제적인 '실천교육학'을 반영해주시기 바랍니다. 교육실습생들이 임용고사를 통과하여 교육 현장에 임용되어 학급을 맡아 학생을 만나면 바로 실천할 수 있는 '실천교육학'이 절실하게 필요합니다.

다음 교수요목은 '사람과교육연구소'에서 10년 넘게 검증되어 교육 현장에서 실천되고 있는 8가지 영역의 실천교육학입니다.

- 교육 철학 고장 난 나침반으로 올바른 목적지에 갈 수 없듯이 자신의 교육 철학을 살피는 것은 무척 중요합니다. 어떤 교사로 살아야 하는지 실천적인 자신의 교육관을 정립하는 것이 필요합니다.

- 교사 성찰 교육내용과 학생을 이해하는 것 이상으로 중요한 것이 가르치는 '나'를 이해하는 것입니다. 사람과교육연구소에서는 에니어그램을 통해 교사 자신에 대해 깊이 성찰합니다.

- 학급운영시스템 컴퓨터를 운영하는 시스템이 있듯이 학급에도 학급을 움직이는 시스템이 있어야 합니다. 학생과 좋은 관계를 만드는 방법, 민주적인 제도와 문제해결 절차 등을 담고 있습니다.

- 놀이 놀이는 단순한 즐거움을 넘어 규칙을 배우는 가장 강력한 수단이기도 합니다. 또한, 학생과 학생, 학생과 교사 간 좋은 관계를 만드는 데 꼭 필요합니다. 사람과교육연구소에서는 100개 이상의 놀이를 선생님들과 직접 실천해 보고 있습니다.

- 체계적 교수 · 학습법 잘 가르치는 것은 교사에게 중요합니다. 기본적인 강의법에서부터 수업 각 단계에서 활용할 수 있는 수업기술을 직접 실습하며 공부하고 있습니다. 수업 안목을 넓히고 교수 역량을 강화하는 데 목적을 둡니다.

- 프로젝트-교사 교육과정 학생의 삶과 가장 가까운 교육 방법은 프로젝트 학습법입니다. 다양한 교과를 융합한 프로젝트를 계획하고 실천하는 방법을 배웁니다. 또한, 교실에서 실천한 기록을 토대로 실천적인 교사 교육과정을 만듭니다.

- 위기 학급 프로그램 치유와 상담이 필요한 학생이 많아지고 있습니다. 교사로서 학생들의 문제행동에 대처하는 방법과 어려움을 겪는 학생을 돕는 방법을 담고 있습니다.

• 학부모 교육과 상담 최근에 학부모와의 관계가 무척 중요해지고 있습니다. 학부모와 협력적인 동반자로서 만나는 방법을 함께 공부합니다.

2. 교육실습생의 필요를 반영한 '교육실습 프로그램' 제공

교육실습 프로그램을 1~2학년 교육실습생들의 진로 선택과 3~4학년 교육실습생들의 실제적인 실습을 위한 시기와 기간, 내용을 반영하여 제공해주기를 바랍니다. 교육실습과정(1주+2주+3주+3주=9주 45일, 120시간, 수업 20시간)을 다음과 같이 제안합니다. 1학년 1주, 2학년 2주, 3학년 3주, 4학년 3주로 운영을 합니다.

교육실습 9주 프로그램

기간	1학기												2학기								합계
	4월				5월				6월				9월				10월				
	1주	2주	3주	4주	1주	2주	3주	4주	1주	2주	3주	4주	1주	2주	3주	4주	1주	2주	3주	4주	
학년														●							1주
2			●	●																	2주
3																		●	●	●	3주
4									●	●	●										3주
소계	5주												4주								9주

3. 교대에서 '교육실습록'을 제작 및 배부

　　현재 교육실습협력학교에서는 실습학교 선정과 동시에 교육실습록을 제작하여 교육실습생들에게 배부하고 교육실습을 운영합니다. 그러다 보니 교육실습을 운영하는 학교마다 교육실습록을 편집하고 제작해야 하는 수고가 필요합니다.

　　게다가 학교마다 특색은 살릴 수 있겠지만, 학교 간 편차가 심해서 어느 학교에서 실습을 받느냐에 따라 배우는 것이 달라지는 결과를 초래합니다. 그러므로 이러한 교육실습학교의 수고와 교육실습학교 간의 편차를 줄이기 위해 교육대학교 차원에서 일괄적으로 '표준 교육실습록'을 제작해서 배부하는 것이 필요합니다.

4. 교육실습 지도교사 연수 제공

　　교육실습생을 처음 지도하게 되는 지도교사를 위한 '교육실습 지도교사 연수'가 필요합니다. 교육대학교 및 교육청 차원에서 연구하고 개발한 교육실습 지도교사 연수를 학기 시작 전에 실시해야 지도교사들이 교육과정을 재구성하여 실제적이고 체계적인 교육실습 프로그램을 구성하고 운영할 수 있습니다.

- 연수 시기: 1월 2주 차(기본 2일 15시간, 심화 5일 30시간)
- 연수 대상: 교육실습 지도교사 전원
- 연수 내용: 실천교육학, 학급운영, 수업지도 방법, 일대일 멘토링 운영 방법, 교육실습부장의 역할 등

5. 교수요목표 제공

　　교육실습을 총괄 운영하는 실습부장의 입장에서는 교육실습생들에게 시기별로 무엇을 가르쳐야 하는지에 대한 구체적인 교수요목 기준안이 필요합니다. 보다 체계적이고 실제적인 교육실습 운영 및 교육실습생 지도를 위한 '교육실습 교수요목'에 대한 예시를 다음과 같이 제안합니다. 이를 바탕으로 지도교사와 교육실습생들에게 효과적인 교수요목에 대한 개발과 보급을 기대합니다.

　　교육실습 교수요목도 나선형 교육실습 프로그램으로 운영할 수 있습니다. 한 학기나 일 년에 한 번 정도 교육실습에 와서 흐름이 끊긴 상태에서 덩그러니 교실에 남겨져 홀로 수업을 해야 하는 교육실습생의 입장에서는 어느 정도 수업과 관련된 내용을 반복하여 강조하고 지도해주어야 합니다. 교육실습 프로그램 구성하실 때 오른쪽의 '교육실습 교수요목표'를 참고해보시기 바랍니다.

6. 교대에서 배운 것과 교육실습의 연계

　　교대 수업이 현장과 연계되어야 합니다. 교대에서 배운 이론을 교육 현장에서 적용하기 위해서 실습 지도교사와 교대 교수의 공동연구도 필요합니다. 활발한 공동연구는 교사와 교수 간 쌍방향 소통을 통해 가능합니다. 교육대학 차원에서 학교 현장의 현실과 상황을 적극적으로 경청하고 지원하기 위한 만남의 자리를 마련할수록 교대의 이론과 교육 현장의 실제의 괴리를 줄일 수 있습니다.

교육실습 교수요목표(예시)

교수요목	1학년 기초 실습	2학년 수업 입문	3학년 수업 정교화	4학년 수업 심화
수업 실습	수업참관	수업 3시간 (구상안 1+약안 2)	수업 8시간 (세안 1+약안 3+구상 4)	수업 9시간 (세안 1+약안 4+구상 4)

교수
학습
	• 수업 안내
	• 수업참관 방법
	• 수업참관 소감 나눔
	• 시범수업 토크
	• 교대의 배움과
	  학교 현장과의 연계
		• '좋은 수업' 철학
		  세우기
		• 2015 교육과정 및
		  수업 설계 방법
		• 교수 · 학습과정안
		  작성 방법
		• 수업 관찰 및 성찰
		• 놀이 수업 활동
		• 수업 운영 기술
		• 학생활동중심수업
		• 과정중심평가
			• 내가 생각하는 좋은
			  수업
			• 교수 · 학습과정안의
			  실제(세안)
			• 교육과정 문해력
			  기르기
			• 체계적 교수법
			• 수업 자료 제작
			• 수업 교구와 수업 자료
			  사용법
			• 온 작품 읽기
				• 수업참관 및 수업
				  분석법
				• 학생 참여형 수업
				• 배움이 느린 부진
				  학생 지도법
				• 교육과정−수업−평가
				  의 일체화
				• 사례 중심으로 살펴보
				  는 교육과정 재구성

생활
지도
	• 개별 학생 관찰 및
	  나눔
	• 학년별 학생 특성
	  (학생탐구생활)
		• 개별 학생 관찰 및
		  나눔
			• 개별 학생 관찰 및 나눔
			• 의사소통 기법
			• 학급 문제 해결 기술
			• 학교폭력 예방교육
				• 저학년, 고학년 학생
				  특성의 이해
				• 학생, 학부모 상담의
				  유형과 실제

학급
운영
	• 교실 놀이
	• 반 아동과의 래포
	  형성(아침 인사,
	  아동과의 시간)
	• 학급운영 관찰
		• 교실 놀이
		• 반 아동과의 래포 형성
		• 학급운영 관찰
			• 교실 놀이
			• 반 아동과의 래포 형성
			• 학급운영 관찰
				• 내가 꿈꾸는 나의
				  교실
				• 학급운영시스템
				• 학급긍정훈육법
				• 학생자치
				• 교실 놀이
				• 반 아동과의 래포
				  형성
				• 학급운영 관찰

교직
실무
	• 교직의 이해
	• 학교 현황과 학교
	  탐방
	• 교사의 일상
	• 교사 생애주기별
	  안내
	• 다양한 분야의 특성
	  화된 교사 소개
		• 기본 복무
		• 교직의 이해
		• 교사의 학교생활
			• 교사의 자기 이해	• 교사 전문성 향상과
				  학습 공동체
				• 업무포털 사용법
				• 공문서 작성 및 관리

7. 교육과정 재구성이 아닌 단위 차시 수업 지원

일선 실습학교 중에서는 단위 수업도 쉽지 않은 교육실습생들에게 교육과정 재구성을 해서 본시 수업을 구성하고 수업을 진행하도록 요구하기도 합니다. 이는 학년부장 정도의 역량을 가진 교사도 쉽지 않은 부분입니다. 교육실습생들에게 과도한 기대와 요구로 교육실습을 진행하는 것은 삼가야 합니다. 그들이 실제로 적용 가능한 단위 차시 수업을 할 수 있도록 도와야 합니다.

교육과정은 필요하고 장기적으로 중요하지만, 교대에서 수업을 제대로 한 다음 실습을 할 수 있도록 지원해주어야 하며, 현장 교사들에게도 교육과정 운영을 몇 년 하고 좋은 팀과 협력하여 경험을 쌓을 수 있도록 기회를 제공해주어야 합니다.

제2부

교육실습 운영 지원 시스템

제2부 교육실습 운영 지원 시스템은 교육실습을 총괄 운영해야 하는 교육실습 담당 교사에게 필요한 내용을 담았습니다. 어떻게 하면 체계적인 교육실습 운영이 가능할지에 대한 고민과 아이디어를 담아보았습니다. 실습부장은 교육실습 협력학교 구성원들인 관리자, 지도교사, 교육실습생, 학생들과 동시에 의사소통해야 합니다. 실습부장이 교육실습 운영을 위해 어떠한 영역에서 어떤 지원을 해주면 좋을지에 대한 보다 구체적이고 실제적인 내용을 나눠보겠습니다.

1장

교육실습 운영을 위한 인적·물적 자원 지원

교육실습을 운영하기 위해 가장 중요한 자원이 인적 자원과 물적 자원입니다. 인적 자원은 교육실습에 참여하는 지도교사입니다. 지도교사의 수업역량과 업무역량에 따라 교육실습 지도의 질이 결정된다고 해도 과언이 아닐 것입니다. 그래서 인적 자원 구성과 인적 자원에 대한 연수 지원이 중요합니다. 또한, 교육실습생이 교육실습을 하게 되는 교육실습 학교 공간도 중요합니다. 이번 장에서는 이러한 교육실습 운영을 위한 인적 자원과 물적 자원에 대해 살펴보겠습니다.

인적 자원 지원

    교육실습 운영 자원 중에서 가장 중요한 요소가 인적 자원입니다. 그런 점에서 가중 중요한 것은 실습지도교사의 구성입니다.

    실습지도교사들은 4가지 영역에서 교육공동체를 구성하여 교육실습을 운영할 수 있습니다. 수업 전문가로 구성된 '수업 공동체', 교육행정 전문가로 구성된 '행정 공동체', 인성교육 전문가로 구성된 '인성 공동체', 학교 문화예술 전문가로 구성된 '문예 공동체'입니다.

    '수업 공동체', '행정 공동체', '인성 공동체', '문예 공동체'와 같은 전문가 집단의 특성을 반영하여 교육공동체를 구성하여 교육실습을 운영한다면 교육실습생뿐 아니라 실습지도교사 자신의 전문성 신장에도 큰 도움이 되리라 생각합니다.

교육공동체 개요 및 교육실습부장 역량(예시)

H.E.R.O 교육 공동체 총괄				
교육공동체 개요	• HERO는 교육실습생이 교육 현장 속에서 '영웅'과 같은 존재로 성장하기를 기대하는 의미를 담음 • HERO 교육공동체는 수업 · 행정 · 인성 · 문예 영역을 주제로 구성된 전문적 학습공동체를 의미함			
〈사진〉	역할 분담	• 교육실습협력학교 기획 및 운영 총괄 • 교육실습생 지도 및 특강 지원 • HERO 교육공동체 총괄 • J-지원전략팀원	업무 역량	• 6학년부장(3년), 연구부장(2년) • 과학부장(1년), 체육교육(2년) • 창의 · 발명 · 영재교육(6년) • 교육실습협력학교 담당부장(2년)
홍길동 (15.00년)	수업 역량	• 초등수업연구발표대회 2등급(2016, 2017) • 초등1급 정교사 자격연수 강사(2016~2018) • 교육실습협력학교 교육실습생 지도(2년)	연구 역량	• 진로교육실천사례연구대회 1등급 • 전국학교체육연구논문대회 1등급 • 과학기술연구논문대회 3등급

교육실습 교육공동체(예시)

H			growtH 수업 교육공동체
〈사진〉	역할 분담		• GrowtH 수업 공동체 리더 • O-지원전략팀장
	수업 역량		• 과학동아리 교사심화연수강사 • 정보연구대회(1등급 1회, 2등급 2회)
전OO (21.06년)	업무 역량		• 학년부장(4년), 연구학교(9년) • 업무부장(11년), 영재교육(4년)
〈사진〉	역할 분담		• GrowtH 수업 공동체 팀원 및 강사 • E-지원전략팀장
	수업 역량		• 수업연구발표대회 2등급(2017~18) • 교육정보화연구대회 2등급(2017)
정OO (11.01년)	업무 역량		• 과학정보부장(5년), e학습터(2년) • 체육,학생자치(2년), 정보지원(2년)
〈사진〉	역할 분담		• GrowtH 수업 공동체 팀원 및 강사 • Y-지원전략팀원
	수업 역량		• PDC 전문적 학습공동체(1년) • 행복교실(1년), 행복연수 이수
김OO (15.00년)	업무 역량		• 학년부장(3년), 독서교육(1년) • 연구부장(1년), 방과후업무(1년)

E			guidE 행정 교육공동체
〈사진〉	역할 분담		• GuidE 행정 공동체 리더 • N-지원전략팀장
	수업 역량		• 수업연구발표대회 1등급(2011) • 배움중심장학지원단
전OO (21.06년)	업무 역량		• 교무부장(1년), 연구부장(2년) • 학년·업무부장(8년), 도서관업무(4년)
〈사진〉	역할 분담		• GuidE 행정 공동체 팀원 및 강사 • Y-지원전략팀원
	수업 역량		• 수업연구발표대회 2등급(2017) • 진로교육연구대회 1등급(2014)
오OO (8.02년)	업무 역량		• 진로교육(1년), 영재교육(1년) • 오케스트라(2년), 과학정보업무(3년)
〈사진〉	역할 분담		• GuidE 행정 공동체 팀원 및 강사 • N-지원전략팀원
	수업 역량		• 수업연구발표대회 1등급(2011) • 배움중심장학지원단
김OO (15.00년)	업무 역량		• 과학정보부장(5년), e학습터(2년) • 체육,학생자치(2년), 정보지원(2년)

R			adviseR 인성 교육공동체
〈사진〉	역할 분담		• AdviseR 인성 공동체 리더 • O-지원전략팀원
	수업 역량		• PDC 전문적 학습공동체(1년) • 행복교실(1년), 행복연수 이수
김OO (15.00년)	업무 역량		• 학년부장(2년), 영재교육(1년) • 도서관업무(2년), 돌봄업무(1년)
〈사진〉	역할 분담		• AdviseR 인성 공동체 팀원 및 강사 • Y-지원전략팀원
	수업 역량		• 인성교육연구대회 1등급(2016) • 디지털교과서 연수 강사
송OO (13.06년)	업무 역량		• 학년부장(3년), 독서교육(2년) • 연구부장(1년), 방과후업무(3년)
〈사진〉	역할 분담		• AdviseR 인성 공동체 팀원 및 강사 • Y-지원전략팀원
	수업 역량		• 과학동아리 교사 연수강사 • 정보연구대회(1등급 1회, 2등급 1회)
김OO (12.00년)	업무 역량		• 학년부장(1년), 체육부장(2년), • 운동부지도(5년), 도서관(2년)

O			co-Operation 문예 교육공동체
〈사진〉	역할 분담		• Co-Operation 문예 공동체 리더 • N-지원전략팀장
	수업 역량		• 전국체육연구대회 2등급(2017) • 초등1급 정교사 자격연수 강사
박OO (10.06년)	업무 역량		• 학년부장(1년), 체육부장(2년), • 운동부지도(5년), 도서관(2년)
〈사진〉	역할 분담		• Co-Operation 문예 공동체 팀원 및 강사 • J-지원전략팀장
	수업 역량		• 체육교사 연수 강사 • 인천대학교 영재교육원 강사
한OO (11.06년)	업무 역량		• 체육부장(4년), 운동부지도(3년) • 영재교육(4년), 방송(1년)
〈사진〉	역할 분담		• Co-Operation 문예 공동체 팀원 및 강사 • E-지원전략팀원
	수업 역량		• 인천교사오케스트라(3년) • 예술동아리 운영(3년), 연수 200시간
강OO (7.07년)	업무 역량		• 정보지원(1년), 방송(2년) • 오케스트라(2년), 평생교육(2년)

수업 공동체

　수업 전문가 선생님들로 구성된 교육공동체입니다. 실습교사 모두 수업 전문가이지만, 특별히 수업 및 교육과정을 전문적으로 연구하고 실천하고 공유하는 것을 공동의 목표로 구성된 선생님들이 운영하는 교육공동체입니다.

　'수업 공동체'는 어떻게 하면 아이들을 더 잘 가르칠 수 있을까? 학생들이 어떻게 수업에 적극적이고 자발적으로 참여할 수 있을까? 어떻게 학생들이 자기주도적으로 학습을 할 수 있을까? 수업의 핵심요소와 교사의 역할은 무엇인가? 등의 주제로 공동 연구하고 연구한 내용을 실천하고 실천한 내용을 함께 나누며 성장하는 교육공동체입니다. 이러한 좋은 수업에 대한 고민은 교육실습의 질을 높이는 요인이 되기도 합니다.

행정 공동체

　교육행정 전문가 선생님들로 구성된 교육공동체입니다. '행정 공동체'는 교직실무에 필요한 주제인 학교 업무 분장이나 교육계획 공문서 작성, NEIS 업무포털 활용법 등 연구하여 교육실습생들에게 보다 효율적이고 체계적이고 활용 가능한 정보를 제공합니다.

　교대 4학년인 교육실습생은 수업실무실습을 통해 교육행정에 대한 학교 현장의 실무를 배울 기회를 얻게 됩니다. 이 시기에 '행정 공동체' 선생님들은 4학년 교육실습생들에게 유익한 교직실무의 경험을 제공하게 됩니다.

인성 공동체

　인성교육 전문가 선생님들로 구성된 교육공동체입니다. '수업' 못지않게 중요한 것 중 하나가 학생들의 '인성교육'입니다. 또한, 교사와 학생의 '관계', 학생과 학생의 '관계'가 중요합니다. 이러한 중요한 주제인 '인성'과 '관계'를 공동으로 연구하고 실천하고 나누는 교육공동체가 '인성 공동체'입니다.

'인성 공동체'에서는 민주적이고 탁월한 학급문화 만들기, 교사 문제해결 기술, 학생 문제해결 기술, 학부모 상담 기술, 인성 놀이, 공동체 놀이, 학급긍정훈육법, 1-2-3 매직 등을 주제로 연구하고 실천하고 나누며 성장하는 교육공동체입니다.

'인성 공동체' 선생님들은 교육실습생들이 '수업' 다음으로 궁금하고 알고 싶고 배우고 싶은 인성교육 노하우를 나눌 수 있습니다.

문예 공동체

학교문화예술 전문가 선생님들로 구성된 교육공동체입니다. 초등학교 교육과정에서는 다양한 체험과 진로활동을 통해 자신의 관심사와 진로를 살펴보고, 자신을 폭넓게 이해할 기회를 제공해주는 것이 필요합니다. 그래서 교과 교육과정과 창의적 체험활동을 특색 있게 만들어주는 '문화, 예술, 체육'과 관련된 주제를 연구하고 실천하면 보다 풍성한 교육활동을 구성할 수 있습니다.

'문예 공동체' 연구 주제는 UCC 제작, 학교체육의 실제, 신규 교사와 토크 콘서트, 학급뮤지컬 지도의 실제, 1인 1악기 연주회의 실제, 청소년단체의 이해와 실제, 학급 이벤트로 만드는 특별한 우리 반, 퍼실리테이션으로 민주적 교실 만들기, 효과적인 학교스포츠클럽 운영 노하우 등과 같이 다양합니다.

교육실습생들을 위한 특강 주제로 나누기에 안성맞춤이며, 교육실습생들에게 반응이 좋은 주제가 많이 있습니다. 앞에서 제시한 특강 주제 이외에도 교사가 가진 다양한 재능과 관심사를 특강 주제로 나눌 기회를 제공한다면 교사와 교육실습생이 함께 성장할 수 있습니다.

예를 들어, 교사 뮤지컬 동아리 선생님이 뮤지컬 동아리를 만들어서 제자들과 노래를 부르며 공연하는 학급 이야기를 들려줄 때 교육실습생들은 저마다 특색 있는 학급을 만들고자 하는 동기를 갖기도 합니다.

물적 자원 지원

인적 자원 못지않게 물적 자원도 중요합니다. 물적 자원은 크게 교내 교육환경과 교외 교육환경으로 나누어서 생각할 수 있습니다.

교내 교육환경

교내 교육환경으로는 교육실습 수업지도 공간과 수업연구 공간, 교육실습생 편의 공간으로 나눌 수 있습니다. 일반적으로 학교에는 특별실이나 여유 공간이 많지 않은 관계로 교육실습생을 위한 수업지도, 수업연구, 편의시설을 하나의 특별실에서 운영하는 경우가 많습니다.

교육실습 지도실

교육실습생을 위한 교육실습연구실에는 다음과 같은 물품이 필요합니다. 학교 잉여 공간 및 예산을 감안하여 교육실습생들을 위한 연구 공간 및 수업 물품을 제공해주면 됩니다.

- 교육실습생 수업 물품: 학급요록, 사진명부, 개인정보동의서, 교과서, 필기도구, 명찰 등
- 교육실습생 복지 전자제품: 냉장고, 전자레인지, 커피포트 등
- 교육실습생 개인 제공 물품: 의자, 책상, 사물함
- 수업연구 기자재: 컴퓨터, 프린터, 교과서, 복사기, A4 용지
- 수업자료 제작 도구: 풀, 가위, 색연필, 사인펜, 스테이플러, 도화지, 색도화지, 색종이 등

※ 수업자료 제작 물품은 실습 시작 전 준비해주어야 수업 준비 첫 주와 수업 운영 주간에 여유 있게 활용할 수가 있습니다.

교육실습 학급

교육실습 학급은 교육실습생들이 가장 많은 시간을 보내는 공간입니다. 그러므로 설레기도 하고 어색해할 수 있는 교육실습생을 위해 간단한 환영 문구를 교실 앞뒷문에 게시해주는 소소한 배려 하나로 교육실습생은 감동받고 실습 기간 동안 마음을 열게 됩니다.

실습학급에는 교육실습생을 위한 책상과 의자를 준비해줍니다. 학생 사물함에 여유가 있다면 교육실습생에게 제공해주는 것도 교육실습생을 위한 작은 배려입니다.

교육실습 학년연구실

교육실습생들이 개인 수업 연구나 학년별 공동 수업 연구, 수업 자료 제작을 위해 활용할 수 있는 유용한 공간이 '학년 연구실'입니다. 실습교사는 실습 첫날 이곳에서 실습생과 동 학년 교사와의 만남을 가지면 좋습니다.

그리고 공동 사용 공간인 '학년 연구실'에 대한 교육 자료나 기자재 활용법을 안내하고 사용한 물품은 제자리에 정리할 수 있도록 교육할 필요가 있습니다.

교육실습 활용 공간

교육놀이실		학급 단위 교육놀이 수업을 위한 공간	영어실		원어민과 함께하는 영어수업 실습
야외 필로티 활동 공간		하부 필로티 구조를 활용한 전천후 놀이 공간으로 활용	강당		전교 단위 공개수업, 실습 특강, 학년 단위 놀이수업, 체육수업 참관 및 실습
교육놀이터		실습생 놀이 실습 및 놀이수업 공간	위클래스 상담실		정서 및 학교 적응을 위한 위기 학생 상담

제1,2과학실 및 과학 준비실		효과적인 과학수업 진행	학습도움반 (저·고학년)		특수(통합)교육 관련 실습
음악실		국악 및 1인 1악기 학년 수업 진행, 오케스트라 연주 연습실 활용	생태체험장		환경 수업, 반별 채소 (배추, 토마토 등) 기르기, 야생화, 새, 곤충 관찰 수업
미술실		미술 및 실과수업 실습, 창의적 체험활동 수업	학교 텃밭		공동으로 벼, 고구마 등을 심고 가꾸는 생태환경 수업 진행

교육실습생 수업연구 및 전문적 학습, 편의 공간

실습생 휴게실 +무선랜 구축		진로 및 토의·토론 수업 가능, 실습생 휴게실로 구축 (실습생 1인 1PC)	교수·학습 자료실		교과 공통자료 영재교육 자료 각종 행사 자료실로 활용
교육실습생 연구실		실습생 특강 및 수업연구실 구축 (실습생 1인 1태블릿)	도서관		도서관 활용 수업 실습
예체능 협의실		예체능 수업 협의 및 교육실습 준비	학년연구실		교재연구 및 협의를 위한 학년별 연구실
탈의실 (남,여)		체육수업이나 운동을 위한 탈의 및 샤워 공간	컴퓨터실		ICT 활용 교육실습 특강, 멀티미디어 자료 제작, 최신 태블릿 활용 수업

교외 교육환경

교외 교육환경으로는 교통, 지역사회, 학생, 학부모, 마을 연계 교육과정을 살펴볼 수 있습니다.

교통편 안내 및 카풀 연결

아직 학생인 교육실습생들은 대부분 대중교통을 이용해서 출퇴근합니다. 실습학교 입장에서 여러 가지 편의를 제공해줄 수 있지만, 교통편은 통제할 수 없는 영역입니다. 그래도 교육실습생들이 보다 편리하고 효과적으로 출퇴근할 수 있는 교통편을 안내해주거나 실습교사와 카풀을 연결해주면 교육실습생들에게 조금이나마 도움이 될 수 있습니다.

마을 연계 교육과정 운영

학교 밖에 있는 지역사회 문화예술체험 공간을 활용하여 교육실습을 운영한다면 다양하고 생동감 있는 마을 연계 교육과정을 체험할 기회를 제공할 수 있습니다. 봉사활동의 경우 지역 노인복지회관에 방문하여 효 체험활동, 학교 주변 쓰레기 줍기 활동, 청소년단체 지역 둘레길 쓰레기 줍기 봉사활동, 지역 전통시장 체험활동 등을 참관하게 할 수 있습니다.

2장

교육실습생과
학교 구성원 간
관계 향상 만남 지원

교육실습생은 학교 현장에서 교원, 학생, 학부모와 만나게 됩니다. 이번 장은 교육실습생과 학교 구성원의 만남을 어떻게 지원할지에 관한 내용입니다. 교육실습생들이 다양한 학교 구성원들을 만나며 학교 현장을 이해할 수 있도록 지원할 수 있습니다.

교육실습생과 학교 구성원과의 동반 성장이 있는 만남 지원

교육실습생이 다양한 학교 구성원과의 만남과 대화를 통해 학교 교육과정, 경영, 행정 등에 대한 전반적인 이해를 높이고 교육 현장에 대한 실제적인 적응력을 키울 수 있도록 지원합니다.

교육실습생의 관계 향상 만남 지원

대상	목적	활동	장소	피드백
교사 교육 가족	학년과 교육 경력에 따른 교육 상황과 학교문화 이해	• 저·중·고학년 선생님들과 수업, 생활지도 및 학급운영의 실제	협의실	학년별 교육 상황과 신규 교사의 교직 입문에 대한 이해를 바탕으로 학생 및 수업에 대한 이해 확장하기
		• 신규 선생님과 함께 하는 토크(Talk) 콘서트	진로실	
교무실 교육 가족	교장·교감· 교무 선생님과 학교운영에 대한 이해	• 교장 선생님과 학교운영의 방향과 교육 철학	교장실	학교최고경영자와의 대화를 바탕으로 학교 전체 운영에 대한 이해 확장하기
		• 교감 선생님과 학교운영과 교사의 효율적 협력	교무실	
		• 교무 선생님과 학교 실무와 업무처리 협력 방안	교무실	
행정실 교육 가족	학교 교육행정 및 실무에 대한 이해	• 행정실장님과 행정실의 구성과 업무처리의 흐름	행정실	학교행정전문가와의 만남을 통해 학교 행정 및 실무에 대한 이해 확장하기
		• 행정실 행정 주무관님과 행정업무 처리 협력	행정실	
		• 행정실 시설 주무관님과 학교 시설관리와 도움 요청	행정실	
스페셜 교육 가족	보건·영양·특수·외부 전문가 선생님의 관점 이해	• 보건 선생님과 보건실 운영과 사례 및 사고 조치 방법	보건실	보건·영양·특수 교사와의 만남을 통해 상호협력체제 필요성 공감하기 교원 전문성 함양의 중요성 인식하기
		• 영양 선생님과 급식실 및 학교 급식의 운영 현황	급식실	
		• 특수 선생님과 도움교실과 통합학급의 협력	도움실	
		• (외부 전문가) TET, PDC, 한국사 등의 전문가 초빙 연수	진로실	

교사 교육 공동체와의 만남

교육실습생들은 교사 교육 공동체와의 만남을 통해 학년별 특성을 이해할 수 있으며 교사의 교육 경력에 따른 교육상황과 학교문화를 이해할 기회를 제공받을 수 있습니다. 그리고 저 · 중 · 고 학년 선생님들의 수업참관, 생활지도, 학급운영 관련 특강을 통해 학년별 교육과정과 학생의 특징을 살펴볼 수 있습니다. 또한, 토크 콘서트와 같은 특강을 통해 궁금한 내용을 직접 묻고 그 답을 얻으며 교직에 대한 이해의 폭을 넓힐 수 있습니다.

교무실 교육 공동체와의 만남

교무실 교육 공동체에는 교장, 교감, 교무부장, 연구부장, 교무실무사가 있습니다. 평상시 만나기 쉽지 않은 분들입니다. 교장 선생님은 교육실습 첫날 2교시 교직이해 관련 특강으로 만날 수 있습니다. 교감 선생님은 첫날 3교시 학교 현황 및 탐방의 시간을 통해 만날 수 있습니다. 교무부장 선생님은 교직실무 관련 특강으로 만날 수 있으며, 연구부장 선생님은 교육실습 안내 및 수업지도안 작성 관련 특강을 통해 만남을 지원할 수 있습니다.

행정실 교육 공동체와의 만남

행정실 교육 공동체에는 행정실장, 차석 주무관, 삼석 주무관, 시설 주무관이 있습니다. 4학년 교육실습생은 교직실무를 배우면서 행정실과 긴밀한 협조가 필요하다는 것을 이해할 수 있습니다. 기회가 된다면 학교 행정실장을 섭외하여 간단한 학교 행정업무에 관한 특강을 지원할 수도 있습니다.

스페셜 교육 공동체와의 만남

스페셜 교육 공동체에는 단위 학교마다 꼭 필요한 선생님들인 보건교사, 영양교사, 특수교사가 있습니다. 이 분들 없이 학교를 운영하는 것은 상상할 수 없습니다. 그래서 보건, 영양, 특수 선생님들께 협조를 구해 보건교육, 영양교육, 특수교육 관련 특강을 지원해준다면 교육실습생들이 실제 학교 현장에 가서 관련 지도를 하는 데 큰 도움이 될 것입니다.

교육실습생과 학생의 친밀감이 있는 만남 지원

교육실습생들은 다양한 만남 프로그램에 참여하면서 저·중·고 학생들을 만날 수 있습니다. '자매학년 순환 프로그램', '자유 수업참관 프로그램', '특별한 만남 프로그램'을 통해 학생들의 성장 단계별 특성을 파악하고 학교 교육 현장에 대한 실제적인 이해를 갖도록 도울 수 있습니다.

자매학년 순환 프로그램

자매학년 순환 프로그램은 교육실습생이 저·중·고학년을 고르게 참관하거나 수업을 할 수 있도록 지원하는 프로그램입니다. 교육실습생이 해당 자매학년에 1회 이상 수업참관을 하며, 학생 특성을 파악하고 교수·학습에 대한 이해를 높일 수 있습니다. 가령 1학년 1반에 속한 교육실습생은 3학년 1반과 5학년 1반 교실에 입실하여 수업을 참관할 수 있습니다.

교육실습생의 학생과의 만남 지원

<table>
<tr>
<td>
저학년(1~2학년)과의 만남 활동

• 저학년 수업(교과,창체,생활)참관 및 실습
• 학생들에게 동화책 읽어주기(아침활동 20분)
• 학생들과 함께 생각 나눔 책 만들기(주 1회)
• 학생들과 함께 신체 표현과 놀이하기(주 1회)
</td>
<td>
고학년(5~6학년)과의 만남 활동

• 고학년 수업(교과,창체,생활)참관 및 실습
• 학생들의 꿈과 진로 살펴보기(선생님과의 데이트)
• 선생님과 함께하는 사제동행 한끼 식사
• 학생들과 함께 신체 표현과 놀이하기(매일 놀자타임)
</td>
</tr>
</table>

자매학년 순환 프로그램

<table>
<tr>
<td>
중학년(3~4학년)과의 만남 활동

• 중학년 수업(교과,창체,생활)참관 및 실습
• 학생들과의 관심 분야 알아보기(첫 만남)
• 주제가 있는 이야기 나누기(아침 활동)
• 학생들과 신체 표현과 놀이하기(놀자타임)
</td>
<td>
공통(1~6학년)과의 만남 활동

• 학생자치회(전교어린이회, 학급임원)
• 방송반, 또래 상담 동아리, 청소년 단체
• 창체(동아리)활동, 마을공동체 연계 활동
• 진로 문화예술 현장체험학습 참관 및 실습
• 학교스포츠 클럽활동 참관 및 실습
</td>
</tr>
</table>

교육실습 참여 교원(13명의) **6개 학년 균형 배치**로 교육실습생의 **다양한 교육현장 체험 기회** 제공!

자유 수업참관 프로그램

자유 수업참관 프로그램은 교육실습생이 희망하는 특정 학년의 학급 수업을 참관하며 학생과 수업에 대한 이해를 높일 수 있도록 지원하는 프로그램입니다. 자매학년 순환 프로그램이 특정 학년과 학급을 지정해서 교육실습생이 참관할 수 있도록 돕는다면, 자유 수업참관 프로그램은 교육실습생이 원하는 학급을 자유롭게 참관하도록 하는 점이 다릅니다.

특별한 만남 프로그램

정규 수업 이외에도 학생자치회, 학생동아리, 청소년단체, 스포츠클럽, 기타 행사 등의 참관 기회를 제공하여 특별한 만남을 가질 수 있습니다. 교육실습생들은 특별한 만남 프로그램을 통해 학교에서 학생들이 어떤 활동과 공부를 하는지 그 내용과 흐름을 이해할 수 있습니다.

교육실습생과 학부모의 공감이 있는 만남 지원

학부모와의 만남과 대화를 통해 학부모가 교사에게 바라는 교사상에 대해 공감하고 효과적인 학부모와의 협력 방안을 생각해볼 수 있습니다.

교육실습생과 학부모의 만남 지원

대상	목적	활동	장소	피드백
저·중·고 학년 학부모	소통과 공감의 자리에서 교사·학부모 마주하기	• 교사·학부모가 바라는 모습 알아보기	교실	학부모가 바라는 교사상을 살펴보고, 교사의 교육 철학을 유지하며, 학부모의 협력을 이끌어낼 방안 모색하기
		• 사례를 통해 교사·학부모의 관점 살펴보기	교실	
		• 서로에게 힘이 되는 격려의 말 나누기	교실	
학부모회	학부모회의 구성과 학교운영 협력 방안 모색	• 학교에서 활동 중인 학부모회 알아보기	교실	학교 교육 공동체의 일원으로 학교 교육에 참여하고 의견을 제시할 방안 찾아보기
		• 학부모들이 원하는 학교의 모습 살펴보기	교실	
		• 학부모 연수 시리즈 및 교육 기부 활동 참관하기	진로실	

저 · 중 · 고학년 학부모와의 만남

교육실습생이 교육실습 기간 동안 학부모와 만나기 위해서는 학교 교육과정을 연계한 교육실습 일정을 수립할 수 있습니다. 교육실습생은 학부모 상담주간, 학부모 참여수업, 어린이날 기념 놀이마당, 가을 대운동회 등의 교육행사를 통해 학부모를 만날 수 있습니다.

학부모회와의 만남

학교마다 학부모회, 학부모 명예사서 도우미, 녹색교통 어머니회 등과 같은 학부모 봉사 모임이 있습니다. 이러한 학부모 모임에 대한 소개와 학부모 봉사 참관, 학부모 만남 특강의 기회를 제공하여 학부모의 생생한 이야기를 들을 기회를 제공할 수도 있습니다.

학교운영회와의 만남

학교에는 학교의 중요한 결정사항을 심의하는 기구인 '학교운영위원회'가 있습니다. 학교장, 교원위원, 학부모위원, 지역위원으로 구성됩니다. 이러한 심의 기구가 어떠한 안건을 어떠한 과정으로 심의하는지 교육실습생에게 참관 기회를 줄 수 있습니다. 교육실습생은 이러한 기회를 통해 어떠한 안건이 상정되고 얼마의 예산으로 학교가 운영되는지, 학교 심의 기구의 구성원은 누구인지 이해의 폭을 넓힐 수 있습니다. 막연했던 학교 행정, 학교 운영 안건 등을 구체적으로 살펴볼 수가 있습니다.

3장

교육실습생과 지도교사 간 소통 시스템 지원

교육실습 소통 시스템 구축 및 활용

교육실습을 원활하게 운영하기 위해서는 교육실습생과 지도교사 간 소통이 필요합니다. 원활한 소통을 위해 교육실습 온·오프라인 소통 시스템을 구축할 필요가 있습니다. 온라인 소통 시스템은 학교 홈페이지, 교육실습밴드, SNS를 활용하여 교육실습생과 지도교사 간 소통을 지원할 수 있습니다.

지도교사는 교육실습생들과 소통을 위해 마음을 열고 소통 시스템을 구축하고 이를 적극 활용할 필요가 있습니다. 스마트 시대에 오프라인뿐 아니라 온라인, 모바일 시스템을 적극 활용하여 실습 전·중·후에 지속적인 소통과 교류를 제공하고 지원해줄 필요가 있습니다.

교육실습 소통 시스템

온라인 소통
- 각종 일반화 자료를 e-book으로 제작하여 배포
- 유튜브의 공개 채널을 통한 동영상 공유
- 학교 홈페이지를 통한 산출물 공유
- 밴드 어플 및 구글딕스를 활용한 교육실습 산출물 공유

온 · 오프라인
소통
시스템

오프라인 소통
- 교육실습 활용 일반화 자료 제작 배포
- 1:1 멘토링 프로그램 커뮤니티 운영
- 학생, 학부모, 학교 구성원과의 공감이 있는 만남
- 교육실습 결과물의 일반화 자료 제작 및 확산

온라인 소통 시스템

온라인 소통 시스템은 SNS(모바일 메신저, 네이버 밴드, 카카오톡 등), 학교 홈페이지 등의 온라인 시스템을 활용하여 지도교사와 교육실습생 간의 막힘없는 소통과 교류를 돕고자 실습학교에서 사전에 구축하고 지원해줄 수 있는 소통 시스템입니다.

오프라인 소통 시스템

오프라인 소통 시스템은 실습지도교사나 교육실습생이 매일 아침 일정 안내 시간이나 수업 전후에 상호 의사소통하며 자연스럽게 학교 현장이나 수업에 대해 멘토링을 받을 수 있는 소통 시스템입니다.

교육실습 소통 시스템 내용

교육실습 온라인 소통 내용

　교육실습학교에서는 실습이 시작되기 전에 교육실습생 명단(이름, 연락처)을 교육대학교로부터 받으면 사전에 교육실습밴드를 개설하여 교육실습생들을 초대합니다. 그리고 실습에 관련된 안내 사항이나 실습록 파일, 수업지도안 작성 파일 등을 그곳에 탑재하여 교육실습생들이 실습을 보다 효율적이고 효과적으로 참여할 수 있도록 도울 수 있습니다.

　이렇게 교실실습 커뮤니티(SNS)를 운영하면 교육실습생 간에 실습 관련 자료를 저장, 보존, 공유하기 쉬워 양질의 실습을 운영할 수 있습니다. 동의를 얻어 실습 장면을 사진으로 올리면 소중한 추억을 제공하게 되어 실습생들의 만족도가 높습니다.

교육실습 오프라인 소통 내용

　오프라인 소통 시스템을 통해 실습담당 교사는 교육실습생들의 출결과 건강을 살피기도 하며, 그날 있을 행사나 특강, 수업참관 일정을 안내하며 교육실습생들

교육실습 소통 시스템

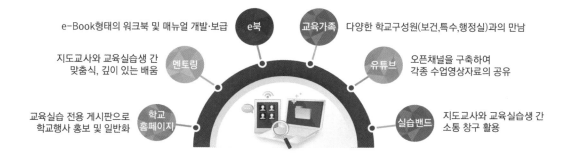

e-Book형태의 워크북 및 매뉴얼 개발·보급　e북
교육가족　다양한 학교구성원(보건,특수,행정실)과의 만남
지도교사와 교육실습생 간 맞춤식, 깊이 있는 배움　멘토링
유튜브　오픈채널을 구축하여 각종 수업영상자료의 공유
교육실습 전용 게시판으로 학교행사 홍보 및 일반화　학교 홈페이지
실습밴드　지도교사와 교육실습생 간 소통 창구 활용

의 질문들을 받고 바로바로 답변해줄 수가 있습니다. 또한 수업참관, 특강, 수업을 마친 후 실습교사와의 일대일 멘토링을 통해 수업협의도 하고 학급운영, 생활지도 관련한 사항들을 묻고 답하며 많은 것을 배우고 성장하는 시간을 제공해줄 수 있습니다.

4장

교육실습 내실화를 위한
교육실습
프로그램 지원

학교는 저마다 특색 있는 교육과정을 운영합니다. 학교의 특성과 문화를 반영한 교육실습 프로그램을 제공한다면, 교육실습생은 학교 교육과정과 학교문화를 배울 좋은 기회를 갖게 될 것입니다. .

교육실습 기본 프로그램 지원

1학년 – 참관실습

1학년 참관실습생에게는 모든 것이 낯설고 어색합니다. 1학년 2학기, 일주일의 교육실습에 참여하면서 지도교사와 아이들을 만납니다. 수업에 대한 부담 없이 가

법고 편안하게 수업을 참관하게 됩니다.

이때는 다양한 교과의 수업참관, 실제적인 현장 교사의 특강, 교직 이해를 돕는 특강, 학생들과의 인격적인 만남, 지도교사와의 일대일 멘토링을 제공해줄 수 있습니다. 교육실습학교 입장에서는 참관실습생들에게 가장 많은 것을 보여주고 멘토링을 하느라 적지 않은 부담이 되기도 합니다.

교육실습부장을 중심으로 지도교사와 협력하여 참관실습생의 수준과 필요에 맞는 참관실습을 구성하여 운영한다면 참관실습생들과 지도교사들이 함께 성장할 기회가 될 것입니다.

2학년 – 수업실습 Ⅰ

1학년 참관실습을 경험한 후 2학년 1학기에 2주 동안 수업실습 Ⅰ을 합니다. 이때는 참관실습 때와는 다르게 실습생이 처음으로 수업을 하는 기회를 제공합니다. 지도교사의 수업을 참관만 하는 1학년 참관실습과는 달리 3시간 정도의 수업을 합니다.

수업지도안은 세안이 아닌 '구상지'와 '약안'으로 작성하여 지나치게 형식에만 치우치지 않게 지도하는 것이 좋습니다. 교육실습생이 40분 단위 수업을 직접 구상하고 지도교사의 지도를 받아 실제 수업을 하는 경험은 매우 중요합니다. 이러한 경험을 통해 교육실습생은 수업에 대한 실제적인 고민과 연구를 하게 될 것입니다.

3학년 – 수업실습 Ⅱ

3학년 2학기에는 3주 동안 수업실습 Ⅱ의 시간을 갖습니다. 이때 8시간 내외로 수업을 구상하여 실습도 하고, 1일 담임 실습을 통해 학급운영의 흐름도 경험해봅니다. 교육실습 부장교사는 수업과 관련한 특강, 수업 컨설팅, 지도교사 수업 멘토링 등을 구체적이고 실제적으로 계획하여 운영할 수 있습니다.

그러기 위해 첫날 교육실습 오리엔테이션 시간에 전반적인 수업실습 운영을 안내해줍니다. 수업실습 첫 주에는 수업지도안 작성법, 수업 관련 특강, 지도교사 시범수업 등을 집중적으로 배치하여 교육실습생들이 2주 차부터 실시되는 수업실습을 준비할 수 있도록 지원해줄 수 있습니다.

4학년 – 수업실무실습

4학년 수업실무실습은 1학기 6월 중 3주 동안 진행됩니다. 4학년은 임용고사 이후 이듬해 바로 교육 현장에 첫 발을 내딛게 됩니다. 따라서 3학년 수업실습 Ⅱ에 이어 수업에 대한 다양한 경험과 함께 현장에서 활용 가능한 교직실무에 대한 내용을 더합니다. 공문서 작성법, 업무포털 사용법 등 보다 실제적인 내용으로 특강을 구성합니다.

또한, 4학년 수업실무실습에서는 수업지도안 세안 작성과 동 학년 단위 공동연구 프로젝트로 교육실습을 운영할 수 있습니다. 집단지성의 힘을 발휘하여 자신과 동료의 아이디어를 모아 하나의 공동 수업을 구상하고 수업 자료를 제작하여 각자 자신의 학급에서 그 수업을 할 수 있도록 합니다.

교육실습 특색 프로그램 지원

교육실습 특색 프로그램은 교육실습학교의 특색을 살리고 교육실습생이 교육실습에 정서적으로 편안한 분위기로 적응하게 도와줍니다. 특별한 첫 만남 및 수료식 이벤트는 교육실습을 잊지 못할 소중한 추억으로 만들어줍니다.

첫 만남, 환영식

교사에게 학생들과의 3월 첫날 첫 만남이 중요하듯이 교육실습생들도 첫날 첫 만남이 중요합니다. 그래서 첫날 1교시에 학교 차원에서의 환영식과 더불어 4교시 정도에 실습학급에서도 학생과 교육실습생들과의 첫 만남을 축하하는 시간을 갖습니다.

교사마다 환영식에 관한 독창적인 아이디어와 감성적인 이벤트가 있지만, 이러한 이벤트를 어려워하는 교사도 있습니다. 따라서 실습부장교사는 그런 선생님들을 위해 기본적인 첫 만남 환영 프로그램을 제시해주거나 지도교사 사전 협의회를 통해 창의적인 아이디어를 모아서 진행할 수도 있습니다.

첫 만남 이벤트 관련하여 자세한 아이디어는 제3부 1장과 부록 1을 참고하시기 바랍니다.

교실 놀이

놀이는 처음 만난 사이에도 어색함과 불안감을 떨쳐내게 해주고 금세 가까워지게 하여 래포를 형성하게 해줍니다. 교육실습 2일차 정도에 '교실 놀이' 특강을 마련하여 실제 놀이를 통해 교육실습생들이 가까워질 수 있는 시간을 만들어줍니다. 교실 놀이 특강을 통해 익힌 놀이는 교육실습 학급에서 활용할 수 있게 안내합니다.

교실 놀이, 수업 놀이와 관련한 아이디어는 제3부 1장과 부록을 참고하시기 바랍니다.

실습 소감 영상 제작 및 발표회

미디어 세대인 교육실습생들은 문자 텍스트보다 영상 텍스트에 익숙합니다. 실시간으로 영상 콘텐츠를 찍고 공유하는 것을 즐겨하며 잘 합니다. 이러한 그들의 특징을 살려 교육실습 소감을 글로 작성하기보다는 영상으로 제작하는 방법을 안내합니다. 영상을 만들 시간과 영상을 발표할 기회를 제공합니다. 교육실습의 추억을 만들어 공유하도록 기회를 주는 것이 또 하나의 이벤트가 될 것입니다.

수료식 이벤트

수료식 또한 형식적으로 진행하기보다 지도교사와 교육실습생 모두에게 의미 있는 시간으로 만드는 것이 좋습니다. 교육실습생이 제작한 교육실습 소감 영상 중 우수작품 2편(3분 이내) 정도를 시청하는 것도 실습생들과 지도교사 모두에게 감동을 줄 수 있습니다.

지도교사 10명 이내의 소규모 실습학교의 경우 지도교사 격려의 시간도 의미가 있습니다. 교육실습생은 자신의 지도교사에게 감사 메시지나 지도교사의 이름으로 삼행시를 쓴 포스트잇과 초콜릿을 준비합니다. 진행자가 지도교사를 소개하면 교육실습생은 삼행시를 읽은 다음 초콜릿을 전달하며 감사의 인사를 합니다. 이어서 지도교사는 교육실습생에게 격려의 메시지를 전달합니다.

교육실습부장은 아래 '수료식 식순'과 부록 '11. 수료식 큐시트'를 참고하여 특별한 수료식을 진행할 수 있습니다.

수료식 식순(예시)

1. 개회사
2. 교장 선생님 축사
3. 실습 소감 영상 시청
4. 지도교사 격려
5. 폐회사
6. 기념 촬영

교육실습 필수 프로그램 지원

지도교사 및 타 교육실습생 수업참관

참관실습 동안 가장 많이 하는 것이 지도교사나 다른 교육실습생의 수업을 관찰하는 일입니다. 하지만 정작 대부분의 학교에서는 수업을 어떻게 보아야 하는지 알려주지 않습니다. 교육대학교에서 배우고 나서 실습에 임하면 좋겠지만, 1학년 때부터 수업을 관찰하는 방법을 알려주는 교육대학교는 없을 것입니다. 따라서 교육실습생에서 수업을 보는 다양한 관점을 알려주는 것이 필요합니다.

수업을 관점에 따라 쉽게 관찰할 수 있도록 도와주는 것이 바로 체크리스트입니다. 현재 가장 흔하게 사용되는 방법이기도 합니다. 수업의 과정별로 살펴보아야 할 질문 목록을 제시하여 보다 수업을 객관적으로 평가하는 데 도움을 줍니다. 따라서 특강에서는 체크리스트의 질문 목록을 하나씩 읽으며 질문의 의도가 무엇인지 살펴보는 것이 좋습니다. 또한, 체크리스트에 몰입하다 보면 수업에 대한 관찰자의 고민을 놓치기 쉬우므로 수업을 성찰하는 질문들을 기록하는 방법까지 안내합니다.

수업을 관찰하는 방법에는 여러 가지가 있다는 것도 함께 안내할 필요가 있습니다. 교육실습생은 지도교사가 어떻게 가르치는지에 집중하는 경우가 많은데, 최근 현장에서는 학생이 어떻게 배우는가에 초점을 두어 수업을 관찰하는 방법들이 생겨나고 있습니다. 대표적인 것이 '아이 눈으로 수업 보기'입니다. 수업을 듣는 한 학생에 집중하여 그 학생의 반응을 살피면서 얼마나 배움이 일어났는지 성찰하는 관찰 방법입니다. 이렇게 다양한 수업 관찰 방법이 있음을 안내하는 것은 수업을 보는 실습교육실습생들의 관점을 평가적인 시선에서 성찰적인 시선으로 옮겨가게 하는 데 도움을 줍니다.

수업을 관찰하며 떠오르는 생각이나 느낀 것 등을 실습록에 기록하는 것이 좋습니다. 기록한 것만이 기억될 수 있기 때문입니다.

수업

사전 협의

지도교사는 교육실습생에게 교육과정 계획에 따라 수업을 배당합니다. 여러 과목을 배당하여 다양한 과목의 수업을 경험하게 하는 것이 좋습니다. 수업 전, 지도교사는 교육실습생에게 수업과정안을 미리 작성하게 합니다. 지도교사와 협의하여 작성할 수도 있지만, 교육실습생이 작성한 것을 바탕으로 피드백하는 것이 교육실습생이 원하는 수업을 구현하는 데 도움이 됩니다. 단, 담임교사는 수업안을 작성하기 전에 학생들의 사전 지식, 학생의 수준, 가용할 수 있는 도구와 자료 등의 정보를 제공해주는 것이 좋습니다. 필요한 경우 설문 조사를 통해 학습자의 실태를 분석하는 것이 수업안을 정교하게 구성하게 하는 데 도움이 됩니다.

교육실습생이 수업안을 설계해왔다면 반드시 지도교사와 피드백 시간을 갖습니다. 실습이 시작되는 초기에는 주로 설계에 대한 수업자의 의도를 듣고 더 좋은 수업을 고민합니다. 한 학급에 여러 명의 교육실습생이 있다면 같이 아이디어를 내는 것도 좋습니다.

이때 체크해야 할 것이 있습니다. 먼저 학습목표에 맞게 수업안이 구성되었는지 살펴야 합니다. 때때로 수업안이 재미에 치우쳐 목표를 벗어나는 일이 많기 때문입니다. 두 번째로 학습량이 적절한지 살핍니다. 교육실습생의 경우 과다하게 활동을 넣어 시간이 부족한 경우가 많으므로 학습량을 덜어내도록 지도합니다. 세 번째로 교과 특성이 잘 반영되었는지 살핍니다. 체육 수업이라면 학생들의 실제 활동 시간이 충분히 확보되었는지 살피고, 과학 실험 차시인 경우 탐구를 통해 학생들이 원리를 알아낼 수 있도록 수업이 설계되었는지 점검해보아야 합니다.

지도교사의 피드백이 끝나면 실습생들에게 수업안을 수정하도록 합니다. 이어서 수정한 수업안을 바탕으로 적합한 자료를 찾거나 제작하도록 합니다. 또한, 수업 설계가 완성되면 발문 시나리오를 작성하게 하는 것이 좋습니다. 수업에서 교사가 할 말과 행동을 직접 글로 써보면 수업의 과정이 정리되고 보다 정교해집니다.

공동 준비 - 협의

앞서 교육실습생이 구상한 수업안을 바탕으로 피드백하는 것이 자신이 원하는 수업을 구현하는 데 좋다고 했습니다. 하지만 항상 그런 것은 아닙니다. 교육실습생 스스로 수업을 구성해본 경험이 많지 않거나 수업 구성의 맥락을 어려워하는 경우에는 지도교사의 도움이 절실합니다. 이런 상황에서 무작정 수업안을 구성해오라고 하면 교육실습생은 너무나 막막한 나머지 지도서의 수업안을 그대로 가져오기도 합니다.

이렇게 수업 구상을 어려워하는 경우 수업안 작성 전, 지도교사와의 사전 협의를 충분히 갖도록 합니다. 단원목표와 차시목표를 살펴보고 교과서를 넘겨보며 어떤 수업을 만들고 싶은지 교육실습생에게 질문합니다. 특히, 이들은 수업 경험이 적으므로 내용을 이끄는 방법적인 면에 대한 예시를 많이 보여주는 것이 도움이 됩니다.

하지만 이보다 더 좋은 것은 교육실습생들이 함께 공동지도안을 계획하는 것입니다. 이것은 두 가지로 생각해볼 수 있는데, 첫 번째로 다른 반 교육실습생들에게 같은 과목, 같은 차시 수업을 하게 하되 공동으로 지도안을 계획하게 하는 것입니다. 두 번째는 같은 반 교육실습생끼리 매일 수업 협의 시간에 서로 계획한 수업을 이야기하고 아이디어를 내어 수정하게 하는 것입니다. 두 방법 모두 여러 생각을 경험할 수 있고 수업을 구상하는 방법을 자연스럽게 익히게 됩니다.

5분 리허설

수업 구성이 끝났다면 지도교사의 지도강화 시간에 리허설을 해보는 것이 좋습니다. 다른 교육실습생과 지도교사가 보는 앞에서 직접 리허설을 해보면 수업의 흐름을 다시 정리할 수 있고 미처 생각하지 못했던 부분을 깨닫게 됩니다. 또한, 실전 수업에서 덜 긴장하게 됩니다.

수업 실행

수업과정안에 맞춰 수업을 직접 실행하는 단계입니다. 지도교사는 교육실습생의 수업을 유심히 관찰하되 긍정적인 면과 개선이 필요한 부분을 균형 있게 관찰하도록 노력합니다. 참관하는 교육실습생의 경우에는 참관록을 작성하며 관찰하도록 합니다. 비교나 평가의 시선으로 보는 것이 아니라 수업의 강점을 배우고 나라면 어떻게 수업을 이끌 것인지 생각해봅니다. 따라서 실습록과 참관록도 관찰자의 이러한 배움이 묻어날 수 있도록 구성하는 것이 좋습니다.

수업 평가회

수업 후에는 평가회를 통해 수업을 돌아보는 시간을 갖습니다. 평가회는 수업을 비판하고 평가하는 시간이 아닙니다. 자신의 수업을 성찰하고 어려움을 함께 해결해나가는 격려의 자리가 되어야 합니다. 평가회의 자세한 절차는 3부 2장을 참고하기 바랍니다.

수업 협의회

시기	지도교사	교육실습생
수업 전	▶ 수업 과목 및 차시 배정 ▶ 학생들의 사전 지식, 수준 안내 ▶ 가용 도구 및 자료 안내	▶ 교수 · 학습과정안 작성
	▶ 교수 · 학습과정안 피드백 ▶ 수업 진행 협의	▶ 수업 진행 협의를 바탕으로 　교수 · 학습과정안 수정 ▶ 자료 제작 ▶ 발문 시나리오 작성
	▶ 수업 전 사전리허설 참관	▶ 5분 리허설 ▶ 리허설을 바탕으로 최종 수정
수업 중	▶ 수업 관찰	▶ 수업
수업 후	▶ 수업 평가회를 통한 피드백	▶ 피드백을 통한 성찰

학생과의 시간

이야기

교육실습의 가장 큰 특징은 학생들을 직접 마주한다는 것입니다. 하지만 자칫 수업 준비만 하다가 학생들과 대화하는 시간을 거의 갖지 못하는 경우도 많습니다. 보통 교육실습생에게 학생을 지정하여 관찰하도록 하는데, 정작 이야기할 시간이 없어 관찰이 어렵기도 합니다. 점심을 함께 먹는다거나 쉬는 시간을 활용하는 등 학생들과 이야기 나눌 수 있는 시간을 충분히 갖도록 계획되어야 합니다.

놀기

교육실습생들에게 학생들과 래포를 쌓을 기회를 주는 것도 필요합니다. 무엇보다 좋은 방법은 같이 노는 것입니다. 교실 놀이를 함께할 수도 있고 점심 식사 후에 같이 놀 수 있는 시간을 주는 것도 좋습니다. 교육실습생은 점심 놀이 시간을 통해 학생들에 대한 이해를 높일 수 있습니다.

도와주기

실습 초기에는 지도교사의 수업을 주로 관찰한다면 일정 기간 후에는 지도교사의 보조교사로 함께 수업에 참여하는 것도 좋습니다. 문제를 풀 때나 개인 활동 시간에 보조교사로서 개인지도를 통해 학생들을 도와주는 역할을 부여할 수 있습니다.

교육실습생들과의 시간

함께 실습을 하는 교육실습생은 미래의 동료 교사입니다. 수평적인 분위기 속에서 좋은 공동체가 만들어지는 과정을 실습 기간 같이 경험하는 것이 필요합니다. 기본적인 실습 과정에 대한 안내는 오리엔테이션에서 이루어지지만, 교육실습생들이 함께 실습 가이드라인을 만들고 실습평가회를 갖는 것도 무척 의미 있습니다. 퍼실리테이션 기법을 활용하여 모두가 참여하면 교육실습생들에게도 무척 의미 있는 시간이 될 것입니다.

특강

특강 역시 실습에서 빼놓을 수 없는 부분입니다. 교대 교육과정에서 다루지 못했던 현장 중심의 생생한 이야기를 전해 들을 수 있기 때문입니다. 교대에서 배운 이론적인 부분이 어떻게 학교에 적용되는지, 실제 수업에서 적용할 수 있는 실제적인 강의로 구성됩니다.

특강과 관련한 구체적인 프로그램은 제2부 5장 '교육실습생의 전문성 향상을 위한 연수 지원'에서 자세하고 실제적인 내용이 담겨 있습니다.

5장

교육실습생의
전문성 향상을 위한
연수 지원

교육실습생의 전문성 신장을 위한 연수 지원도 필요합니다. 지도교사의 전문적 소양이 담긴 연수 프로그램을 구성하여 실습 연수를 진행할 수 있습니다.

특강 원칙

앞서 말씀드린 것처럼 교육실습은 수업을 잘하는 방법만 배우는 것이 아닙니다. 학교가 운영되는 전반적인 원리를 익히고 학생과 만나는 방법, 학급을 운영하는 방법, 동료 교사나 학부모와 좋은 관계를 맺는 방법 등 교사에게 필요한 것들을 경험하는 시간입니다. 따라서 실습을 담당하는 학교는 이러한 부분들을 특강의 형식으로 담아 교육실습생에게 전달하고 있습니다.

    그러나 실습 기간 동안 수업을 준비하며 토막잠을 자는 교육실습생에게 강의식 전달만으로 이루어진 특강은 큰 효과를 기대하기 어렵습니다. 따라서 특강은 강의와 실습이 복합적으로 어우러지는 것이 좋습니다. 또한, 특강의 주제도 실습의 목적과 단계에 맞게 다양하게 구성하는 것이 좋습니다.

특강 전 오리엔테이션

    본격적으로 실습에 들어가기 전 교육실습생에게 실습 전반에 대한 안내가 필요합니다. 일종의 오리엔테이션입니다. 학교 상황이나 환경, 교사에 대해 간략하게 소개합니다. 더불어 모든 교육실습생이 꼭 지켜야 할 사항에 대해서도 안내합니다. 출근 시간을 준수하는 것, 수업참관 시 지켜야 할 예절과 같이 기본적인 사항까지도 자세하게 안내하는 것이 좋습니다.

특강 내용

    교육실습 특강 영역은 크게 수업 전문성, 생활교육 전문성, 교육행정 전문성, 문화예술 전문성으로 나눌 수 있습니다.

수업지도 전문가 연수

    먼저, 수업 전문성 연수는 교수 · 학습과 수업 관찰 방법, 교육과정 운영에 관한 주제로 구성하여 운영할 수 있습니다. 수업 관찰은 매우 중요한 영역이지만, 그동안 소홀히 다루어져 왔습니다. 참관실습부터 수업실습까지 성찰적 관점에서 수업을 관찰할 수 있도록 수업을 보는 방법을 여러 번에 걸쳐서 알려주는 것이 중요합니다. 그 밖의 수업 전문성에 대한 연수는 참관실습 이후에 이루어지는 것이 좋습니다.

강의법

많은 특강이 중요하겠지만, 그중에서도 가장 중요한 것이 교육실습생의 강의 역량을 길러주는 것입니다. 놀이나 활동 방법은 발령을 받고나서도 익힐 기회가 많지만, 기본 강의 기술에 관한 부분은 그렇지 않기 때문입니다. 이 부분은 한 차시 특강으로도 다루어져야 할 뿐만 아니라 수업 협의, 시연 시간에 충분히 피드백 되어야 합니다.

언어적 기술

• 속도가 이야기의 리듬을 만든다   문장에 따라 말하는 속도가 달라야 합니다. 헤드라인이나 핵심 메시지를 전달할 때는 속도를 늦추는 것이 좋습니다. 중요한 내용을 말할 때 목소리를 낮추면서 말하는 속도를 늦추면 긴장감이 조성되어 더욱 극적으로 내용이 전달됩니다.

• 억양이 이야기의 멜로디를 만든다   지루한 수업의 대부분은 같은 억양이 처음부터 끝까지 반복됩니다. 문제는 정작 교사가 그 사실을 알지 못한다는 것입니다. 말의 높낮이를 바꾸는 것은 듣는 이의 주의를 집중시키는 데 중요합니다.

• 부각하고 싶은 부분을 강조한다   수업에서 중요한 내용을 설명해야 한다면 그 부분이 중요함을 학생들이 알아차릴 수 있는 장치를 사용해야 합니다. 가장 많이 사용하는 방법 중 하나는 목소리의 크기에 변화를 주는 것이죠. 결정적인 순간에 목소리를 높일 수도 있고 반대로 낮출 수도 있습니다. 목소리의 크기를 조절하면 억양 변화와 침묵처럼 듣는 사람의 주의를 끌 수 있습니다.

- 간격은 집중력과 관심을 높인다   적절한 시기에 말을 멈추는 것만큼 효과적인 화법은 없습니다. 중요한 내용을 말한 후에 몇 초 동안 아무 말도 하지 않아 봅시다. 반대로 핵심을 전달하기 전에 몇 초간 말을 멈춰보는 것도 좋습니다. 많은 교사가 내용을 빨리 전달하는 데 급급합니다. 메시지가 확실히 전달되도록 말을 늦추거나 멈춰봅시다.
- 따라 말하기로 학습자의 참여 높이기   핵심 낱말이나 중요 내용은 교사의 말을 따라하게 하면 수업 내용을 기억하게 하는 데 도움을 줍니다. 이는 학습자의 참여를 높이고 수업에 몰입할 수 있도록 도움을 줍니다. 단, 지나치게 많이 사용하는 것은 좋지 않습니다.

비언어적 기술

- 눈 맞춤   수업을 관찰해보면 사람마다 수업할 때 주로 바라보는 곳이 다릅니다. 눈 맞춤의 기본은 '골고루'입니다. 말은 쉽지만 실제로 신경 써서 연습하지 않으면 나쁜 습관이 굳어지기 쉽습니다. 말할 때 한 문장씩 의도적으로 시선을 다른 쪽으로 옮기는 연습을 해보면 좋습니다.
- 표정   내가 청자의 입장이라면 밝은 표정으로 강의를 하는 사람과 어두운 표정으로 강의하는 사람 중 어떤 강의를 듣고 싶을까요? 이런 비언어적인 부분은 꾸준한 연습이 필요합니다. 연습할 때는 입꼬리만 올리는 것이 아니라 광대까지 올리는 연습을 하는 것이 좋습니다.
- 제스처   교사는 지식을 효과적으로 전달하고 학생들의 인지를 돕기 위해 제스처를 사용하는 것이 중요합니다. 제스처에 대한 광범위한 연구를 해온 시카고대학 데이비드 맥닐 박사는 손짓이 사고과정을 더 분명하게 만들어 더 잘 말할 수 있도록 도와준다고 이야기합니다. 그러므로 중요한 내용은 손짓으로 강조해야 합니다. 다만 너무 부자연스럽게 보이지 않도록 합니다. 또한, 몸짓에는 에너지와 자신감이 있어야 합니다. 수업을 할 때 나도 모르게 팔짱을 끼거나 호주머니에 손을 넣지는 않는지, 물건을 만지작거리면서 학생들의 시선

을 분산시키지 않는지 돌아볼 필요가 있습니다.

- 자세　수업할 때 손을 어디에 두시나요? 두 손을 모아 앞에 두시는 선생님도 있고, 뒷짐을 지는 분도 있습니다. 상황에 따라 다르겠지만, 일반적으로 손을 아래로 내린 차려 자세를 좋은 자세라고 합니다. 물론 경직된 차려 자세가 아닌 자연스러운 차려 자세입니다. 좋은 자세에 대해 두 가지를 추가로 소개한다면 우선, 몸은 곧게 펴는 것이 좋습니다. 곧은 자세는 청자에게 신뢰를 줍니다. 두 번째는 중심을 잘 잡는 것입니다. 수업을 관찰해보면 한 자리에 고정되지 못하고 쉼 없이 움직이는 경우가 있는데, 이는 학생의 몰입을 방해하는 요소 중 하나입니다. 중심을 잡고 꼭 필요할 때만 움직이는 연습이 필요합니다.

- 공간 활용　수업 시 흔히 하는 실수가 교실 앞에서만 수업을 진행하는 것입니다. 교사의 동선이 교실 앞에 고정되면 좋지 않습니다. 앞서 말을 할 때 지나치게 움직이는 것을 경계해야 한다고 했으나 이와 별도로 공간을 다양하게 활용하는 것은 중요합니다. 종종 교실 뒤로 가거나 학생들의 안쪽으로 가서 수업을 해봅시다. 훨씬 더 생동감 있는 수업이 될 것입니다.

- 에너지　수업할 때 나의 모습을 생각해봅시다. 일요일 아침 침대에서 막 빠져나온 것처럼 축 쳐져 있지는 않은가요? 많은 사람은 에너지가 넘치는 사람을 좋아합니다. 또한, 에너지 넘치는 사람은 타인을 자극하고 활력을 불어넣습니다. 활기찬 사람은 목소리와 걸음걸이에 힘이 있고 얼굴에 미소가 넘쳐 호감을 주는데, 이는 설득력을 높이는 결정적인 요소입니다. 목소리와 몸짓을 더 크게 하고 얼굴에 미소를 지어봅시다. 스스로 약간 어색하고 불편하다고 느낄 정도로 말이죠. 자신의 평소 에너지에서 한 단계만 더 에너지를 끌어올려 봅시다. 나의 에너지가 곧 교실 전체의 에너지가 됩니다.

수업 방법

다양한 수업 기술을 소개하는 것도 중요합니다. 많은 교육실습생은 학생들에게 발표를 시킬 때 손을 들게 하고 지명 후 발표를 하게 합니다. 하지만 발표 방법만 해도 10가지가 넘을 것입니다. 다양한 발표 방법을 체험을 통해 익히게 하는 것은 교육실습생의 수업을 질적으로 향상시키는 데 도움을 줍니다.

수업관찰 방법

수업관찰 방법을 익히는 것은 매우 중요하지만, 정작 교육실습생에게 잘 가르쳐 주지 않는 것 중 하나입니다. 따라서 교육실습생들은 자신만의 방식으로 지도교사나 동료 실습생들의 수업을 비판적인 관점에서 관찰하게 됩니다. 그러므로 특강을 통해 타인의 수업에서 배울 것을 찾고 자신의 수업을 돌아보는 데 중점을 두는 수업관찰 방법을 소개하는 것이 좋습니다.

수업설계 방법

수업과정안 작성의 형식적인 면을 안내하는 것도 필요하지만, 더 중요한 것은 수업을 설계하는 방법을 안내해야 합니다. 처음 도입 부분에서 학생의 동기를 유발하기 위해 사용하는 여러 방법의 예시를 들면서 어떻게 수업의 목표를 찾게 하는지부터 본 활동을 어떻게 구성하는지 상세한 예시가 필요합니다. 평가 방법과 수업 정리까지 수업의 과정을 사례를 통해 쉽게 설명해주어야 수업 준비에 대한 막막함을 줄일 수 있습니다.

수업과정안 작성법

2학년 실습 때는 처음으로 수업을 시작합니다. 수업을 하기 전 꼭 해야 하는 것이 수업과정안을 구상하는 것입니다. 학교마다 틀이 다를 수 있으므로 학교 양식에 맞춰 수업과정안을 작성하는 방법을 안내할 필요가 있습니다.

협력학습 기법

과거와 달리 현대의 수업은 강의와 학생 간 상호작용이 조화를 이룹니다. 이러한 학생 중심 수업 방법에 검증된 협력학습기법을 사용한다면 교육실습생 수업이

질적으로 크게 향상될 것입니다.

발문 기법

발문은 크게 확산적 발문과 수렴적 발문으로 나눌 수 있고, 이를 상황에 맞게 사용할 수 있어야 합니다. 단순한 사실을 묻는 질문은 수렴적 발문으로 대답을 이끌어내고, 학습문제와 관련한 중요한 순간에는 확산적 발문으로 탐구를 촉진하도록 합니다. 발문 후 학생에게 생각할 시간을 주는 것도 연습이 필요합니다. 학생의 답변을 기다리지 못하고 다른 학생에게 답변을 넘겨버리는 경우가 많기 때문입니다. 학생의 답에 대한 피드백도 중요합니다. 만일 학생이 적절하게 대답했다면 "잘 들어주어서 고마워요" "잘 기억하고 있네요" "선생님과 텔레파시가 통했나봐요" 등 다양하게 반응해주어야 합니다. 답이 틀렸다면 어떻게 해야 할까요? 다른 학생에게 묻는 것도 좋지만, 틀린 학생에게 힌트를 주어 재발문하는 것이 더 좋습니다.

학습놀이

아이들은 즐거움의 욕구가 무척 큽니다. 아무리 교사가 설명을 잘해도 재밌지 않다면 금세 하품을 하고 맙니다. 학습놀이는 학생들이 수업을 재미있게 느끼게 해주고 그 과목을 좋아하게 만들어줍니다. 교육실습생에게 대표적인 학습놀이를 알려주면 수업을 구성하는 안목이 달라질 것입니다.

미래교육

학교는 미래를 이끌어가는 주인공을 만들어내는 곳입니다. 앞으로 우리 사회의 변화와 그에 걸맞는 교육 패러다임 변화 역시 교육실습생이 꼭 알아야 합니다. 최근 메이커교육, 소프트웨어교육, 인공지능(AI), 드론 교육 등 일부를 수업에 어떻게 적용할 수 있는지 안내할 수 있습니다.

생활교육 전문가 연수

생활교육 전문가 연수는 학급운영, 학생 상담에 관한 주제로 구성하여 운영할 수 있습니다. 학급운영 방법은 교대에서 배우기 힘든 부분이자 발령받자마자 가장 막막한 부분이기도 합니다. 세세한 부분까지는 아니더라도 학급운영의 큰 그림은 알 수 있도록 실습 프로그램에 반영되어야 합니다. 학생 상담은 발령을 앞둔 실무 실습에서 다루는 것이 효과적입니다.

학급운영

실제 발령을 받은 초임 교사가 가장 어려워하는 부분은 학급을 어떻게 운영하는지에 관한 것입니다. 교대 교육과정에서 누구도 가르쳐주지 않기 때문에 오직 실습에서만 배울 수 있습니다. 학급 공동체 문화를 어떻게 만들어가는지와 같은 거시적인 부분부터 짝은 어떻게 정하는지, 숙제는 어떻게 확인하는지와 같은 세세한 부분까지 여러 번에 나누어 소개하는 것이 좋습니다.

학생 상담

학생의 문제 상황에서 교사가 가장 많이 하는 것이 상담일 것입니다. 하지만 많은 경우 교사가 수사관이나 심판관의 역할을 하고 있습니다. 학생 상담에 대해 누구도 가르쳐주지 않기 때문에 교사의 어린 시절 경험과 개인 역량에 의존하기 쉽습니다. 따라서 공감, 경청 등 상담에서 다루는 중요한 부분과 심판관이 아니라 문제에 대한 답을 학생 스스로 찾을 수 있도록 이끄는 방법들을 소개하는 것이 필요합니다.

학부모 상담

요즘 학부모와의 갈등으로 힘들어하는 선생님이 점차 많아지고 있습니다. 특히 교직 경력이 얼마 되지 않은 경우 학부모를 대하는 것이 어렵고 낯설기만 합니다. 그러다 보면 학부모의 잘못된 요구에 휘둘리기도 하고 대응이 미흡해 상황을 악화

시키기도 합니다. 따라서 학부모를 대하는 태도나 방법에 대해 실습 현장에서 익히는 것도 필요합니다.

교실 놀이

교실 놀이는 학생을 즐거운 배움으로 이끌고 교사와 학생, 학생과 학생 간에 좋은 관계를 만들어줄 수 있습니다. 따라서 다양한 교실 놀이를 직접 체험하며 익히는 것이 필요합니다. 또한, 놀이는 아이뿐만 아니라 성인에게도 재미있습니다. 고된 실습 기간에 활력소가 될 수 있습니다.

학급긍정훈육법(PDC)과 회복적 생활교육

최근 교육계에서 각광받고 있는 교육법으로 생활지도와 학급운영을 민주적으로 이끄는 방법을 제시하고 있습니다. 학급의 규칙을 합의하여 만들어가는 과정뿐만 아니라 교실의 갈등을 소통과 공감을 통해 해결하는 방법들을 소개하고 있어 실질적인 도움을 줍니다.

특수학생 지도(통합학급 학생 지도)

자폐, ADHD, 소아우울증 등이 있는 특별한 학생을 어떻게 도울 수 있는지 안내하는 것도 꼭 필요합니다. 수업시간에 발생하는 돌발행동에는 어떻게 대처하는지, 학생들의 독특한 행동을 어떻게 이해하고 올바른 방법으로 교정할 수 있는지 알려줄 수 있습니다.

보건 · 성교육

교사들이 가장 어려워하는 부분 중 하나가 보건 및 성교육이 아닐까 합니다. 학생이 다쳤을 때 대처할 수 있는 기본적인 구급법이나 대응 절차를 익히는 것도 필요합니다. 고학년의 경우 성교육이 꼭 필요하지만 대부분의 교사가 어떻게, 어디까지 알려주어야 할지 교육받지 못하고 있습니다. 특히 신규 교사가 고학년을 담당하는 경우가 많습니다. 그러므로 전문 강사나 보건 교사의 도움을 받아 성교육 방법을 교육실습생에게 알려주는 것 역시 꼭 필요한 부분입니다.

비폭력 대화 및 TET 교사역할훈련법

좋은 공동체는 좋은 관계에서 싹트고 교사와 학생 간, 학생과 학생 간 좋은 관계를 위해 꼭 필요한 것이 좋은 '언어'가 아닐까 합니다. 감정과 욕구를 말로 표현한다면 더 효과적으로 의사소통할 수 있을 것입니다. 비폭력 대화나 TET 교사역할 훈련법과 같은 방법을 통해 내 욕구를 긍정적으로 표현할 수 있게 소개해주는 것도 좋습니다.

첫 만남 프로젝트

많은 교사가 3월 학급운영이 매우 중요함을 경험으로 알고 있습니다. 지금까지 교직에서는 "3월에는 이를 보이면 안 된다", "아이들은 처음부터 꽉 잡고 천천히 풀어줘야 한다"라는 속설이 있어왔습니다. 그렇지 않으면 질서와 규율이 무너질 것 같은 두려움이 있었기 때문이죠. 정유진 선생님의 '첫 만남 프로젝트'를 교육실습생에게 소개한다면 초임 교사로서 3월을 웃으며 지내도 일 년간 아이들과 행복할 수 있는 법을 알게 될 것입니다.

교육행정 전문가 연수

교육행정 전문성 연수는 인사복무, 교육행정, 전문적 학습공동체 운영, 나이스 행정정보시스템 운영에 관한 주제로 구성하여 운영할 수 있습니다. 이런 실무적인 부분도 신규 교사가 어려워하는 부분 중 하나입니다. 어떤 시스템으로 교사와 학생들의 관리가 이루어지는지, 학급운영을 위한 행정업무는 어떤 것들이 있는지 알 필요가 있습니다. 이 또한 실무실습에서 다루는 것이 좋습니다.

교사의 삶

교육실습생은 참관실습을 기회로 예비 교사로서는 처음으로 학교 현장을 방문하게 됩니다. 설렘과 호기심을 안고 실습을 시작합니다. 이들에게는 교사라는 직업을 직접 체험해보는 무척 감격스러운 순간입니다.

반면에 마음속에 불안함도 있습니다. 이 직업이 내 적성에 잘 맞을지 내가 아이들을 사랑으로 가르칠 수 있을지에 대한 걱정이 있습니다. 따라서 참관실습에서는 교사의 삶에 대해 안내하고 질의응답을 받는 것이 좋습니다. 교사의 하루 일과를 학교 안과 밖으로 나누어 설명하고 수업을 준비하는 과정, 학생들과 하루를 생활하는 나만의 사례를 소개하는 것도 좋습니다.

또한, 학생이 교사의 정당한 지도에 따르지 않는다거나 학생 간 싸움이 발생했을 때 해결하는 작은 방법을 이야기해주어도 좋습니다. 이후에는 질의응답을 통해 교육실습생의 고민에 답해주는 것이 좋습니다. 이를 통해 교육실습생들은 막연하게 갖고 있던 교사로서의 환상이나 잘못된 정보에서 벗어나 조금 더 확신을 갖고 지금의 나와 교사로서의 나에 대해 생각해볼 수 있습니다.

교육행정

발령을 앞둔 4학년 학생들에게는 실제 현장에서 바로 알아야 하는 행정적인 절차를 알려주는 것도 필요합니다. 학교의 업무 체계, 공문서를 작성하는 방법, 복무에 대한 기본적인 사항 등에 관해 연수를 기획할 수 있습니다.

학급담임업무

많은 교육실습생은 담임교사가 수업 후에 무엇을 하는지 궁금해합니다. 교사의 역할에 대한 이해가 부족하기 때문입니다. 곧 학교 현장에 투입되어야 하는 교육실습생이라면 담임교사가 해야 하는 일을 자세히 안내해주는 것이 좋습니다. 아침에 아이들을 어떻게 맞이하는지, 아침시간에는 학생들과 어떤 일과를 보내는지, 식사 및 하교 지도, 숙제 검사 등 담임교사의 일과를 보여주는 것은 수업 준비로 국한되었던 교육실습생의 시야를 확장하는 데 도움을 줍니다.

문화예술 전문가 연수

문화예술 전문성 연수는 학교문화, 예술교육, 체육교육에 관한 주제로 구성하여 운영할 수 있습니다. 교사 또한 학교라는 공동체의 일원으로 나름의 역할과 책임이 있음을 이해할 필요가 있습니다. 예술이나 체육교육에 대한 연수는 주로 실습으로 이루어지기에 연수 분위기를 밝게 만드는 데 도움이 됩니다.

예체능 참여 수업

음악, 미술, 체육(또는 교실 놀이)과 같은 예체능 연수는 참여형으로 진행되므로 수업 준비로 지친 교육실습생의 적극적인 참여를 유도할 수 있는 장점이 있습니다.

존중하는 교육실습생 문화 만들기(퍼실리테이션)

교육실습생은 교육실습을 통해 수업을 잘하는 방법만 배우는 것이 아닙니다. 장차 이들이 근무할 학교문화를 경험합니다. 이들이 느끼는 학교라는 사회가 위계와 서열이 가득한 수직적인 구조가 아니라 존중과 배려를 바탕으로 한 수평적인 구조로 인식되기를 바랍니다. 이런 의미에서 실습을 시작할 때 교육실습생들이 정할 수 있는 것은 그들의 동의와 합의를 통해 정해보게 하는 것은 어떨까요? 가령 현재 교육실습을 할 때 교육실습생들이 잘 몰라 문제가 되는 실습생 상호간 호칭을 어떻게 해야 하는지, 학생들이 보는 앞에서 스스로의 품위는 어떻게 지켜갈 것인지 등에 대해 가이드라인을 정하게 한다면 훨씬 더 효과가 크지 않을까 생각해봅니다.

제3부

교육실습 운영 프로그램

제3부 교육실습 운영 프로그램은 교육실습에 참여하고 교육실습생을 직접 지도해야 하는 교사를 위한 내용을 담았습니다. 교육실습생을 맞이하는 첫날부터 헤어지는 날까지 구체적인 지도 방법, 매일 교육실습생과의 일대일 멘토링 내용과 방법, 교육실습 공통 프로그램, 교육실습 기본 프로그램과 같은 실제적이고 구체적인 내용으로 구성되어 있습니다. 이를 참고하여 교육실습생을 어떻게 지도해야 할지에 대한 다양한 아이디어와 구체적인 방법을 얻을 수 있습니다.

1장
교육실습생의
만남과
헤어짐

교육실습생과 만남 준비

담임교사의 사전 준비 자료

교육실습생들에게 안내할 서류들을 별도로 L자 파일에 담아서 줍니다. 이는 실습록이나 학교에서 전체적으로 나눠주는 프린트와는 구성이 약간 다릅니다.

진도 및 과목 시간표가 담겨 있는 타임 테이블, 교육실습생 역할 분담표, 이름 명렬표(학급), 사진 명렬표(학급), 자리배치표, 전담실 사용 시간, 밥친구와 산책 스케줄표, 아동 관찰지. 학급 첫날 학부모님께 보냈던 편지, 학급설명회 때 사용했던 학급 설명 프린트물, 학급 규칙, 주의집중 방법 등을 담습니다. 지도교사의 상황에 따라 구두로 설명 가능한 것은 생략해도 됩니다.

미리 준비한 프린트 물은 첫날 지도강화 시간에 설명합니다. 앞으로 실습생이

할 일에 대한 안내, 반 아이들 이름을 빠른 시간 내에 외울 수 있게 도와주는 각종 프린트물을 제공하는 것입니다. 또한, 학년 초에 학부모에게 제공했던 자료를 실습생이 읽어보면 학년 및 학급의 특성을 손쉽게 파악할 수 있고 지도강화 시간에 자료를 활용하여 현장에서 바로 사용 가능한 학급운영 방법을 알려줄 수 있습니다. 학급운영 첫날 및 첫 주에 담임교사가 할 것들에 대해 지도해주면 실습생들이 현장에 발령이 났을 때 큰 도움이 됩니다. 또한, 우리 학급에 대해 설명해주면서 학급운영에 대해 지도해주는 것도 좋습니다.

L자 파일에 담아 줄 것

준비할 것	체크	준비할 것	체크	준비할 것	체크
타임 테이블 (진도+과목 시간표)		자리배치표		학급 첫날 학부모님께 보냈던 편지	
교육실습생 역할 분담표		전담실 사용 시간		학급 설명 프린트물	
이름 명렬표		밥친구와 산책 스케줄표		학급 규칙	
사진 명렬표		개별 아동 관찰지		주의집중 방법	

타임 테이블 작성 요령

실습이 실시되기 전 실습부장교사가 실습지도교사에게 교육실습 일정이 담긴 타임 테이블 파일을 줍니다. 이때 이를 활용하여 교육실습생들 수업과 진도표를 작성하면 교육실습생들과 지도교사가 한 눈에 순서와 진도, 수업자를 확인할 수 있어 편리합니다. 지도교사는 사전에 각 과목의 진도를 확인하고, 교과 전담 교사에게도 진도 및 참관 수업 교과나 교육실습생 수업시간을 확인받아야 합니다. 과학실 등의 특별실 사용 가능 시간과 과학보조 선생님께 준비물을 부탁하는 기간 및 방법에 대해서도 상세히 안내하는 것이 좋습니다. 체육이나 음악 등은 교구 대여 방법이나 교구실 이용 방법도 안내해야 합니다.

　교육실습생에게 수업을 배정할 때 실습생이 본인의 전공 수업을 할 기회를 주는 것이 좋습니다. 또한, 주지 교과부터 예체능까지 다양한 과목을 한 번씩 해볼 수 있도록 수업을 배정하는 것이 효과적입니다. 수업참관도 다양한 과목과 다양한 형식의 수업을 참관할 수 있도록 구성하는 데 중점을 둡니다. 교육실습생 수업의 경우에도 지도교사가 미리 다 작성해놔도 좋고, 교육실습생이 선택할 수 있도록 어느 정도 선택지를 주는 것도 좋습니다. 또한, 교육실습생 수업 과목과 진도를 첫날 미리 주고 정해야 교육실습생이 바로 수업 준비에 들어갈 수 있습니다. 해당 교과서의 여분이 있는 경우 빌려주고 지도서 등은 복사하여 사용할 수 있도록 합니다.

교육실습생과 첫 만남

　모든 만남에는 첫 만남과 헤어짐이 존재합니다. 교육실습에 있어서도 반 학생들과의 첫 만남은 매우 중요합니다. 그래서 좋은 수업을 보여주는 것만큼이나 학생과의 인사 시간을 실습 첫날과 마지막 날에 마련하여 특별히 공을 들입니다. 그러면 교육실습생들은 아래와 같은 소감을 종종 남기곤 합니다.

　"선생님께서 첫날 저희 환영해주셔서 정말 감사했습니다. 전날 너무 긴장돼서 잠도 잘 못 잤는데 실습 첫날 그런 환대는 처음 받아봤어요. 정말 잊지 못할 거예요. 문에 붙어 있는 글도 너무 감사했고 애들이 리코더 불어줄 때는 너무 감동적이었어요."

　"실습 첫날 아이들과 어떻게 인사해야 하나 많이 긴장되고 떨렸는데, 선생님께서 좋은 분위기 만들어주셔서 편하게 잘 적응한 것 같아요. 실습 3년 하면서 그런 감동적인 환영인사는 처음이었어요."

　우선 첫 만남을 시작하기 전에 반 아이들과 준비를 합니다. 반 아이들에게 지도

교사의 대학생활 이야기와 실습생 때의 추억을 이야기해주며 전날 얼마나 설레고 떨리는지도 말해줍니다. 교육실습생 때 가르쳤던 아이들에 대한 이야기, 첫 수업할 때의 긴장과 떨림을 알려줍니다. 예를 들어 우리 반에 2학년 실습생이 온다면, 지도교사가 대학교 2학년 때의 실습에서 어떤 기분과 감정이 들었는지, 어떤 일이 있었는지 말해줍니다. 그리고 교육실습생들에 대해 갖춰야 할 예의나 예절에 대해서도 꼼꼼히 지도합니다. 고학년의 경우 교육실습생들과 나이차이가 적어 친근하게 느껴져서 반말을 한다거나 장난을 치거나 무리한 요구를 하는 경우도 있기 때문입니다.

교육실습생들이 얼마나 힘들게 수업을 준비해 오는지도 말해주며 교육실습생 수업 시 더욱더 집중하고 쉬는 시간을 통해 선생님들께 "수업 너무 재미있어요." "선생님이 만들어오신 교구 너무 좋아요" 등 긍정적 피드백을 자연스럽게 할 수 있도록 유도합니다. 교실 앞문과 뒷문에 "○○○ 선생님 환영합니다, ○○○ 선생님 환영합니다"라는 메시지를 그림과 함께 붙여 놓으면 환영한다는 느낌을 줄 수 있습니다. 실습생이 이용할 사물함의 내부도 아이들과 함께 물티슈 등으로 닦고 사물함 문에 이름을 붙이며 교생 선생님을 맞을 준비를 합니다.

버전 1. 연주로 시작하는 첫 만남

순서: 환영 연주 - 자기소개 - 이름 빙고 - 각종 교실 놀이

1. 환영 연주

매해 실습 때마다 아이들과의 인사 시간에 할 환영 연주 준비를 합니다. 음악 시간을 활용해 준비하는 데 뛰어난 실력이 필요한 것은 아닙니다. 아이들에게도 진심이 담긴 연주면 충분하다고 말해줍니다. 저학년은 오카리나 연주, 고학년은 리코더 연주를 하는데, 인디스쿨을 통해 아이들이 연습할 수 있는 최신가요 악보를

받아 사용하기도 하고 교과서에 있는 곡을 연주하기도 합니다.

첫 만남 연주에는 가급적 밝고 희망찬 곡을 선택합니다. 봄에 실습을 오는 경우 봄 관련 곡을 선택합니다. 추천 곡으로는 '바람이 불어오는 곳', '학교 가는 길'이 있습니다. 교과서에 있는 경쾌한 돌림노래 곡을 하기도 합니다. 음악 시간 틈틈이 연습하다 보면 어느 정도 완성도 있게 연주가 되며, 실로폰이나 멜로디언 등을 곁들이면 더 좋습니다. 아무리 연습을 해도 연주가 되지 않는 아이들이 간혹 있습니다. 그런 아이들에게는 노래를 부르거나, 캐스터네츠를 연주하게 하거나 곡명이나 환영 인사가 적힌 스케치북을 들고 있도록 다른 역할을 주면 되며, 스트레스나 부담을 갖지 않도록 합니다.

아이들에게는 연주할 때 꼭 "교육실습생 선생님이 우리 교실에 오신 것을 환영합니다"라는 마음을 품고 연주하도록 합니다. 마음과 마음은 서로 닿고, 음악이 주는 감동이나 메시지, 음악의 역할을 직접적으로 경험하는 좋은 기회가 됩니다. 아이들도 교육실습생도 이 순간을 오래도록 기억합니다. 학생들의 교원평가나 교육실습생 선생님의 소감문, 교육실습생이 지도교사에게 써준 감사의 편지에도 이 순간에 느낀 감정이 상세히 기록되어 있습니다.

반마다 교육실습생들의 접이식 의자가 주어지는데 의자 앞에는 아이들이 기억하기 쉽도록 교육실습생의 성함을 A4 용지로 출력하여 붙여 줍니다. 의자에 앞면이 아이들을 향하도록 하여 공연장에서 연주를 듣는 듯한 느낌을 줍니다. 아이들의 수와 교육실습생 선생님의 수가 적었을 때는 교육실습생 선생님의 주변을 둘러싼 자리 배치로(ㄷ자) 더 큰 울림을 주었습니다. 여의치 않았을 때는 평소 자리 배치(교육실습생 선생님과 마주보는 형태)로 하기도 합니다.

반 아이들이 연주에 흥미를 갖는다면 연주로, 노래를 잘 한다면 합창으로, 끼가 많다면 장기자랑 등의 형태로 해도 좋습니다. 그리고 지도교사가 첫 만남을 진행할 때 꼭 교육실습생들을 환영하기 위해 미리 준비했다는 멘트도 해주고 다 함께 환영의 박수도 쳐주는 것이 좋습니다.

2. 자기소개

환영 연주가 끝나면 교육실습생들의 자기소개 시간입니다. 대부분의 교육실습생들이 자기소개를 준비해오지만, 미처 준비를 못 했거나 당황해하는 교육실습생 선생님을 위해 이름, 전공 학과, 우리 학교에 온 소감이나 반 아이들을 만난 소감 등을 이야기하도록 안내해주어도 좋습니다.

교육실습생들의 자기소개가 끝나면 학급 아이들이 교육실습생들에게 자신을 소개하는 시간을 가질 수도 있습니다. 끼 있고 개성 있는 아이가 많은 반의 경우 깜찍한 자기소개로 교실을 한 바탕 웃음바다로 만들기도 하는데 너무 수줍어하는 아이들이 있는 경우 미리 준비를 했어도 쑥스러워서 이름만 작은 소리로 말하기도 합니다. 반 아이들의 자기소개는 때론 생략해도 좋습니다. 대신 교육실습생들에게 사진이 있는 아동명렬표, 자리배치표를 제공하면 아이들 이름을 빨리 외우고 아이들 이름을 불러줄 수 있어서 좋습니다.

3. 이름 빙고

간단하게 반 아이들과 교육실습생들의 이름을 넣어 전체 빙고를 진행하는 것도 모든 학년에서 활용할 수 있고 간단해서 좋습니다. 교실에 있는 빙고 보드판을 활용하거나 A4 용지를 나눠주면 되는데, 이름을 쓰는 데 시간이 너무 많이 걸릴 것 같은 경우 성은 생략하거나, 사전에 216칸 라벨지에 이름을 스티커처럼 출력하여 나눠주고 붙여서 빙고를 진행할 수도 있습니다.

4. 교실 놀이

시간에 따라 각종 교실 놀이를 하면 좋은데 아이들이 해본 교실 놀이를 할 경우 시간을 단축할 수 있어 좋고, 새로운 교실 놀이를 할 경우 흥미도가 올라가 좋습니다. 이전에 교실 놀이를 반 아이끼리만 했다면 교육실습생들이 학생처럼 구성원으로 참여하는 교실 놀이를 하는 것입니다. 초반에 교육실습생 선생님이 쑥스러워하기는 하지만 금세 놀이에 집중하며 웃고 떠들고 몸과 마음을 움직이는 덕분에 아이들과 금방 친해지고 래포가 형성되는 효과가 있습니다.

버전 2. 요리실습으로 시작하는 첫 만남

순서: 환영 연주 - 자기소개 - 요리실습

아동과의 인사 시간과 담임 수업참관이 연차시로 진행되는 경우에는 요리실습을 진행해볼 수 있습니다. 환영 연주와 자기소개의 시간이 끝나고 바로 요리실습으로 들어가는 것입니다. "첫 만남이라 맛있는 음식을 대접하겠다"는 멘트로 진행합니다. 그럼 서로가 긴장도 풀리고, 지도교사도 마치 보조교사가 있는 것처럼 든든합니다. 함께 음식도 만들고 맛도 보고 사진도 찍습니다. 실습 선생님들도 실습을 와서 요리실습을 참관하고 경험할 기회가 드물어 만족도가 높습니다.

첫 만남을 어떤 식으로 준비하든 그 활동이 갖는 의미를 교육실습생과 아이들에게 설명해주는 것이 좋습니다.

버전 3. 놀이로 시작하는 첫 만남

순서: 환영 인사 - 진진가 자기소개 - 의자 놀이

교실에 아이들과 첫인사를 한 후 바로 놀이 수업으로 들어갈 수도 있습니다. 진진가(진짜 진짜 가짜) 게임을 통해 자기소개를 합니다. 교육실습생은 자신을 소개할 때 자신과 관련된 것을 진짜 2가지, 가짜 1가지를 말하고 학생들이 어느 게 가짜인지 맞추는 시간을 가집니다. 이 활동을 통해 아이들은 교육실습생 선생님에 대한 관심을 가지고 질문도 하며 관계를 형성할 수 있습니다. 이어서 의자를 둥글게 배치한 '서클 대형'으로 앉아서 '박수놀이', '과일바구니', '친구초대놀이'를 할 수 있습니다. 평소 교실에서 아이들과 하던 여러 가지 놀이를 활용해봅니다. 이때는 반 아이들의 특성을 고려하여 놀이를 정하는 것이 좋습니다.

교육실습생의 활동 지원

수업참관 활동 지원

학교별 특성에 따라 다르겠지만, 담임 참관 수업이 유독 많다거나 실습생의 보조교사 활동 배당이 많은 경우 베테랑 선생님도 부담을 느낄 수 있습니다. 이때는 동 학년 선생님들과 상의하여 여러 반을 한꺼번에 다양하게 참관하는 기회를 제공하는 것도 좋습니다. 같은 학년이어도 반마다 다른 분위기, 다른 학급의 특성을 익히는 것도 현장에 나가기 전 좋은 경험이 되며, 같은 차시의 같은 수업 구성도 반마다 그리고 선생님마다 학급 구성원에 분위기 및 학습 태도, 성향에 따라 어떻게 다르게 구현되는지도 참관하면 좋습니다.

보조교사 활동 지원

보조교사 활동의 경우 어떤 활동을 시켜야 할지 모르겠다는 선생님도 많았습니다. 국어 수업의 경우 글쓰기를 하면 실습생들이 분단이나 모둠을 담당하게 하여 개별 글쓰기를 첨삭하거나 봐줄 수 있습니다. 수학이나 주지 교과의 경우 문제를 푸는 속도가 늦거나 어려움을 겪는 아동을 개별지도하며 돕게 할 수도 있습니다. 사회의 경우는 모둠활동이 있는 수업을 계획하여, 배당 교육실습생이 많다면 담당 모둠을, 교육실습생이 적다면 담당 분단을 지정하여 모둠활동을 관리하거나 보조교사로 활동하게 할 수 있다.

과학의 경우 모둠별 실험을 하며 이를 보조하고 지도해주는 역할을 하게 합니다. 예체능 과목의 경우에는 실과 실습을 도와주거나 미술 작품을 함께 만들 수도 있고, 작품 만드는 것을 도와주며 개별 지도하는 요령을 알려주고 참여하게 하면 됩니다. 놀이나 게임형의 수업을 소규모로 구성하여 지도하게 해도 좋습니다.

체육은 게임형 수업을 교육실습생 수에 맞게 분리해주어 지도하게 해도 됩니다. 보조교사 활동 시에는 교육실습생도 분단의 일원이나 모둠의 구성원처럼 직접 참여할 수도 있고, 개별지도나 모둠 혹은 분단의 관리를 맡겨도 됩니다. 보조교사 활동의 경우 사전에 교육실습생과 함께 수업을 구성하는 방법도 있습니다. 지도교사가 되었다면 학년 초나 학기 초 학습 준비물 구입 시에 반 아이들과 교육실습생이 함께할만한 준비물, 재료 등을 많이 구입해놓으면 도움이 됩니다. 그리고 할 만한 수업들을 아이템 모으듯이 모아서 아껴두어도 좋습니다.

Tip!

담임 수업참관과 보조교사 활동에 있어서도 가급적 다양한 교과를 경험하도록 구성하는 것이 좋으며, 수업 방식도 교과별 특성이나 차시별 특성에 맞게 다양한 구성 방식을 경험하게 하는 것이 도움이 됩니다. 계속 강의식 수업을 보여준다거나 계속 활동식 수업만을 보여주면 같은 패턴이 반복되어 지루할 수 있습니다.

그리고 특별실에서 이루어지는 수업을 보여주는 것도 좋습니다. 미션지를 가지고 하는 도서관 활용 수업이라든가, 야외수업, 컴퓨터실 활용 수업 등을 보는 것도 나중에 발령받을 때 큰 도움이 됩니다. 그리고 참관용 수업(보여 주기식 수업, 지나치게 화려한 수업)뿐만 아니라 일상 수업, 일상 교실의 모습을 담백하게 보여주는 것도 실습생들에게는 큰 도움이 된다는 것을 기억해주세요.

과목	보조교사 활동 내용(예시)
국어	개별 글쓰기 첨삭, 모둠별 토의·토론 시 모둠활동 지원, 모둠별 역할극 활동 시 지원, 모둠별 발표 시 지원, 도서관 활용 수업 시 지원
수학	배움이 느린 학생 개별 지도, 수학 익힘책 개별 채점 및 피드백, 수학 모둠별 게임 활동 지원
사회	프로젝트 학습 혹은 모둠활동의 관리 보조, 모둠별 발표 지원
과학	모둠별 실험 보조 및 실험 준비 지원, 실험 관찰 쓰기 개별 지도
음악	리코더, 장구, 소금 등 배움이 느린 학생 개별 지도, 모둠별 활동 지원(가창, 기악, 감상 등)
미술	작품 만드는 것 참여, 작품 만드는 것 보조(그리기, 만들기)
실과	실과 관련 실습활동 지원(요리실습, 바느질, 식물 심기, 목공, 에코백 꾸미기, 슈링클스 등), 동물·식물 모둠별 조사 발표 수업 지원, 컴퓨터실 활용 수업 시 개별 지원
체육	모둠별 게임형 활동 지원(심판 및 관리), 준비운동과 마무리 체조 지원
영어	원어민 코티칭, 배움이 느린 학생 개별 지도, 모둠별 게임형 수업 지원
도덕	모둠별 놀이 활동 지원, 개별 글쓰기 활동 지원, 모둠별 토의·토론 활동 지원
공통	배움이 느린 학생, 모둠별 활동, 게임 활동, 놀이 활동 지원, 개별 아동 지원, 특수 아동 지원

교육실습생과 헤어짐

순서: 단체 사진 촬영 - 영상 감상 - 이별 연주 - 소감 - 편지 전달 - 자유 사진 촬영

단체 사진 촬영

실습 마지막 날, 반 아이들과 한 시간 정도 작별의 시간을 갖습니다. 식순을 칠

판에 적어두고 안내하면 모두가 순서를 알 수 있어 좋습니다. 우선 반 아이들과 함께 단체 사진을 찍는데, 이때 교육실습생들을 가운데에 자리하게 합니다. 경직된 사진보다는 일부는 바닥에 일부는 책상 위에 걸터앉고 또 일부는 책상 위에 올라가는 등 자유롭게 섭니다. 포즈는 손 하트, 브이, 자유 포즈 이런 식으로 3장 정도 찍습니다. 단체 사진은 함께한 실습 기간을 마무리하며 추억을 남기고 정리하는 의미를 갖습니다.

영상 감상

교육실습생들이 오면 아이들과 교육실습생들이 함께하는 사진, 교육실습생이 수업하는 사진, 아이들과의 인사 시간에 첫 만남 사진, 교육실습생들의 수업 준비 및 회의, 지도강화 모습이 담긴 사진 등을 수시로 찍어 놓으면 좋습니다. 휴대폰으로 찍어 놓은 뒤 영상 편집 어플을 이용하여 간단히 편집합니다. 그리고 단체 사진 촬영 후 다 같이 영상을 봅니다. 그렇게 하면 실습 기간의 전 과정을 교육실습생 선생님과 반 아이들이 확인할 수 있어 의미 있는 시간이 됩니다. 사진 원본과 영상 편집본은 당일 아침 교육실습생 선생님께 USB를 받아 선물로 담아 드립니다.

이별 연주

영상 감상이 끝나면 첫 만남에서 했던 것처럼 반 아이들이 교육실습생들에게 연주를 들려줍니다. 최신 가요 중 헤어짐에 관한 노래를 선곡하기도 하고, 가사가 좋거나 의미가 좋은 노래를 선곡하기도 합니다. 추천곡으로는 '걱정말아요 그대'가 있습니다. 이별 연주는 교생 선생님들을 잘 보내드리는 중요한 역할을 합니다.

소감 나눔

연주가 끝나면 교육실습생 한 명 한 명의 소감을 듣습니다. 반 아이들과 보낸 시간이나, 실습을 와서 배우고 느낀 것, 수업을 준비하고 실제로 해보면서 느낀 것을 이야기할 수 있게 합니다. 교육실습생들은 이를 통해 자신의 실습 기간을 정리하며 실습에 가치와 의미를 다시 한번 생각하게 됩니다.

편지 전달

소감이 끝나면 아이들이 교육실습생 선생님께 쓴 편지를 전달합니다. 이때는 차분한 음악을 준비해두면 좋습니다. 아이들에게 편지를 써오라고 하면 못 써 오는 아이가 있을 수 있으므로, 사전에 아이들과 편지 쓰는 시간을 교실에서 넉넉히 갖는 것이 더 좋습니다. 편지지를 직접 준비해오고 싶은 아이들은 미리 준비해 올 수 있도록 하고 여의치 않는 아이들은 컬러프린트로 예쁜 편지지를 준비해주면 좋습니다. 편지 쓰는 형식 및 방법을 설명하고 마음을 담는 방법도 가르칩니다.

지도교사가 대학교 교육실습을 했을 때 아이들에게 편지를 받았던 기억과 내용을 이야기해주면 더 동기부여가 잘 됩니다. 실습 기간 동안 감사했던 것, 재미있었던 수업, 나누었던 대화나 놀이들, 앞으로 실습 선생님을 응원하는 메시지 등을 담으면 됩니다. 편지는 한 명씩 나와 전달하도록 하고 이때 악수나 포옹, 하고 싶은 말을 해도 됩니다. 보통 교육실습생 선생님들도 반 아이들을 위한 편지나 엽서, 작은 먹거리 선물들을 준비하기도 하는데 그것도 이때 함께 전달하면 됩니다.

자유 사진 촬영

모든 순서가 끝나면 아이들에게 휴대폰을 꺼낼 수 있도록 허용해주어 교육실습생들과 자유롭게 사진을 찍을 수 있게 하고 시간이 다 되면 실습 폐회식장으로 교육실습생들을 모셔다드릴 수 있도록 합니다.

Q. 지도교사가 교육실습생들에게 어떤 선물을 주면 좋을까요?

▶ 저녁 식사, 손편지, 간단한 선물

교육실습생들이 매우 열심히 실습을 해준 경우 지도교사도 그냥 헤어지기 아쉽기도 합니다. 이 경우 마지막 날 전날에 함께 저녁 식사를 할 수도 있고, 개인적으로 손편지나 간단한 선물을 하기도 합니다.

▶ 책

상황이 여의치 않다면 지도강화 시간에 간단히 교실에서 다과를 나눌 수도 있습니다. 선물은 학급운영이나 수업, 초등교육에 관련된 책이 좋은데, 실습생 개별 전공 교과 및 개별 성향, 관심사 및 특성에 맞게 선택하면 됩니다.

▶ 도장

발령받으면 바로 사용할 수 있게 도장을 선물하는 경우도 반응이 좋았습니다. 헤어질 때 실습 동안 수고했다고 말해주며 다음에는 동료 교사로 만나자고 인사하고 간단히 악수를 하고 마무리하면 됩니다.

2장
지도교사의 일대일 멘토링

교사 철학

학급의 방향과 분위기를 결정하는 데 큰 영향을 미치는 것 중 하나가 담임교사의 학급운영 철학입니다. 학생들은 마음껏 뛰어놀아야 한다는 철학을 가진 교사는 아이들에게 더 많은 놀이 시간을 제공하고 즐거움의 가치를 느끼기를 바랍니다.

반면에 학업적인 성취와 기본 학습을 상대적으로 더 강조하는 교사라면 완전학습을 추구하여 모두가 이해하지 못하는 수업에 대해서는 쉬는 시간이나 점심시간까지 보충학습을 하게 할 수도 있습니다. 어느 쪽이 더 좋다는 의미가 아닙니다. 교사 개인의 교육 철학이 학급운영이나 수업에서 나타나므로 충분한 대화를 통해 담임교사의 교육관을 파악해야 실습교육생이 학급을 온전히 이해할 수 있다는 것입니다.

그래서 담임교사와의 시간이 더 소중합니다. 담임교사와 지도강화 시간을 통해 교육 철학에 대해 이야기 나누는 시간을 갖습니다. 이후 그것이 교실에서 어떻게 구현되는지, 학급을 이끌어가는 시스템에 대해 이야기 나눕니다. 어떻게 존중하는 문화를 형성하는지, 협력하게 하는 방법은 무엇인지, 학급 규칙은 어떻게 정하고 일 년 동안 일관되게 지도하는지와 같은 학급운영의 큰 틀에서부터 자리를 바꾸는 방법이나 숙제를 안 해오거나 싸움이 일어났을 때 대처법과 같이 작은 부분도 실습생들에게는 어려운 부분입니다.

학생 이해

실습이 시작되면 교육실습생마다 한 명씩 유심히 관찰할 학생을 배정해주는 것이 좋습니다. 실습을 진행하다 보면 새로운 환경에 적응하랴 수업 준비하랴 너무 바빠 학생 한 명 한 명을 유심히 보지 못하는 경우가 많기 때문입니다. 따라서 실습생마다 특정 학생을 배정하여 수업에 임하는 모습이나 생활모습을 관찰하게 하는 것이 좋습니다. 개별학생을 관찰하는 경험은 다양한 학생의 특성을 이해하는 데 큰 도움이 됩니다.

교육실습생 1인당 관찰할 학생 한 명을 배정하고 매일 다른 학생으로 대상을 교체해줍니다. 평범하고 무던한 학생으로 배정하기도 하고, 학교생활의 어려움을 겪는 학생을 배정하기도 합니다. 매일 관찰한 학생에 대해 담임과의 시간에 이야기를 나눈다면 다양한 학생을 이해할 수 있게 됩니다.

교직 이해

어떤 교육실습생은 어릴 적부터 선생님을 꿈으로 삼아 교대에 입학하기도 하지만, 어떤 교육실습생은 부모의 권유나 성적에 맞춰 자신의 의사에 반해 교대에 들어오기도 합니다. 후자 중에서는 교직이 내 길이 맞는지 의심하고 불안해하는 경우가 많습니다. 교육실습은 이러한 교육실습생에게 교직을 이해하고 학생들과 만날 수 있는 좋은 기회가 됩니다.

수업 설계

이미 수업을 여러 번 경험한 4학년 교육실습생에게는 수업을 설계하는 일이 익숙하겠지만, 의외로 3학년 교육실습생들조차도 수업 설계를 어려워하는 경우가 많습니다. 현직 교사에게는 일상이지만, 이들에게는 실습 때만 하는 일이기 때문입니다. 또한, 누구도 수업을 어떻게 설계하라고 가르쳐준 적이 없기에 지도서에 제시된 활동을 처음부터 끝까지 그대로 교수 · 학습과정안에 옮겨 적는 일도 비일비재합니다.

동기 유발부터 평가까지 수업이 어떻게 구성되는지 알려주는 것과 수업 전개 과정에서 어떤 방법을 사용했을 때 학습자가 흥미 있게 수업에 몰입할 수 있는지 이야기 나누는 작업은 매우 중요합니다. 이를 통해 교육실습생은 학습목표에 맞게 수업을 설계하는 방법을 터득하게 되기 때문입니다. 따라서 이는 특강을 통해 전체적으로도 다루어야 하는 동시에 지도교사와의 수업 협의 시간에 반복적으로 이루어져야 합니다.

수업 평가

수업 후 평가회

수업 후 담임교사와의 시간에는 수업에 대한 평가회를 갖게 됩니다. 이는 교육 실습생의 수업 향상에 질적인 영향을 미치므로 무척 중요합니다. 과거의 평가회는 교육실습생을 평가와 교정의 대상으로 바라보고 수업에 대해 신랄하게 지적하거나 비판하는 경우가 많았습니다. 이러한 풍조는 수업을 두려워하게 만들고 자기 색깔이 드러나는 창의적인 구성보다는 안정적으로만 진행하려는 부작용을 낳았습니다. 또한, 수업을 비판하는 문화는 학교 현장으로 이어져 동료 교사의 수업을 평가와 판단의 대상으로 바라보게 만들었습니다. 따라서 평가회 역시 장학의 관점이 아닌 성찰과 어려움을 함께 해결해나가는 격려의 관점으로 바뀌기를 제안합니다.

수업 평가 과정

먼저 수업자가 수업을 구상한 의도를 이야기합니다. 수업은 수업자의 의도와 맥락 속에서 이해해야 하기 때문입니다. 그리고 좋았던 점, 잘된 점도 함께 말합니다. 수업자의 자평이 끝나면 관찰자들이 수업을 보며 좋았던 점과 배운 점을 이야기합니다. 이렇게 좋은 점을 먼저 말하면 분위기가 화기애애해지고 이후에 고민을 나누기 쉬워집니다.

이어서 수업자는 수업에서 아쉬웠던 점을 말합니다. 이때 듣는 사람은 지도 조언을 하기보다 경청하고 공감해주는 것이 좋습니다. 관찰자는 수업자에게 수업을 보며 궁금했던 것을 묻습니다. 질문을 통해 수업자의 의도를 명료하게 파악할 수 있습니다.

다음으로 수업자에게 고민되는 부분을 묻습니다. 수업을 하면서 느꼈던 어려움이나 해결하고 싶은 문제에 관해 말하는 시간을 갖습니다. 관찰자는 수업자의 고민을 듣고 함께 해결책을 생각해봅니다. 수업자가 자신의 고민을 드러낸다는 것은 마치 발가벗겨지는 것처럼 두려운 일입니다. 따라서 지도 조언보다는 여러 가지 해결책을 브레인스토밍하면서 제언하는 것이 수업자에게는 훨씬 존중받는다는 느낌을 줍니다. 이 단계에서 관찰자 역시 수업을 보며 들었던 고민을 나눌 수 있습니다. 브레인스토밍이 끝나면 수업자가 실천해보고 싶은 것을 한두 가지 정도 고릅니다. 마지막으로 평가회를 통해 배운 점을 돌아가며 짧게 나누고 마무리합니다.

수업 평가회 절차

과정	수업자	관찰자
수업자의 의도 및 좋았던 점	수업자의 의도 내 수업에서 좋았던 점	관찰한 수업에서 좋았던 점, 수업을 보며 배운 것
수업에서 아쉬웠던 점	내 수업에서 아쉬웠던 점	수업을 보며 궁금한 점 질문
고민되는 점	수업을 하며 어려웠던 점에 대한 해결책 찾기	수업자의 어려움에 공감하고 해결책 브레인스토밍

교구 사용

수업에서 사용할 수 있는 교구와 자료를 알려주는 것도 중요합니다. 자원에 따라 수업 구상이나 형태가 달라질 수 있기 때문입니다. 예를 들어, 학교에 인터넷이 가능한 태블릿 PC를 이용할 수 있다면 이를 염두에 둔 수업 설계가 가능합니다.

소개할 수 있는 교구를 구분해보면, 먼저 수업자의 강의에 필요한 교구가 있습니다. 실물 화상기, 프레젠터, 마이크, 컴퓨터 등입니다. 두 번째로 학생들의 수업 재료입니다. 색종이, 바둑알, 체육 교구 등 차시에 맞는 수업 재료가 학교에 비치

되어 있는지 교육실습생에게 알려줄 필요가 있습니다. 때로는 학교 자료실을 견학시켜 수업 자료를 만드는 데 이용할 수 있도록 하는 것도 필요합니다.

이와 더불어 수업 시 이용할 수 있는 장소도 자세히 소개해주어야 합니다. 수업 공간이 꼭 교실이어야 할 필요는 없기 때문입니다. 수학 수업이라도 운동장에서 하는 것이 더 적합할 때도 있습니다. 운동장이나 체육관, 컴퓨터실, 다목적실 등 수업 시 이용할 수 있는 공간을 알려준다면 교육실습생으로부터 다양한 수업 을 기대할 수 있을 것입니다.

협의와 정리

담임교사와의 협의 시간을 마무리할 때는 '경알느하'를 하는 것이 좋습니다. 여기서 '경'은 오늘 하루 동안 경험한 것 중 가장 인상 깊은 것을 말합니다. '알'은 새롭게 알게 된 것을 뜻합니다. '느'는 하루 동안 또는 오늘 일어난 일이나 수업에 대한 느낌을 의미합니다. 마지막 '하'는 실습 생활이나 수업에서 앞으로 시도해보고 싶은 것입니다. 짧게 '경알느하 마무리'로 협의를 마치면 하루를 종합적으로 정리할 수 있어 좋습니다.

경	오늘 경험한 것 중 인상 깊은 것
알	새롭게 알게 된 것
느	오늘 실습이나 수업을 통해 느낀 것
하	내일 또는 앞으로 시도해보고 싶은 것

3장

교육실습 공통 프로그램

운영 개요

운영 근거

- 교원자격검정령 제20조
- 교원자격검정령 시행규칙 제12조 제1항
- 원자격검정 실무편람(교육부, 2019. 2.)
- 유치원 및 초등·중등·특수학교 등의 교사자격 취득을 위한 세부기준 제6조

운영 목적

- 교원자격검정령에 따라 교사자격증 취득을 위한 법적 요건 충족

- 대학에서 배운 이론 및 원리 등을 교육 현장에 적용함으로써 교사로서의 자질 함양
- 교육실습생의 초등교육 현장 이해 및 수업 능력 신장을 위한 실제적인 교직 경험 부여
- 교육실습협력학교 운영을 통한 우수한 교원 양성

운영 목표

- 교육 활동 전반에 관한 관찰을 통해 담임교사의 역할을 인식하게 한다.
- 지도교사의 활동이나 업무의 일부를 지원하여 실제 교직 경험을 체득하게 한다.
- 수업참관, 교육 활동 및 학생 생활지도 참여를 통해 이론을 현장에 적용한다.
- 관찰과 참여 활동을 통하여 교직에 대한 자신의 교직 적성을 확인, 발전시킬 기회를 제공한다.

운영 방침

- 교육실습생은 지도교사와 수업에 대한 충분한 사전협의를 바탕으로 수업을 구상할 수 있도록 한다.
- 교육과정을 분석하여 수업을 위한 목표를 수립할 수 있도록 안내한다.
- 수업과정안 작성에 필요한 부분을 충분하게 안내하고 예시 자료를 제공한다.
- 지도교사 및 시범수업 참관을 통하여 수업참관의 필요성과 방법을 익힐 수 있도록 한다.
- 참관할 내용과 방법을 미리 계획하여 세밀하고 핵심적인 내용을 파악하도록 한다.
- 수업참관을 통해 배운 점을 내 수업에 접목시킬 수 있는 방법을 모색한다.
- 방관적인 태도를 지양하고 긍정적인 자세와 적극적인 참여로 지도교사의 교수

활동과 학생의 학습 활동을 돕는다.

- 참관 내용은 지도교사의 지도를 받아 체계적으로 기록하여 참고 자료가 되도록 한다.
- 객관적으로 기록 내용을 작성하며, 그에 따르는 적절한 해석과 판단을 한다.
- 자신의 교육자적 자질을 검토·확인하는 기회로 삼는다.

운영 대상

- 교육대학교 1~4학년 재학생

운영 기간

- 1학년 1주, 2학년 2주, 3학년 3주, 4학년 3주 (총 9주)

기간 / 학년	1학기												2학기								합계
	4월				5월				6월				9월				10월				
	1주	2주	3주	4주	1주	2주	3주	4주	1주	2주	3주	4주	1주	2주	3주	4주	1주	2주	3주	4주	
1														●							1주
2			●	●																	2주
3																		●	●	●	3주
4									●	●	●										3주
소계	5주												4주								9주

- 1학년 실습은 참관실습이 주가 되며, 자신의 적성과 진로를 파악하는 기회를

갖는다. 대학생활 초기에 학교 현장을 경험하기 위해 1학년 2학기에 1주(5일, 40시간) 참관실습의 기회를 제공합니다.

• 2학년 수업 실습은 수업에 대한 기초적인 이해를 바탕으로 직접 수업(3시간)을 해보며 교대에서 배운 이론과 실제를 접목시켜 수업 소양 능력을 기르기 위한 과정입니다.

• 3학년 수업 실습은 수업에 대한 이해와 정교화 과정을 통해 수업의 전문성을 기르기 위한 토대를 마련하는 과정입니다.

• 4학년은 임용고사 준비로 부담이 많으며 체력적으로 지치기 쉬운 시기입니다. 1학기 중간고사 직후로 운영하는 것이 가장 바람직하다고 생각합니다.

운영 내용

수업실습 내용(예시)

교과지도

내 용	세부 내용
수업참관 (○시간 이상)	• 물적 학습 환경 조성 • 동기 유발 및 주의집중 • 발문과 상호작용 • 학습 분량과 소요 시간 • 수업 관찰 및 분석표 적용하기 • 학습자료 제작 및 활용 • 판서 및 시청각 기기 활용
교과 학습지도 방안 탐구 (○시간 내외)	• 좋은 수업 만들기(수업 아이디어) • 판서 방법 • 평가 방법 • 학습 과제 제시와 활용 • 개인차를 고려한 수업(배움이 느린 학생 지도) 방법
교과 학습지도에 대한 평가 및 반성	• 지도 계획 및 준비 • 지도 과정 및 결과

창의적 체험활동 지도

내용	세부 내용
창의적 체험활동 지도 계획과 실천	• 창의적 체험활동 편성에 대한 이해 • 주제 선정 및 지도 계획 • 창의적 체험활동 자료 제작 및 지도의 실제
평가 및 반성	• 계획, 실천, 결과 평가 및 반성

생활지도

내용	세부 내용
생활지도 계획 및 참여	• 학교 폭력 및 학교 안전사고와 책무 • 진로 지도의 실제 • 학생 상담 활동의 실제
사례 연구	• 학생 사례 연구
평가 및 반성	• 지도 계획, 지도 기술, 지도 과정과 결과 평가

학급운영

내용	세부 내용
학급(학년)의 교육계획	• 학급 환경 구성의 실제 • 실천 위주의 인성 교육 • 부모 교육 및 학부모 상담의 실제 • 학급(학년) 행사 지도 • 학급 내 교우관계 파악
평가 및 반성	• 학급(학년)운영, 환경관리, 행사 지도

기타

• 연구 활동(집단 연구 프로젝트 수행)

• 실습생 교육 문화 활동(체육, 예술 등) 참여

학급운영 실습 내용(예시)

영 역	내 용
교직 관련 실무	• 바람직한 교사상과 담임의 학급운영 • 교원 복무규정
학교 교육 활동 관련 실무	• 학교 행사 계획 작성 방법 및 운영의 실제 • 학교 교육과 연계한 가정교육의 실제 • 현장체험학습 계획 및 운영의 실제
학교 업무 처리 관련 실무	• 업무 분장의 조직과 운영 • 문서 관리, 나이스의 이해와 기능 • 전자문서 작성 및 사용 방법
학급 업무 처리 관련 실무	• 바람직한 학급운영 방법 • 학급운영의 실제 • 교실 환경 구성 • 창의적인 학급운영 사례
평가 관련 업무	• 학생의 학습 성취도를 평가하는 지필평가의 종류와 방법 • 학생의 종합적인 학습 능력을 평가하는 수행평가 • 평가 문항 작성 방법 • 평가 결과 처리 및 학생생활기록부 정리의 실제
창의적 체험활동 관련 실무	• 창의적 체험활동 편성 · 운영의 실제 • 전교 · 학급 학생회 조직과 운영 • 청소년단체 활동 조직 · 운영 • 각종 동아리 활동의 조직과 운영 • 독서 교육의 의의와 수준별 독서 지도 방법 • 토의 · 토론 학습 지도 • 정보통신기술교육의 실제 • 초등학교 진로교육의 실제
생활지도 관련 실무	• 생활지도의 실제: 기본생활교육, 문제 사례별 지도 방안 • 학교 폭력 예방 및 대처 방안 • 실천 위주의 인성교육

전문적 학습공동체 연수 활동

영 역	내 용
집단 연수	• 바람직한 교직관 확립과 교사 자질 향상을 위한 연수 • 학교 교육과정 운영 전반에 관한 관찰 • 학년 · 학급 운영의 전반적인 면과 학생 생활지도에 관한 연수

실습운영교사 역할 분담(학교형 예시)

연번	직위	성명	담 당 업 무	비고
1	교장		실습지도 총괄, 특강	교장
2	교감		실습지도 장리, 특강	교감
3	교사		실습부장교사, 실습운영주무, 학급배정실습생지도(1명) 지도교사 수업공개, 특강	연구부장
4	교사		학급배정실습생지도(1명), 지도교사 수업공개, 특강 수업실무실습생의 관계 향상 지원(학생, 학부모, 교직원)	인성부장
5	교사		학급배정실습생지도(1명), 지도교사 수업공개 실습부장 업무 지원, 실습생 다과 지원, 실습예산 집행	독서교육
6	교사		학급배정실습생지도(1명), 지도교사 수업공개, 실습생 교과서 구입 및 지원, 실습생 현장체험학습 운영 및 지원	2학년 부장
7	교사		학급배정실습생지도(1명), 지도교사 수업공개, 특강 수업 및 특강 일정 조정 및 안내	3학년 부장
8	교사		학급배정실습생지도(1명), 지도교사 수업공개, 특강 수업실무실습생 필요 물품 준비 및 관리, 실습연구실 관리	방과후 부장
9	교사		학급배정실습생지도(1명), 지도교사 수업공개, 시범수업, 특강 수업실무실습생 필요물품 준비 및 관리	4학년 부장
10	교사		학급배정실습생지도(1명), 지도교사 수업공개, 특강(3회) 수업실무실습생 연구 및 휴게 공간 관리 및 지원	체육부장
11	교사		학급배정실습생지도(1명), 지도교사 수업공개, 시범수업 특강(2회), 수업실무실습생 교육과정 지원, 일정안내①	교무부장
12	교사		학급배정실습생지도(1명), 지도교사 수업공개, 특강 수업실무실습생 개별 연락 및 상담 지원	5학년 부장
13	교사		학급배정실습생지도(1명), 지도교사 수업공개, 시범수업, 특강 수업실무실습생 신원 조회 및 예산 운영 지원 수업실무실습 홍보(현수막 제작 및 게시), 실습영상 제작 지원	음악교육

14	교사		학급배정실습생지도(1명), 지도교사 수업공개 수업실무실습록 편집 및 제본, 일정 안내②, 설문조사 안내 및 분석	6학년 부장
15	교사		학급배정실습생지도(1명), 지도교사 수업공개, 시범수업 수업실무실습생 밴드 관리 및 교육기자재 지원 수업실무실습생 출석 체크 및 출석부 관리, 수업실무실습생 청소년단체 현장체험학습 참가 지원	과학정보 부장

교육실습 평가 계획

평가 계획

구 분	교육실습학교		평가 방식	비고
	평가 책임	반영 점수		
수업실무실습	평가: 지도교사	100점 (100%)	절대평가	
	확인: 실습학교장			

교육실습 평정 부여 기준

성적 평가 등급	A+ (95점 이상 ~ 100점) B+ (85점 이상 ~ 90점 미만) C+ (75점 이상 ~ 80점 미만) D+ (65점 이상 ~ 70점 미만) F　(60점 미만)	A0 (90점 이상 ~ 95점 미만) B0 (80점 이상 ~ 85점 미만) C0 (70점 이상 ~ 75점 미만) D0 (60점 이상 ~ 65점 미만) ※ B+ 이하도 성적 부여 가능함

교육실습 성적 평가 지침

① 평가 방식은 절대 평가를 원칙으로 하며, 이수기준은 총점 100점 만점에 60점 이상으로 한다.(60점 미만 실격, 성적 F)

② A+ 취득 인원이 A0 이하 학점 취득 인원을 초과할 수 있다.

③ 실습 목적에 부적합한 교육실습생의 경우 B+ 이하로 성적을 평가할 수 있다.

④ 실습종합성적은 각각의 평가요소별 점수를 합산한 후 근태 감점 기준에 따라 산출한 근무일반성적을 반영해 교육실습 성적으로 확정

⑤ 다음의 경우에 해당하는 교육실습생은 실격 처리

- 근무태도 평가 척도에서 모두 최하 등급을 받은 경우
- 교육실습 종합평가 총득점이 이수 기준에 도달하더라도 출석일수가 전체 이수시간의 80%에 미달인 경우〔수업실무실습- 최소 출석일수(20일의 80%=16일), 최대 결석일수(4일)〕

⑥ 교육실습 기간 중의 근무태도에 있어서 총 6점 이상 감점의 경우 교육실습평가관리위원회 회의를 통해 F학점 처리될 수 있으며 이 경우 교육실습을 재이수하여야 한다. 감점 규정은 아래와 같다.

감점 사안	감점 점수	비고
결근	3점	- 감점 사안에 대한 조치에 이견이 있거나 사안의 경중을 판단하여 감점을 적용할 필요가 있을 경우에는 '교육실습평가관리위원회' 회의를 통해 감점의 부과를 결정한다. - '교육실습평가관리위원회'는 업무부장, 실습부장 및 교감으로 구성
지각	1점	
조퇴	1점	
외출	1점	
특강 및 참관의 무단 이석	1점	
무단 근무지 이탈	2점	
실습록(지도안) 결재일 초과	1일당 1점	
특강 및 참관 중 휴대전화 사용	1점	
기타 실습태도 불량	1점~3점	

⑦ 객관적이고 공정한 실습평가를 위해 평가도구를 체계화하여 실시하며, 평가 결과 제출은 학년별 업무부장이 취합하여 해당 날짜에 실습부장에게 제출한다.

⑧ 근태 처리는 다음의 기준에 준한다.

▷ 실습생 대표가 근태상황을 파악하여 실습지도교사에게 확인한다.

 (다음 각 항목에 해당하는 경우 실습 총득점에서 감점 처리)

구분	종류	점수 감점	비고
사전신고	지각, 조퇴, 외출	1	질병, 사고, 개인 사정 모두 포함
	결근	3	
무단	지각, 조퇴, 외출	2	
	결근	6	
공결	공지각, 공조퇴, 공외출, 공결근	–	공결 처리 기준 참고

▷ 지각 · 조퇴 · 외출의 합이 3회인 경우 결근 1일 간주

▷ 경조사 및 기타의 경우 아래 해당 일수만큼 공결 처리

▷ 공결 처리 기준

구분		일수	증빙자료
천재지변, 교통두절 등 특수한 경우		해당일	관련 증빙자료
병역의무		해당일	예비군 훈련, 징병검사
행사 참여 (대학에서 협조 공문 요청 시)		해당일	해당 공문
사망	직계존속 및 배우자	3	증빙자료 제출 (사망진단서, 가족관계증명서 등)
	본인 및 배우자의 조부모, 외조부모	2	
	자녀	2	
	본인 및 배우자의 형제자매	1	

※ 실습 기간 중 아르바이트, 과외 등으로 인한 **조퇴는 불허**함.

교육실습 예산 계획

교육실습 지원 예산

교육실습학교 자체 예산

교육실습학교 자체 예산 확보가 필요합니다. 교육실습을 운영하기 위해 사전에 예산을 편성해둔다면 교육실습을 여유 있게 운영할 수 있습니다. 또한, 교대나 교육청 지원 예산 추진이 늦어지는 경우를 대비하여 사전에 실습물품이나 실습록 제본 등을 준비할 수 있습니다.

교육대학교 지원 예산

교육대학교에서는 지도교사 수당, 교육실습 운영비, 교육실습 연수 운영비 등을 지원합니다. 교육실습생의 인원에 비례해서 운영비가 지원됩니다. 비교적 실습학교가 자율적으로 사용할 수 있도록 하는 편이지만, 정산서 제출 서류가 과다하게 요구되어 행정력이 낭비되는 경향이 있습니다. 유관기관 간 행정 서류 간소화가 절실하게 필요한 대목입니다.

교육청 지원 예산

교육청에서도 이전 년도에 예산을 확보하여 교육실습을 위한 예산을 연 1회 지원합니다. 양질의 교육실습을 위해 실습학교 현장의 요구를 반영한 예산 편성과 자율적인 예산 집행 지침이 필요합니다.

교육실습 예산 사용 예시

교육실습운영 예산은 학교 자체, 교육청, 교육대학교 예산을 편성하여 운영하게 됩니다.

순	운영항목	운영예산	운영비 사용 내역		비고
1	교육실습 연간 운영비①	1,000,000	▶ 교육실습운영비 1,000,000원 × 1회	1,000,000	학교 자체 예산
2	교육실습 연간 운영비②	1,400,000	▶ 교육실습 협의회비 20,000원 × 12명 × 3회	720,000	○○교육청 지원
			▶ 교육실습 운영비 680,000원 × 1회	680,000	
3	수업실무실습 운영비	520,000	▶ 교육실습 운영비 520,000원 × 1회	520,000	○○교대 지원 (세외)
4	수업실무실습 연수비	295,000	▶ 교육실습 특강 운영비 100,000원 × 1회	295,000	○○교대 지원 (세외)
			▶ 교육실습 세미나 운영 지원비 15,000원 × 13명 × 1회		
5	수업실무실습 지도교사 수당	1,560,000	▶ 교육실습 지도교사 수당 104,000원 × 15명	1,560,000	○○교대 지원 (세외)
6	교육실습 연간 운영 지원비	250,000	▶ 교육실습 운영 지원비 250,000원 × 1회	250,000	○○교대 지원 (세외) *이월 잔액
	총금액	4,775,000		4,775,000	

※ 본 예산안은 교대 4학년 수업실무실습(4주)을 기준으로 운영한 예시 자료임.

교육실습 유의사항

기본 복무에 관한 사항

교육실습 첫날 오리엔테이션 시간이 가장 중요합니다. 교육실습생은 첫날 안내받은 내용을 지키고자 노력합니다. 이해하기 쉽도록 구체적인 사례를 들어 설명해야 기본예절과 복무를 지키며 교육실습에 참여할 수 있습니다.

① 실습 기간 중 실습생은 대학의 학칙은 물론 실습학교의 근무 규정에 따르며 학교장의 지휘 감독 하에 실습에 임한다.

② 실습생은 8시 40분 전까지 출근하여 교무실에 비치된 출근부에 서명하고, 방과 후에는 일일 책임 완수 후 지도교사의 허락을 받아 16시 40분에 퇴근한다.

③ 결근 1회에 3점, 지각, 조퇴, 외출 1회에 1점 감점으로 총 6점 이상 감점 시 실격 처리한다.

④ 복장은 단정한 차림으로 하여 교사로서의 품위와 예절을 지킨다.

⑤ 지각, 조퇴, 외출, 결근 시는 지도교사, 실습부장, 교감을 경유하여 학교장에게 사유서와 증빙자료를 제출하며, 제출물 불이행 또는 실습 태도가 불성실한 경우에도 사유서를 제출해야 한다.

⑥ 근무시간에는 근무 장소의 무단이탈을 금한다. (단, 면회나 외출 시에는 지도교사, 교감의 허가를 얻어야 한다.)

⑦ 표준어와 실습생들 간 서로 존대어를 사용하며 교육실습생 상호간 호칭은 '○○○ 교생 선생님'으로 한다.

☞ 교육실습생 중에는 나이에 따라 서로 언니, 오빠라는 호칭을 쓰는 경우가 종종 있습니다. 실습학교 밖 사석에서는 자유롭게 호칭을 사용해도 되겠지만, 실습 기간 동안 실습학교에서는 상호 존중하며 '교생 선생님'이라는 호칭을 쓰도록 안내합니다.

⑧ 체육 시간에는 반드시 체육복과 운동화를 착용한다.

⑨ 학교에서는 항상 명찰은 패용하고 실내화를 준비하여 사용한다.

⑩ 학교는 전체가 흡연 금지구역으로 교사 주변, 운동장에서의 흡연도 금지한다.

⑪ 집단연수 시간에는 시간을 엄수하고 지정된 좌석에서 수강한다.

⑫ 집단연수와 수업시간 전에는 휴대폰이 꺼져 있는지 반드시 확인하고, 문자 메시지 사용 등을 금지하며, 통화는 쉬는 시간에 한다.

⑬ 수업참관, 협의활동이 없을 때는 실습실, 교실 또는 지정장소에서 업무를 처리한다.

⑭ 의문이 생겼을 때는 지체 없이 지도교사에게 문의하여 해결한다.

⑮ 건의 사항이 있을 경우 실습생 대표를 통하고, 지도교사, 실습부장교사, 교감, 교장 선생님으로 이어지는 계통의 질서를 따른다.

⑯ 실습학교의 제반사항 및 학생 인적사항에 대한 보안에 유의한다.

교육실습 활동에 관한 사항

교육실습 활동에 관한 전반적인 일정을 안내합니다. 이때 교육실습 일정표를 보며 설명해주면 좋습니다. 활동별 절차를 자세하게 안내해준 후 궁금한 사항은 질의응답을 통해 해결합니다. 그리고 실습부장은 매 활동이나 매일 아침 일정 안내 시간에 반복하여 설명해주면 좋습니다.

① 생활지도(휴식 시간, 급식 시간, 복도 통행 및 실내외 생활 전반)

② 청소 활동, 당번 활동(임장 지도)

③ 하교 지도(정문 앞까지 인솔, 질서유지, 교통안전 지도)

④ 협의회 참석(수업 협의 및 일일 협의 주제에 대한 사전 준비 철저)

⑤ 연구 활동(교재 연구, 사전 실험, 사례 연구 : 연구 주제 제출)

⑥ 일일 근무 반성 및 다음날 계획 수립

⑦ 수업실무 실습록 작성: 매일 정리하여 퇴근 10분 전(16:30)까지 지도교사에게 제출

⑧ 수업실무 실습록 전체 제출
 – 제출일: ○○월 ○○일(금), ○○월 ○○일(목), ○○월 ○○일(목), ○○월 ○○일(목) 오후 4시 30분
 – 방법: 지도교사의 결재를 득한 후 교육실습생 대표가 취합하여 교무실(실습 부장)에 제출한다.

교육실습 출결에 관한 사항

교육실습 출결에 관한 내용은 교육실습생들에게 민감한 부분입니다. 거의 모든 교육실습생이 성실하게 교육실습에 참여하기 때문에 근태에서 감점이 개인 평가에서 상대적으로 큰 비중을 차지하게 됩니다. 그러므로 출결에 관해서는 행정 지침대로 진행할 것임을 사전에 주지시켜줄 필요가 있습니다.

교육실습생은 지도교사의 허락 없이 다음 사항을 금한다.
① 교육실습생 상호간 학급 배정 변경 및 교육실습생 집단 소집
② 방과 후 또는 휴일에 임의로 학생 소집 및 교외 인솔
③ 출근부 대리 날인 금지

실습학급 학생 지도에 관한 사항

실습학급 학생과 개인적인 연락처 교환을 금지하며 학교 외에 장소에서 만남을 갖지 않도록 합니다. 실습생끼리는 선생님이라는 호칭을 꼭 사용하며, 아이들에게도 교사로서의 품위를 유지할 수 있도록 하며 너무 친구처럼 지내거나 언니 동생처럼 지내지 않도록 합니다. 실습생과의 건강한 거리를 유지합니다. 성인 학습자

로서 존중하고 대우합니다. 실습생은 곧 동료 교사가 됩니다.

① 솔선수범하여 친절하고 공정한 태도로 예비 교사로서의 품위를 유지한다.
② 언제나 표준어를 사용하고 언어 순화에 스스로 힘쓴다.
③ 학생을 위한 안전과 건강관리에 주력한다. (방과 후 학생 개별 지도 및 타지역 인솔 엄금)
④ 학생에 대한 편견·편애를 버리고 학생과 함께 생활하는 교사라는 자세로 임한다.

교육실습생 대표 활동에 관한 사항

교육실습의 주인은 교육실습생들이므로 자신들을 대표할 담당을 정하여 자치와 주도성을 보장할 필요가 있습니다. 이는 첫날 점심식사 후 교육실습생들의 자천이나 추천을 통해 선정하면 좋습니다. 3, 4학년 교육실습생의 경우 수업실습에 따른 부담이 크므로 과도한 임무보다는 가벼운 자료 수합이나 의견 수렴, 대표 질의 및 건의 등의 임무만 부여해줘도 충분합니다. 물론 교육실습생 대표에게는 근태 가점, 지도교사의 관심과 격려로 동기부여를 해주면 좋습니다.

교육실습 대표 역할 안내(예시)

구 분	전체 대표	
학년반		
성 명		
임 무	○ 전체(학년군) 교육실습생 총괄 ○ 학년군별 교육실습생 업무 총괄(실습록 제출, 각종 업무 연락) ○ 업무 전달 협의회 참석(매일 08:40 실습실) ○ 실습업무 사항 및 행정사항 전달 ○ 교육실습생 애로사항 청취 및 건의	

수업 실습록 작성에 관한 사항

수업 실습록 내용

- 실습 내용 전반에 걸쳐 새로 알게 된 내용이나 생각을 기록한다.
- 참고할 사항, 미래 교사로서의 참고가 될 좋은 아이디어, 자료, 지도 내용을 기록한다.
- 학교운영과 교육 방법, 기타 학교 교육 전반에 대한 소감과 교육적인 다짐을 적는다.
- 교육실습생의 해석이나 의견이 '사실의 기록'과 혼돈되지 않도록 객관적으로 기록한다.

수업 실습록 제출

- 제출일: ○○월 ○○일(금), ○○월 ○○일(목), ○○월 ○○일(목), ○○월 ○○일(목) 오후 4시 30분
- 방법: 지도교사의 결재를 득한 후 학년대표가 취합하여 교무실(실습부장)에 제출한다.
- 수령: 교육실습생 대표는 결재 다음 날 교무실에서 수업실무 실습록을 수령해 간다.

교육실습 행정에 관한 사항

급식비 납부

- 급식비는 전체 대표 교육실습생이 행정실(○○○ 주무관)로 6월 5일(화)까지 납부
- 급식비 산출내역: 4,000원 × 20일 = 80,000원

실습 소감 영상 제출

- 제출기한: 6월 27일(목) 오후 2시까지

- 제출방식: 교육실습생 대표가 실습소감영상 파일을 USB에 수합하여 제출한다.
- 제출장소: ○학년 ○반(○○○ 선생님)으로 제출한다.

지도교사 협조 사항

시범수업 지도안 및 특강 원고 제출
① 교육실습생들의 이해를 돕기 위하여 다양한 수업 모형을 적용하여 수업안을 작성한다.
② 수업실무실습의 목적을 살려 특강 자료를 준비한다.
③ 지도안 및 특강 자료를 작성하여 5월 24일(금)까지 담당계에 제출한다.
④ 지도안 및 특강 자료는 실습부에서 일괄 제본하여 수업실무 교육실습생들에게 배부한다.

교육실습생지도 유의사항
① 처음 만나는 날에는 효과적인 실습을 위해 학교의 환경과 우리 반 학생들의 특성을 안내한다.
② 담임교사는 수업실무실습생의 실습록을 확인한 후 제출한다.
③ 교육실습생에 대한 일반 관리를 철저히 하며 근태 상황에 이상이 있을 시 실습부장을 통해 처리한다.
④ 교육실습생을 위한 준비사항은 ○○월 ○○일(금)까지 완료한다.(교육실습생용 책상, 사물함, 환영인사, 물품 등)

교육실습생 평가표 제출

① 지도교사는 교육실습생 수료식 후 지도교사 평가 협의회를 통해 교육실습생 실습 평가를 실시한다.

② 지도교사는 교육실습생 개인별 평가 척도표를 제출한다.

③ 실습부장은 교육실습생 개별, 전체 평가표, 실습이수명단을 기초 자료로 평가 결과를 기안한다.

지도교사 지도 사항

첫날 오리엔테이션에 집중하세요

교육실습생들은 모든 것이 처음입니다. 그러므로 실습 첫날 실습과 관련한 오리엔테이션을 친절하고 명확히 해주어야 안정감을 느끼고 실습에 집중할 수가 있습니다. 교육실습생도 학생들에게는 교사이므로 교사로서 지켜야 할 것들을 세세히 안내하는 것이 좋습니다.

다름을 인정하고 존중하세요

교육실습생들은 자신만의 관점으로 실습에 임할 수 있습니다. 예를 들어 '수업은 무조건 재미있어야 한다' '강의식 수업은 나쁜 것이다'와 같은 것입니다. 관점은 상대적이며 상황에 따라 맞을 수도 있고 틀릴 수도 있습니다. 실습 첫날 교사, 학급, 수업의 다름을 이해할 수 있도록 안내하면 좋습니다. 다음 3가지 특성을 이해할 수 있도록 안내합니다.

교사의 특성

학급문화와 교육실습에 가장 많은 영향을 끼치는 요인이 바로 '교사'입니다. 학생들이 시업식 첫날 가장 기대하고 떨리는 마음으로 담임선생님을 맞이하듯이 교육실습생들 또한 떨리는 마음으로 실습지도교사를 만납니다. 그러므로 담임교사와의 지도강화 시간, 수업 전후 협의, 수업 공개 장면을 통해 교육실습생에게 교사 자신의 교육 철학과 교육 방법, 학급운영 방향을 알려줄 필요가 있습니다. 이러한 과정을 통해 교육실습생은 지도교사와의 래포를 형성하고 보다 깊고 넓게 학급과 수업을 이해할 수 있게 됩니다.

학급의 특성

학급은 다양한 학생들의 집합으로 이루어지며, 학교가 속한 지역의 문화와 환경에 따라 학생들의 특성이 다를 수 있습니다. 이러한 이해를 바탕으로 수업을 계획하고 관찰할 필요가 있습니다.

수업의 특성

수업은 교과별, 활동별, 학생별, 교사별로 다양한 특성이 존재하며, 이에 따라 수업 전개가 달라질 수 있습니다. 그러므로 다양한 조합에 의해 수업의 흐름이나 활동이 달라질 수 있음을 안내하고 수업 전후 협의를 통해 교육실습생들이 수업을 이해할 수 있도록 도와주어야 합니다.

비교하지 말고 존중해주세요

교사는 교육실습생들을 비교하거나 비판하지 않으며, 교육실습생은 교사들을 비교하거나 판단하지 않아야 합니다.

교육실습 운영 물품 체크리스트

교육실습 첫날 필요 물품

① 학급운영 자료

- L자 파일
- 학급요록
- 학급 소개 자료
- 학생 사진명부
- 학생 좌석배치도
- 교실 내 교생 책걸상 등

② 교생 편의물품

- 교육실습실 내 교생 책걸상
- 다과
- 각티슈
- 커피포트
- 종이컵
- 물티슈 등

교육실습 수업 물품

① 수업 자료 제작 물품

- 색연필
- 풀
- A4 용지
- 사인펜
- 가위
- 도화지 등

② 수업실습 자료

- 교과서
- 주간학습안내
- 결재판
- 교사용 지도서
- 수업 배정표
- 이름표 등

③ 수업 교구

- 허니컴보드
- 화이트보드
- 매직, 네임펜 등 필기도구
- 포스트잇
- 보드마카펜, 지우개
- 가위, 풀 등

교육실습 운영 물품

① 교육 기자재

- 컴퓨터
- 복사기
- 프린터(컬러, 흑백)
- 태블릿 PC 등

② 전산 소모품

- 프린터 토너/잉크
- 복사용지(A4, B4)

교육실습 수료식 물품

① 실습부장

- 수료식 축하 현수막
- 프레젠터
- 수료식 행사 PPT
- 마이크

② 지도교사

- 교육실습생 수료 기념 축하 및 격려의 말, 영상 등

③ 교육실습생

- 교육실습 수료 기념 영상
- 감사 쪽지(포스트잇) 등

4장

교육실습
기본
프로그램

1학년 참관실습 프로그램(1주)

운영 목표

학교 현장을 경험하고 관찰하며 자신의 진로와 적성을 파악한다. 학교 현장에 대해 이해하는 시간을 가지고 대학에서의 배움도 어떻게 연결시킬지 생각해보는 시간을 갖는다. 초등학생 아이들과의 만남을 통해 초등교사로서의 꿈에 한 걸음 더 나아가도록 한다. 수업참관이 주가 되며 짧은 기간 동안 실습생이 가볍고 즐거운 마음과 열린 자세로 참여할 수 있도록 한다.

운영 방침

① 현장 교육의 이해를 위해 다양한 관찰 활동을 수행한다.

② 교육 활동, 학생지도 활동, 기타 교직업무에 대한 기초적인 준비를 한다.

③ 참관할 수업의 내용, 형식, 방법을 미리 파악하며 적극적인 자세로 관찰한다.

④ 참관실습록을 작성하며 배우고 생각한 내용을 정리한다.

⑤ 학교 현장의 전반적인 시스템을 이해하며, 자신의 진로와 적성을 파악한다.

운영 대상

: 교육대학교 1학년생

운영 기간

① 9월 2주차(1주간, 5일)

② 2학기는 교대생의 진로적성에 중요한 시기로 자신의 이상과 현실을 확인하는 계기가 됩니다. 직접 학교를 경험해보면 자기 적성에 맞는지도 파악할 수 있고, 대학에 돌아가서 어떤 공부와 경험을 더 쌓아야 할지도 계획하게 됩니다.

운영 내용

1학년 참관실습은 본인이 수업 시연하는 시간은 없고 참관만 하는데, 이것만으로도 교육실습생들에게는 매우 의미 있습니다. 1학년은 학교 현장에 와서 자신의 적성을 확인할 수도 있고, 진로에 대해 신중하게 생각하여 결정할 수 있습니다.

1. 수업 관찰

① 전문가 시범수업 관찰

흔히 대표 수업이라고 하는 전문가 시범수업 관찰을 의미합니다. 학년에서 지원을 받아 대표 교사가 여러 교육실습생을 대상으로 수업을 보여줍니다. 형식과 내용이 두루 잘 갖춰진 수업을 통해 좋은 수업이 어떤 것인지 보고 배웁니다.

- 수업 전개 및 교구 활용의 적절성
- 교수 용어 및 발문의 적절성
- 과제 제시의 적절성

② 지도교사의 일반 수업 관찰

담임 수업 관찰이라고도 합니다. 일반적인 수업을 보고 교과별 특성 및 학년 특성, 반 아동의 특성, 아이들의 반응 등을 통해 학급 분위기 등을 참관할 수 있습니다. 실습생들은 담임 수업 관찰을 더 많이 하고 싶어 하는데, 이를 통해 반 아이들과 더 가까워지기를 원합니다. 지도교사 일반 수업 관찰이 많이 배정되어 있을 시 자칫 같은 패턴으로 지루할 수도 있기 때문에 다양한 교과목과 다양한 방식의 수업 형태(학생 중심, 교사 중심, 강의식, 토론식, 활동식, 전체 활동, 모둠활동, 짝활동, 실기 중심, 이론 중심 등)를 보여주는 것이 좋습니다.

- 수업 전개 및 교구 활용의 적절성
- 교수 용어 및 발문의 적절성
- 과제 제시의 적절성

③ 창의적 체험활동 수업의 관찰

대학에서 전공 심화 과목을 배우거나 다양한 교과목을 배우기는 하나 창의적 체험활동 수업을 보거나 경험할 기회가 적습니다. 고학년의 경우 아이들 동아리 활동을 보여주고 체험할 수도 있습니다. 다양한 창의적 체험활동 중 하나를 선택하여 수업 관찰할 수 있도록 하는 것이 좋습니다.

- 창의적 체험활동의 특성 이해
- 창의적 체험활동(동아리 활동) 진행 과정 관찰

2. 생활지도

④ 학생 특성 관찰

학생 특성을 관찰하는 것을 뜻하며 멀리서 학생을 지켜보는 것이 아니라 아이들과 관계를 맺고 래포를 형성하며, 친해질 기회를 갖는 것입니다. 이러한 시간을 통해 자연스레 아동 개별 특성과 연령별 특성도 파악하게 됩니다.

- 학생들의 지적 능력, 신체적 발달 상황, 정서적 발달
- 학생들의 요구와 필요
- 교사에 대한 태도

⑤ 학생들의 학교 일과 관찰

학교에 하루 일과를 관찰하며 아동의 하루를 함께 직간접적으로 경험합니다.

- 등 · 하교 상황
- 일과 예정표 및 진행 상황
- 수업 전의 동태, 점심시간, 휴식 시간, 1인 1역 활동

⑥ 학생들의 교우 관계 관찰

어떤 아이가 인기가 있고, 친구들은 어떤 아이를 좋아하는지, 누구와 친한지, 누구를 불편해하거나 어색해 하는지에 대해 지켜보거나 대화 나누며 학생들 사이의 교우 관계를 관찰하고 파악합니다. 이는 담임교사가 되었을 때를 대비하여 꼭 필요한 경험입니다.

- 교우 관계가 이루어진 장소 및 친구들의 수
- 공통 소재, 예절, 사교성, 준법성

3. 학급운영

⑦ 초등학교 교사의 일과 관찰

학교의 시스템이나 담임교사의 할 일 등을 파악하는 것이 필요합니다. 지도교사의 일과를 통해 교사가 하는 일을 종합적으로 파악할 수 있습니다. 흔히 교사를 가르치는 사람으로만 알고 있는데, 담임교사의 학습지도, 생활지도, 학급운영과 같은 일을 파악하며 전반적인 흐름을 익히는 것이 큰 도움이 됩니다. 또한, 담임교사는 주로 교실에 상주하며 아이들과 모든 시간을 보내는데, 쉬는 시간 및 점심시간, 청소시간 등 담임교사의 지도와 일과를 관찰하는 것은 큰 의미가 있습니다.

- 등·학교 시의 교사의 역할
- 학생 및 학부모와 상담 과정

⑧ 초등학교 교사의 전문성 이해

어떤 과정으로 담임교사가 수업을 준비하는지 관찰합니다. 수업 이면에 녹아든 교사의 고민을 읽는 것도 중요한 부분입니다.

- 교재 연구 및 수업 자료 준비
- 학급 분위기 조성 방법

⑨ 학급 환경 관찰

학급 뒷판, 앞판, 문, 여러 게시물을 통해 초등학교 학급 환경을 관찰합니다. 학년별 특성과 학급의 개성을 고스란히 잘 드러내는 것이 학급 환경입니다. 학급 환경에는 교사의 손길이 닿은 것도 있고, 아이들의 작품도 있습니다. 교사의 성격이나 학급의 성격을 잘 보여주기도 합니다. 깔끔한지, 자유로운지, 아이들의 의사를 존중하는지, 규칙이 바로 선 학급인지, 다양한 학급 환경을 둘러보며 선생님의 학급운영의 철학을 파악합니다.

- 학급의 물리적 환경에 대한 관찰
- 학급의 풍토에 대한 관찰

4. 학교 업무

⑩ 학교 환경 관찰

학교도 하나의 커다란 조직이고 시스템을 갖춘 공간입니다. 학교에서 하는 여러 회의도 경험하고, 학교에 소속된 교사 외의 일하시는 분들에 대한 파악도 학교 시스템을 이해하는 데 도움이 됩니다. 학교는 유기적이며 서로 협력하는 조직이고, 학교 안에 들어와 있는 방과후 활동이나 돌봄교실, 상담센터, 특별실 등도 둘러 볼 수 있습니다.

- 학교 시설의 충분성, 효율성, 적합성, 안전성, 심미성, 융통성, 개방성
- 교직원의 구성, 교직원의 역할, 교직원의 자격과 자질

⑪ 교내 · 외 각종 행사 관찰

학사 일정상 교내외 각종 행사와 실습 기간에 일정이 겹친다면 함께 참여하며 배웁니다. 현장체험학습을 함께 갈 수도 있고 체육대회나 학예회, 전시회 등을 함께 준비하고 체험할 수 있습니다.

- 교내 · 외 행사의 진행과정에 대한 관찰
- 교내 · 외 행사에 적극적인 참여

운영 프로그램

월/일(요일)	1일차	2일차	3일차	4일차	5일차
학교 행사					
시업 전	출석부 기록	■ 반 아이들과의 아침 인사 ■ 하루 일과 확인 및 준비	■ 반 아이들과의 아침 인사 ■ 하루 일과 확인 및 준비	■ 반 아이들과의 아침 인사 ■ 하루 일과 확인 및 준비	■ 반 아이들과의 아침 인사 ■ 하루 일과 확인 및 준비
1교시	개강식 및 실습 안내(실습부장)	지도교사 수업참관	지도교사 수업참관	지도교사 수업참관 및 보조	반 아이들과의 인사
2교시	[특강] 교직의 이해(교장)	지도교사 수업참관	지도교사 수업참관 및 보조	지도교사 수업참관 및 보조	
3교시	아이들과의 첫 만남	동 학년 교체 시범수업 참관	타 학년 교체 시범수업 참관	전체 시범수업 참관	감사와 격려의 시간
4교시	[특강] 학교 현황과 학교 탐방(교감)	[특강] 교사의 일상 (교사탐구생활)	학년별 교육실습생 협의회	시범수업 토크	폐강식 (설문조사, 수료기념 영상회) (실습부장)
5교시	[특강] 수업참관 방법	[특강] 교사생애주기별 안내	[특강] 학년별 학생 특성 (학생탐구생활)	토크콘서트 (교사 구성: 학년별, 경력별, 성별)	
6교시	학년별 교육실습생 협의회	[특강] 다양한 분야의 특성화된 교사 소개	실습생이 우선 경험한 것을 포스트잇에 정리·발표		
지도강화	■ 학급 소개 및 안내 ■ 수업 안내(다음 날 지도교사 수업 과목, 수업 관점, 수업 보는 방법 안내) ■ 실습록 작성 방법 안내 ■ 관찰 학생 지정 ■ 질의응답	■ 수업참관 소감 ■ 개별 학생 관찰 안내 ■ 실습록 작성	■ 수업참관 소감 ■ 개별 학생 관찰 나눔 (일자별 학생 분배, 수업 태도, 개별 특성, 감정 상태, 지원 방법)	■ 수업참관 소감 ■ 교대 생활과 실제 학교 현장과의 연계 ■ 현장 경험에 대한 나눔 소감 정리	■ 실습록 검토
비고					

운영팁(운영 노하우)

- 1학년 교육실습생들은 초등학교를 떠난 지 아주 오랜만에 초등학교를 다시 와서 모든 것이 신기하고 새롭습니다. 자신이 학교 다닐 때와 많은 것이 달라져서 놀라기도 합니다. 많은 것을 보고 경험할 기회를 제공해주세요.

- 이들은 아직 성인이 아닌 고등학생의 느낌이 나기도 합니다. 학교에서 갖춰야 할 기본적인 매너나 아이들을 대하는 태도나 방식에 대해서도 꼼꼼히 알려주세요. 1학년 교육실습생들은 사진을 찍는 것을 좋아합니다. 사진 찍을 기회를 주되 아이들 초상권에 관한 것도 안내하여 SNS에 무분별하게 게시하지 않도록 합니다.

- 참관실습은 본인 수업이 없기 때문에 교육실습생 4년 동안 가장 부담이 적은 시기이기도 합니다. 이 시기에 반 아이들과 함께 보드게임이나 각종 놀이를 하거나 학교 내부 및 외부를 산책하는 활동 등을 통해 초등학교 아이들과 대면할 수 있도록 해주세요. 반 아이들과 교육실습생들이 어울릴 시간을 많이 제공해주세요.

- 1학년 교육실습생들은 학교나 교사의 생활에 궁금한 점이 많습니다. 대화를 자주 하며 궁금증을 해소시켜 주세요. 특강이나 지도강화 시간은 토크 콘서트 형식으로 진행하는 것이 좋습니다.

- 수업참관이 주가 되는 실습이나 수업을 보는 관점이나 태도가 아직 익숙하지 않습니다. 수업에 대한 이야기를 참관하기 전후로 많이 나눠주세요.

2학년 수업실습Ⅰ _ 수업 입문 프로그램(2주, 수업 3시간)

운영 목표

1학년 참관실습 경험에서 한 걸음 더 나아가 수업에 대한 기초적인 이해를 바탕으로 직접 수업을 해본다. 교대에서 배운 이론과 실제를 접목시켜 수업 소양 능력을 기르는 데 목적을 둔다. 수업 철학부터 다양한 수업 운영 기술 등 수업과 관련된 각종 특강과 담당 지도교사 수업 보조(모둠별 지도 및 학습 상태 점검, 피드백 등) 역할 경험을 바탕으로 3시간 수업을 해보며 낯설기만 했던 수업에 대해 이해하게 되고 동기를 갖도록 한다.

운영 방침

① 실제 수업 운영의 기초 능력을 기를 수 있도록 수업의 참관, 학생 관찰 및 연수, 3회의 수업과 협의회로 운영한다.

② 교육과정의 전체 구조를 이해하고, 다루려고 하는 단원의 위계를 파악한다.

③ 수업의 흐름을 이해하고, 거기에 적절한 학습내용과 방법을 선정, 조직하는 능력을 기른다.

④ 계획에 차질이 없는 수업을 전개하는 능력을 기른다.

⑤ 수업과 학생에 대한 이해와 태도를 심화시킨다.

⑥ 적극적인 자세로 교과 수업을 관찰 및 분석하고 설계 원리를 익혀 실제 수업을 체계적으로 실시할 수 있도록 한다.

⑦ 평가의 결과를 반성적으로 숙고함으로써 반성적 실천가로서의 교사 자질을 함양한다.

운영 대상

: 교육대학교 2학년생

운영 기간

① 4월 3~4주 차(2주간, 10일)

② 2학년이 되면서 교대에서 본격적으로 교과교육론 강의를 듣게 됩니다. 1학기에 수업실습을 함으로써 실제 현장에서 수업이 어떻게 이루어지며 교대에서 배우는 교과교육론을 어떻게 현장에서 접목할 수 있는지를 생각해봄으로써 앞으로 교사가 되기 위해 어떻게 준비해나가야 할지 방향성을 가질 수 있도록 합니다.

운영 내용

1. 교수 학습 지도

① 수업 설계

교대에서 배운 수업 이론을 바탕으로 실제 수업을 하기 위해서는 탄탄한 준비 과정이 필요합니다. 이를 위해 좋은 수업에 대한 기초적 역량을 기를 수 있는 내용의 특강과 담임 멘토링을 실시합니다.

- '좋은 수업' 철학 세우기
- 수업의 원리 및 각종 수업 모형 이해
- 단원의 목표 및 계열, 단원 지도 계획 및 지도상 유의점
- 교재 연구 방법의 이해
- 학습자 출발점 행동 및 특성 파악
- 수업자 의도 정리, 수업 흐름 정리

- 학습 자료 종류 및 투입 시기 정리
- 평가 방법, 시기 등 계획 수립

② 교수 · 학습 과정안 작성

교수 · 학습 과정안을 처음 접하게 되므로 왜, 어떻게 작성하며 유의할 점이 무엇인지를 차근차근히 이해할 수 있도록 지도해야 합니다. 본 수업 실습에서는 3시간 수업의 구상안과 약안을 작성하고 지도교사는 세심하게 지도, 검토할 필요가 있습니다.

- 수업 과정 구상 및 구상안 작성
- 단원 개관 및 목표, 계열, 차시별 지도 계획, 단원 평가계획, 지도상 유의점, 학생 실태 분석 및 지도 대책, 수업자 의도 작성
- 본시 전개안 작성(자료 활용 및 평가 방법, 지도상의 유의점 제시)
- 과정중심평가 목표 및 방법, 평가 기준, 피드백 방법, 판서 계획, 학생 자리 배치 계획 제시

③ 교육과정의 이해

수업을 하기 위해서는 교육과정을 제대로 이해하고 교육과정을 보는 눈을 길러야 합니다. 기초적인 교육과정 문해력을 기를 수 있도록 2015 교육과정에 대한 전반적인 내용과 교과별 특성을 이해할 기회를 제공합니다.

- 2015 교육과정의 목표 및 중점사항, 편제
- 교과운영 및 이수시간
- 교과별 성격 및 목표, 성취기준, 내용, 지도 및 평가상 유의점

④ **수업 운영 기술**

수업 운영 기술이 수업의 성패를 가른다고 할 수 있습니다. 수업을 처음 하는 교육실습생들이 수업 운영 기술을 하나하나 익힐 수 있도록 세세하게 지도할 필요가 있습니다.

- 학습 분위기 조성 방법, 동기 유발 및 발문 전략
- 수업 구조 및 활동 형태(개인, 짝, 모둠, 전체)
- 강의, 실습, 소통 관리별 수업 기법
- 성취기준-교수 · 학습-평가의 관계 이해
- 수업 도입, 전개, 정리 단계별 활동 특성 및 방법, 유의점
- 수업 집중 및 발표 방법

⑤ **교수 · 학습 자료 활용**

수업에 필수적으로 활용되는 교수 · 학습 자료 역시 왜, 어떻게 활용해야 하는지 제대로 알고 사용할 때 더욱 효과적인 수업을 만들 수 있습니다.

- 교수 · 학습 자료의 종류 및 선택, 활용 방법
- 교수 · 학습 자료 제작 방법
- 교수 · 학습 자료 활용 시 유의점

⑥ **학습 평가**

평가의 목적과 종류, 방법 등을 제대로 이해하고 교육과정, 수업과 일체화된 평가를 할 수 있도록 평가를 제대로 이해하는 기회를 제공합니다.

- 평가 목적, 종류 및 방법, 평가계획 수립 방법 이해
- 평가 문항 작성 방법 이해

- 평가 실시 및 피드백, 결과 활용 방법
- 배움이 느린 학습자 지도 방법

2. 수업참관 및 전문성 신장

⑦ 지도교사 및 동료 교육실습생 수업참관

수업을 하기 전 지도교사의 다양한 수업을 참관하는 기회를 가짐으로써 수업을 보고 배우며 모델링할 수 있도록 합니다. 또한, 동료 교육실습생의 수업을 참관하며 배울 점과 나아갈 점을 찾아보며 함께 성장할 수 있도록 합니다.

- 담당 지도교사의 수업참관
- 교내 우수 수업 교사의 시범수업 참관
- '시범수업 참관 토크'로 시범수업 참관 소감 나누기 및 수업에 대한 협의

⑧ 수업 협의회

수업 전후 협의회를 활발하게 하며 함께 수업을 구상하고 성찰 및 발전할 수 있도록 합니다.

- 수업 전후 동 학년 교육실습생 간의 수업 공동 연구 및 협의
- 수업 전후 담당 지도교사와의 수업 연구 및 협의
- 수업의 좋았던 점을 바탕으로 수업의 개선 및 성장 방향 협의

⑨ 수업 보조 활동

처음 수업을 하면서 많은 우여곡절을 겪을 수 있기에 연습 경험이 필요합니다. 본격적으로 수업을 실시하기 전, 실습 첫 주에는 교육실습생별로 담당 학생을 배분하여 맡아 수학 문제 풀이 점검, 미술 활동 지원, 체육 놀이 활동 설명 등으로 지도교사 수업을 보조하면서 수업 경험을 쌓을 수 있도록 합니다.

- 교육실습생 간 담당 모둠 분담 및 모둠 활동 지원
- 배움이 느린 학습자 지원
- 학생 수업 활동 격려 및 활동 상태 점검
- 수업 중 평가 지원

⑩ 담임 멘토링

전체를 대상으로 하는 특강과 별도로 매일 7~8교시 담임 멘토링 시간을 갖도록 합니다. 이때는 긴밀하고 상세하게 수업과 학급운영에 대한 내용을 지도하며 특히 질의응답을 활발히 할 수 있도록 합니다.

- 교수ㆍ학습 과정안 작성 유의점 안내
- 학급 아이들이 좋아하거나 잘하는 수업 활동 소개
- 우리 학급 수업 운영 기술 소개
- 수업 자료 제작 유의점 및 수업 교구와 도구 소개 등

운영 프로그램

수업실습 Ⅰ _ 1주 차 운영 프로그램

월/일(요일)	4/13(월)	4/14(화)	4/15(수)	4/16(목)	4/17(금)
학교 행사					
시업 전		■반 아이들과의 아침 인사 ■하루 일과 확인 및 준비	■반 아이들과의 아침 인사 ■하루 일과 확인 및 준비	■반 아이들과의 아침 인사 ■하루 일과 확인 및 준비	■반 아이들과의 아침 인사 ■하루 일과 확인 및 준비
1교시	개강식 및 실습 안내(실습부장)	지도교사 수업참관	지도교사 수업참관 및 보조	지도교사 수업참관 및 보조	지도교사 수업참관 및 보조
2교시	[특강] 교사의 권리와 의무 (교감)	지도교사 수업참관	지도교사 수업참관 및 보조	지도교사 수업참관 및 보조	지도교사 수업참관 및 보조
3교시	아이들과의 첫 만남	동 학년 교체 시범수업 참관	타 학년 교체 시범수업 참관	전체 시범수업 참관	전체 시범수업 참관
4교시	[특강] 좋은 수업이란? & 수업 철학 세우기	[특강] 수업 관찰 및 성찰	[특강] 과목별 특성 및 지도 유의점 이해	시범수업 토크	시범수업 토크
5교시	[특강] 2015 교육과정 및 수업 설계 방법 이해	동 학년 교육실습생 수업 전 협의회 및 지도안 작성	동 학년 교육실습생 수업 전 협의회 및 지도안 작성	동 학년 교육실습생 수업 전 협의회 및 지도안 작성	동 학년 교육실습생 수업 전 협의회 및 지도안 작성
6교시	[특강] 교수 · 학습 과정안 (약안 및 구상안) 작성 방법	[특강] 놀이수업 활동	[특강] 수업운영기술(1) (발문, 동기 유발, 수업 집중 방법 등)	[특강] 수업운영기술(2) (강의법, -언어적 비언어적 기술, 자리 배치 등)	학년별 교육실습생 협의회
7~8교시 지도강화	■학급소개 및 안내 ■역할분담 및 수업 분배 ■실습록 작성 방법, 과정안 작성 안내	■수업참관 소감 나눔 ■학생 관찰 특성 ■실습록 작성 ■수업보조 방법 안내	■수업참관 및 보조 소감 나눔 ■학생 관찰 특성 ■실습록 작성 ■교육실습생 공개 수업 협의 및 지도 조언	■수업참관 및 보조 소감 나눔 ■학생 관찰 특성 ■실습록 작성 ■교육실습생 공개 수업 협의 및 교수 · 학습 구상안, 과정안 검토, 지도 조언	■수업참관 및 보조 소감 나눔 ■교수학습 과정안 1차 제출 및 검토, 지도조언 ■실습록 1차 검토
비고					

수업실습 I _ 2주 차 운영 프로그램

월/일(요일)	4/20(월)	4/21(화)	4/22(수)	4/23(목)	4/24(금)
학교 행사					
시업 전	■ 반 아이들과의 아침 인사 ■ 하루 일과 확인 및 준비	■ 반 아이들과의 아침 인사 ■ 하루 일과 확인 및 준비	■ 반 아이들과의 아침 인사 ■ 하루 일과 확인 및 준비	■ 반 아이들과의 아침 인사 ■ 하루 일과 확인 및 준비	교육실습 반성회
1교시	지도교사 수업참관 및 보조	수업 준비	수업 준비	수업 준비	반 아이들과의 인사
2교시	지도교사 수업참관 및 보조	교육실습생 수업 A	교육실습생 수업 B	교육실습생 수업 C	
3교시	동 학년 교육실습생 수업 전 협의회 및 수업 준비	교육실습생 수업 B	교육실습생 수업 C	교육실습생 수업 A	감사와 격려의 시간
4교시	수업 준비 및 자료 제작	교육실습생 수업 C	교육실습생 수업 A	교육실습생 수업 B	폐강식 (설문조사, 수료기념 영상회) (실습부장)
5교시	[특강] 과정중심평가와 교수평 일체화	수업 준비 및 자료 제작	수업 준비 및 자료 제작	실습록 정리 및 아이들과의 인사 활동 준비	
6교시	[특강] 학생활동중심 수업 활동(1) (협력학습, 토의 · 토론 등)	[특강] 학생활동중심 수업 활동(2) (연극, 그림책 활용 수업 등)	[특강] 놀이 및 체육 수업 활동		
7~8교시 지도강화	■ 수업참관 및 보조 소감 ■ 학생 관찰 특성 ■ 교육실습생 공개 수업 협의, 교수 학습 과정안 2차 제출 및 검토, 지도 조언 ■ 실습록 작성	■ 수업 검토회 - 수업 검토 및 지도조언 - 수업자 및 참관자, 수업 소감 및 질의응답 - 다음 수업 검토 및 지도 조언 ■ 실습록 작성	■ 수업 검토회 - 수업 검토 및 지도조언 - 수업자 및 참관자, 수업 소감 및 질의응답 - 다음 수업 검토 및 지도조언 ■ 실습록 작성	■ 수업 검토회 - 수업 검토 및 지도 조언 - 수업자 및 참관자, 수업 소감 및 질의응답 ■ 실습록 제출	
비고					

운영팁(운영 노하우)

- '내가 교육실습생, 신규 교사 시절 어떤 점이 궁금하고 어려웠나?'를 생각하며 그 내용을 바탕으로 지도하면 보다 만족스러운 내용으로 실습을 운영할 수 있습니다.

- 실습 시작 전 반 아이들과 '우리 반은 이런 반이예요'라는 주제로 간단한 글쓰기를 한 내용을 교육실습생들에게 보여주면 우리 학급의 특성을 이해하는 데 도움이 됩니다.

- 교육실습생들에게 보여줄 시범 수업은 교사의 수업 철학이 잘 나타나고 평소 교사가 자신 있는 수업, 학생들이 좋아하는 수업 운영 기술이 잘 반영된 학생 활동 중심의 수업(토의 · 토론, 연극, 놀이, 온 작품 읽기 등)을 하는 것이 좋습니다. 이러한 수업을 참관할 수 있게 하고 담임 멘토링 시간에 그 취지를 설명한다면, 교육실습생의 수업 준비에 도움이 됩니다.

- 교육실습생 수업 교과목 및 주제를 선정할 때, 성취기준과 수업 목표에 수업 내용과 방법이 명확하게 드러나며 학생들이 쉽고 즐겁게 참여할 만한 주제(속담 또는 관용 표현 알아보기, 탐구 수학 문제 만들기, 미술 작품 감상 등)로 선정하는 것이 좋습니다.

- 수업참관에서 중요한 것은 수업에 대한 관점을 가지고 수업에서 배울 점과 나아갈 점을 찾아보는 것이므로 실습록 작성에 부담을 갖지 않고 수업을 참관할 수 있도록 해야 합니다.

- 동료 교육실습생끼리 경쟁이 아닌 협력적인 관계를 형성할 수 있도록 함께 수업을 구상하고 자료를 준비하며 공동 지도안을 작성하게 한다면, 앞으로 교직에 나와서도 동료 교사와 '함께'하는 동반자가 될 수 있을 것입니다.

3학년 수업실습 II _ 수업 정교화 프로그램(3주, 수업 8시간)

운영 목표

2학년 실습에서는 수업이 어떤 것인지 경험을 하는 시기였다면, 3학년 수업실습은 수업에 대한 이해와 정교화 과정을 통해 수업의 전문성을 기르기 위한 토대를 마련하는 과정이다. 그러므로 교육실습생이 수업에 대한 독자적인 책임을 지고 전반적인 교수·학습 지도 과정을 체험함으로써 교과지도와 생활지도에 대한 수행 능력을 신장시키는 데 있다.

운영 방침

① 교육 활동 전반에 관한 관찰을 통해 담임교사의 역할을 인식하게 한다.
② 지도교사의 활동이나 업무의 일부를 지원하여 실제 교직 경험을 체득하게 한다.
③ 교육대학교에서 습득한 이론을 현장에 적용하며 확장시킨다.
④ 지도교사의 학급운영 모습과 사례를 분석하여 학급담임으로서 갖추어야 할 자질을 인식할 수 있도록 한다.
⑤ 학습 자료 제작 및 학습 기자재 사용을 통하여 자료 및 기자재를 활용법을 익히게 한다.
⑥ 교육평가 활동에 대한 참여를 통해 평가를 실시하는 의미와 방법을 배운다.

운영 대상

: 교육대학교 3학년생

운영 기간

① 10월 2~4주 차(3주간, 15일)

② 2~3학년 교대에서 학습한 교과별 수업 이론을 현장에서 이루어지는 실제 수업에 적용해 봄으로써 수업에 대한 이해와 전문성을 높이게 됩니다. 2학년 때보다 많은 수업을 계획하고 실행하며 수업을 깊이 있게 이해하게 됩니다.

운영 내용

1. 수업참관 방법의 이해

① 전문가 시범수업 및 지도교사의 일반 수업 관찰

좋은 수업을 보는 것은 좋은 수업을 하기 위한 필수 조건입니다. 3학년 수업실습은 실제로 수업을 하는 것에 초점이 맞추어져 있지만, 1주 차에 다양한 수업을 참관하는 기회를 통해 본인의 수업을 내실 있게 준비할 수 있도록 합니다.

- 본시 수업을 위한 수업자의 의도와 배움 목표 확인
- 수업 전개 및 교구 활용의 적절성
- 교수 용어 및 발문의 적절성
- 과제 제시의 적절성
- 교육과정–수업–평가의 일체화

② 창의적 체험활동 수업의 관찰

학교에서는 교과 수업 이외에 이루어지는 창의적 체험활동도 매우 중요합니다. 동아리 활동, 학생자치 활동 등을 참관함으로써 교과 수업을 참관하면서 배우지 못했던 것들을 익힐 수 있습니다.

- 창의적 체험활동의 특성 이해

• 창의적 체험활동(동아리 활동 및 학생자치 활동)의 진행 과정 관찰

2. 교수 · 학습 지도 전문성 신장

③ 수업 운영 기술

실제 수업에서 교육실습생들이 가장 어려워하는 것은 40분 수업을 이끌어가는 것입니다. 이를 위해서는 각 단계별로 적용할 수 있는 수업기술을 익히는 것이 중요합니다. 또한, 돌발상황이 발생했을 때 대처하는 방법도 수업기술을 통해서 배울 수 있습니다.

• 학습 분위기 조성 방법
• 동기 유발 방법 및 전략
• 수업 구조 및 활동 형태(개인, 짝, 모둠, 전체)
• 발문의 방법과 종류의 이해
• 수업 단계별 활동 특성 및 방법과 수업 기법의 이해
• 과정중심평가 및 피드백 방법
• 수업 도입, 전개, 정리 단계별 활동 특성 및 방법, 유의점
• 다양한 발표 방법
• 주의 집중 기술

④ 교수 · 학습 자료 활용

적절한 자료를 활용하면, 보다 효과적인 수업을 할 수 있습니다. 그러므로 교수 · 학습 자료를 선정하고 제작하여 활용하는 방법을 이해하는 것이 필요합니다.

• 교과의 특성과 내용에 맞는 교수 · 학습 자료 선정
• 수업 단계별 교수 · 학습 자료 활용 방법
• 교수 · 학습 자료 제작 방법

• 교수 · 학습 자료 활용 시 유의점

⑤ **학습 평가**

교육과정-수업-평가가 일체화될 수 있도록 수업내용에 알맞은 평가의 방법을 활용하는 것이 필요합니다.

• 평가 종류 및 방법 이해
• 평가계획 수립 방법 이해
• 평가 문항 작성 방법 이해
• 교육과정-수업-평가의 일체화
• 평가 실시 및 피드백, 결과 활용 방법

3. **교실 문화 만들기**

⑥ **학생 특성 관찰**

생활지도는 학생 개개인의 특성을 이해하는 것에서 시작합니다. 학생들에게 관심을 가지고 생활, 학습, 정서적, 측면에서 학생들을 면밀하게 관찰해야 합니다.

• 학생 개인 신체적, 정서적, 지적 발달 특성
• 학생의 요구와 필요
• 학생의 교사에 대한 태도
• 등 · 하교 상황 및 감정 상태
• 일과표에 따른 하루 생활 습관
• 수업시간, 쉬는 시간, 점심시간 생활 모습
• 개인 역할 및 책임성
• 학급 내 관계 파악
• 교우 관계가 이루어지는 장소 및 시간

• 교우 관계를 맺는 방법

⑦ 교사 학급운영 방식

교실은 교사와 학생이 함께 살아가는 공간입니다. 이 공간에서 교사와 학생은 서로 상호작용하며 관계를 맺습니다. 아이들과의 좋은 관계 맺음은 따뜻한 공동체로 다져진 교실 문화를 만드는 밑거름입니다.

• 교사의 강점과 약점 이해
• 학급에서 교사의 역할
• 학생을 바라보는 관점
• 내가 생각하는 교실의 모습
• 학급운영시스템

4. 기본 소양 및 자질

⑧ 전문직으로서의 능력

교사는 전문직입니다. 교육 전문가로서의 소양을 갖추기 위하여 다양한 분야의 지식을 갖추는 것이 필요합니다. 끊임없는 자기 연찬의 과정과 배움 앞에 겸손한 자세는 교사가 갖추어야 할 미덕입니다.

• 교육 이론의 현장 적용과 교육 현장 해석
• 다양한 교육 이론과 교육의 철학적 이해를 바탕으로 학생 관찰

운영 프로그램

월/일(요일)	10/12(월)	10/13(화)	10/14(수)	10/15(목)	10/16(금)
학교 행사					
시업 전		■ 반 아이들과의 아침 인사 ■ 하루 일과 확인 및 준비	■ 반 아이들과의 아침 인사 ■ 하루 일과 확인 및 준비	■ 반 아이들과의 아침 인사 ■ 하루 일과 확인 및 준비	■ 반 아이들과의 아침 인사 ■ 하루 일과 확인 및 준비
1교시	개강식 및 실습 안내 (실습부장)	지도교사 수업참관	지도교사 수업참관 및 보조	지도교사 수업참관 및 보조	수업 준비
2교시	[특강] 수업실습의 자세 (교장)	지도교사 수업참관	지도교사 수업참관 및 보조	지도교사 수업참관 및 보조	교육실습생 A
3교시	아이들과의 첫 만남	동 학년 교체 시범 수업 참관	타 학년 교체 시범 수업 참관	전체 시범수업 참관	교육실습생 B
4교시	[특강] 내가 생각하는 좋은 수업	[특강] 따뜻한 공동체 교실 문화 만들기	[특강] 관계 향상 놀이교실	시범수업 토크	교육실습생 C
5교시	[특강] 교육과정 문해력 기르기	동 학년 교육실습생 수업 전 협의회 및 지도안 작성	동 학년 교육실습생 수업 전 협의회 및 지도안 작성	동 학년 교육실습생 수업 전 협의회 및 지도안 작성	동 학년 교육실습생 수업 전 협의회 및 지도안 작성
6교시	[특강] 교수 · 학급 과정안 작성의 실제(세안)	[특강] 체계적 교수법(1) – 도입, 기본 강의법	[특강] 체계적 교수법(2) – 전개, 학생활동 및 상호작용하기	[특강] 체계적 교수법(3) – 복습 정리 및 평가	[특강] 의사소통 기법
7~8교시 지도강화	■ 학급 및 학생의 이해 ■ 담임교사 수업 안내(과목, 수업자의 의도, 수업 참관 방법) ■ 교육실습생 수업 분배 ■ 관찰 학생 지정 ■ 교수 · 학습 과정안 작성 유의점 안내 ■ 실습록 작성 방법 안내 ■ 질의응답	■ 특강에서 배운 한 가지 ■ 수업참관 소감 (담임수업, 시범수업) ■ 수업 보조 방법 안내 ■ 학급 아이들의 수업 특성 소개	■ 특강에서 배운 한 가지 ■ 담임 수업참관 및 보조 소감 ■ 시범수업 참관 소감 ■ 교육실습생 수업 사전협의 및 지도 조언 ■ 담임과 아이들의 수업 시간 소통 기술 및 약속 안내 ※ 개별 학생 관찰 나눔	■ 특강에서 배운 한 가지 ■ 담임 수업참관 및 보조 소감 ■ 시범수업 참관 소감 ■ 교육실습생 수업 시연 및 지도 조언 ■ 교수 · 학습 과정안 검토 및 지도 조언 ■ 수업 자료 제작 유의점 및 수업 교구와 도구 소개	■ 교육실습생 수업 사후 협의 ■ 교육실습생수업 사전 협의 및 지도 조언 ■ 교수 · 학습과정안 검토 및 지도 조언 ■ 한 주를 보낸 소감 나누기 ■ 실습록 검토 ※ 개별 학생 관찰 나눔
비고					

월/일(요일)	10/19(월)	10/20(화)	10/21(수)	10/22(목)	10/23(금)
학교 행사					
시업 전		■반 아이들과의 아침 인사 ■하루 일과 확인 및 준비	■반 아이들과의 아침 인사 ■하루 일과 확인 및 준비	■반 아이들과의 아침 인사 ■하루 일과 확인 및 준비	■반 아이들과의 아침 인사 ■하루 일과 확인 및 준비
1교시	지도교사 수업참관 및 보조	수업 준비	수업 준비	수업 준비	수업 준비
2교시	지도교사 수업참관 및 보조	교육실습생 A	교육실습생 B	교육실습생 C	교육실습생 A
3교시	전체 시범수업	교육실습생 B	교육실습생 C	교육실습생 A	교육실습생 B
4교시	시범수업 토크	교육실습생 C	교육실습생 A	교육실습생 B	교육실습생 C
5교시	수업 준비 및 자료 제작	수업 준비 및 자료 제작	수업 준비 및 자료 제작	수업 준비 및 자료 제작	수업 준비 및 자료 제작
6교시	[특강] 교사 자기 이해	[특강] 학급문제 해결기술	[특강] 온 작품 읽기	[특강] 특수학생의 이해	학년별 교육실습생 협의회
7~8교시 지도강화	■특강에서 배운 한 가지 ■시범수업 참관 소감 ■교육실습생 수업 시연 및 지도 조언 ■교수 · 학습 과정안 검토 및 지도 조언 ■수업 운영 및 학생 활동 지도 방법 소개	■특강에서 배운 한 가지 ■교육실습생 수업 사후 협의 ■교육실습생 수업 시연 및 지도 조언 ■교수 · 학습 과정안 검토 및 지도 조언 ※개별 학생 관찰 나눔	■특강에서 배운 한 가지 ■교육실습생 수업 사후 협의 ■교육실습생 수업 시연 및 지도 조언 ■교수 · 학습 과정안 검토 및 지도 조언 ※개별 학생 관찰 나눔	■특강에서 배운 한 가지 ■교육실습생 수업 사후 협의 ■교육실습생 수업 시연 및 지도 조언 ■교수 · 학습 과정안 검토 및 지도 조언 ※개별 학생 관찰 나눔	■특강에서 배운 한 가지 ■교육실습생 수업 사후 협의 ■교수 · 학습 과정안 검토 및 지도 조언 ■한 주를 보낸 소감 나누기 ■실습록 검토 ※개별 학생 관찰 나눔
비고					

월/일(요일)	10/26(월)	10/27(화)	10/28(수)	10/29(목)	10/30(금)
학교 행사					
시업 전	■반 아이들과의 아침 인사 ■하루 일과 확인 및 준비	■반 아이들과의 아침 인사 ■하루 일과 확인 및 준비	■반 아이들과의 아침 인사 ■하루 일과 확인 및 준비	■반 아이들과의 아침 인사 ■하루 일과 확인 및 준비	교육실습 반성회
1교시	전체 시범수업	수업 준비	수업 준비	수업 준비	반 이이들과의 인사
2교시	시범수업 토크	교육실습생 A	교육실습생 B	교육실습생 C	
3교시	전체 시범수업	교육실습생 B	교육실습생 C	교육실습생 A	감사와 격려의 시간
4교시	시범수업 토크	교육실습생 C	교육실습생 A	교육실습생 B	폐강식 (설문조사, 수료기념 영상회)
5교시	수업 준비 및 자료 제작	수업 준비 및 자료 제작	실습소감 영상 제작 및 편집	실습록 작성 및 아이들과 인사 활동 준비	
6교시	[특강] 학교폭력 예방교육	[특강] 보건 및 성교육		실습평가 토론회 (퍼실리테이션)	
7~8교시 지도강화	■특강에서 배운 한 가지 ■시범수업 참관 소감 ■교육실습생 수업 시연 및 지도 조언 ■교수·학습 과정안 검토 및 지도 조언 ■교육과정을 가르친다는 것의 의미	■특강에서 배운 한 가지 ■교육실습생 수업 사후 협의 ■교육실습생 수업 시연 및 지도 조언 ■교수·학습 과정안 검토 및 지도 조언 ※개별 학생 관찰 나눔	■특강에서 배운 한 가지 ■교육실습생 수업 사후 협의 ■교육실습생 수업 시연 및 지도 조언 ■교수·학습 과정안 검토 및 지도 조언 ※개별 학생 관찰 나눔		
비고					

운영팁(운영 노하우)

- 3학년 실습은 교사의 필수요소인 수업에 방점을 찍는 실습입니다. 2학년 때 비해 많아진 수업 때문에 교육실습생들이 많이 부담스러워 합니다. 부담을 내려놓고 편안하게 수업할 수 있도록 철저한 사전 수업 협의가 매우 중요합니다.

- 수업을 하면서 교육실습생들이 가장 어려워하는 부분은 40분 수업을 이끌어 가는 것입니다. 단계별로 사용할 수 있는 수업 기술과 활동 방법을 목록화하여 구체적으로 지도 조언을 해주는 것이 필요합니다.

- 40분 수업이 어떻게 흘러가는지 전체적인 시나리오를 짜 보는 것은 수업의 흐름을 이해하는 데 많은 도움이 됩니다. 교수·학습과정안과 시나리오는 다릅니다. 시나리오는 자신의 말로 수업을 풀어내는 과정이어서 시나리오를 작성해보며 실제 수업이 어떻게 이루어질지 구체적으로 예상해볼 수 있습니다.

- 본인 수업이 있기 전날 담임교사와 교육실습생을 앞에서 5분 수업 시연을 해보는 것이 좋습니다. 간단한 수업 시연을 통해 수업을 할 때 나타나는 습관, 말투, 몸짓, 시선 처리와 같은 형식적인 부분을 확인해볼 수 있습니다.

- 담임교사가 교육실습생들에게 수업을 배당할 때는 다양한 과목의 수업을 해볼 수 있도록 하는 것이 좋습니다. 초등교사는 한 과목만을 가르치는 것이 아니므로 여러 과목을 수업하는 기회를 통해 각 교과의 특성을 실제로 느껴보는 것이 나중에 현장에 나갔을 때 큰 도움이 됩니다.

- 수업 사후 협의 시 수업에 대한 피드백을 할 때는 각 교육실습생이 가지고 있는 강점을 부각시켜서 이야기해주어야 합니다. 왜냐하면, 개인의 특성에 따라 같은 내용을 가르치더라도 서로 다른 수업 스타일이 나타날 수 있기 때문입니다. 그러므로 수업자의 강점을 살려 자신의 수업 방식을 만들 수 있는 초석을 마련해준다면 수업에 대한 자신감을 가질 수 있습니다.

- 교육과정을 분석하여 한 차시 수업을 구상할 때는 수업을 통해 학생들과 나누고 싶은 이야기가 무엇인지를 분명하게 파악하고 그것을 어떻게 전달할지 방법을 구상하는 것이 매우 중요합니다. 이 과정에서 지도교사뿐만 아니라 교육실

습생들이 협력하여 수업을 고민할 기회를 많이 만들어주는 것이 필요합니다.

4학년 수업실무실습 _ 수업 심화 프로그램(3주, 수업 9시간)

운영 목표

4학년 수업실무실습은 전 학년의 교육실습과 배운 이론을 토대로 터득한 교과 수업의 원리를 심화 적용해보며 수업 이외의 생활지도, 학급운영, 교직 실무를 경험함으로써 학교 현장에 대한 이해를 증진시키고 실전 준비를 한다.

운영 방침

① 수업의 참관, 학생 관찰 및 연수 위주로 운영한다.

② 참관할 내용과 방법을 미리 계획하여 세밀하고 핵심적인 내용을 파악하도록 한다.

③ 방관적인 태도를 지양하고 긍정적인 자세와 적극적인 참여로 지도교사의 교수 활동과 학생의 학습 활동을 돕는다.

④ 참관 내용은 지도교사의 지도를 받아 체계적으로 기록하여 참고 자료가 되도록 한다.

⑤ 객관적으로 기록 내용을 작성하며, 그에 따르는 적절한 해석과 판단을 한다.

⑥ 자신의 교육자적 자질을 검토·확인하는 기회로 삼는다.

운영 대상

: 교육대학교 4학년생

운영 기간

① 6월 1~3주 차(3주간, 15일)

② 4학년은 임용고사 준비로 부담이 많으며 체력적으로 지치기 쉬운 시기입니다. 1학기 중간고사 직후로 운영하는 것이 바람직합니다.

운영 내용

1. 수업참관 및 협의

① 우수 수업 교사의 시범수업 참관

학년별 혹은 교과별로 대표 교사가 여러 교육실습생을 대상으로 수업을 보여줍니다. 각 교과의 특성에 알맞게 형식과 내용이 두루 잘 갖춰진 준비된 질 좋은 수업을 통해 좋은 수업이 어떤 것인지 보고 배웁니다. 또한, 4학년 교육실습생들은 교원임용시험 평가 과목인 영어 수업을 보고 싶어 합니다. 그러므로 우수 수업 교사 시범수업 계획 시 영어 혹은 예체능 교과에 대한 수업도 빠짐없이 볼 수 있도록 선정하는 것이 좋습니다.

- 수업 전개 및 교구 활용의 적절성
- 교수 용어 및 발문의 적절성
- 과제 제시의 적절성
- 교과별 수업의 특성

② 우수 수업 교사의 시범수업 토크

수업을 하기 전 대표 교사의 다양한 수업을 참관하며 모델링할 수 있도록 합니다. 또한, 수업 후 동료 교육실습생과 시범 수업 교사와 함께 궁금한 점을 묻고 답하며 배울 점과 나아갈 점을 찾아보고 함께 성장할 수 있도록 합니다.

- 시범수업 참관 소감 나누기
- 수업자 의도 파악하기
- 궁금한 점, 배울 점, 나아갈 점 협의하기

③ 지도교사 및 동료 교육실습생 일반 수업 참관

수업 참관을 하며 자신의 수업 준비에 필요한 점을 참고하도록 합니다.

- 학습자 특성 파악
- 수업 전개 및 교구 활용의 적절성
- 교수 용어 및 발문의 적절성
- 과제 제시의 적절성

④ 창의적 체험활동 수업의 관찰

교과 수업 이외에 다양한 창의적 체험활동의 사례들을 살펴보며 현장에서의 수업을 준비합니다.

- 창의적 체험활동의 특성 이해 및 진행 과정 관찰
- 창의적 체험활동 수업 활동 준비

⑤ 수업 협의회

수업 전후 협의회를 활발하게 하며 함께 수업을 구상하고 성찰 및 발전할 수 있도록 합니다. 동료 교육실습생, 지도교사와 수업을 공동 연구하면 수업을 계획하고 전개하는 능력이 더 크게 향상될 수 있습니다.

- 수업 전후 동 학년 교육 실습생 간의 수업 공동 연구 및 협의
- 수업 전후 담당 지도교사와의 수업 연구 및 협의

• 수업의 좋았던 점을 바탕으로 수업의 개선 및 성장 방향 협의

⑥ 수업 보조 활동

지도교사 또는 동료 교육실습생 수업을 보조하면서 다양한 수업 경험을 쌓을 수 있습니다. 또한, 적은 수의 아이들과 수업 중 일대일 관계를 형성하며 학생들의 특성을 파악할 기회를 가질 수 있습니다.

• 교육 실습생 간 담당 모둠 분담 및 모둠 활동 지원
• 배움이 느린 학습자 지원
• 학생 수업 활동 격려 및 활동 상태 점검
• 수업 중 평가 지원

⑦ 담임 멘토링

전체를 대상으로 하는 특강과 별도로 매일 7~8교시 담임 멘토링 시간을 가지며 보다 긴밀하고 상세하게 수업과 학급운영에 대한 내용을 지도하며 특히 질의응답을 활발히 할 수 있도록 합니다.

• 교수 · 학습과정안 작성 및 활동 유의점 안내
• 수업 협의

2. 교수 · 학습 지도 및 전문성 향상

⑧ 수업참관 및 수업 분석법

4학년 실습에서는 교육실습생들이 가장 많은 수업을 참관하고 직접 실습하게 됩니다. 교대에서 배운 이론과 3년간 쌓아온 실전 경험을 바탕으로 여러 수업을 참관하며 수업을 분석하고 자신의 수업에도 분석 방식을 적용할 수 있는 반성적 능력을 기를 수 있도록 해야 합니다.

- 수업 단계별 지도 계획의 적절성
- 발문과 상호작용
- 학습 자료 제작 및 수업 도구의 활용
- 수업 활동 평가 및 피드백 계획

⑨ 학생 참여형 수업 방법

공부가 힘들고 지치는 학생들이 스스로 흥미를 느끼며 참여할 수 있는 다양한 수업 사례를 알아보고 자신의 수업에 알맞게 활용할 수 있도록 합니다.

- 스마트기기 활용 교육
- 놀이교육
- 체험 중심 교육

⑩ 배움이 느린 부진 학생 지도법

수업의 흐름에 집중하여 수업을 계획하거나 실행하다 보면 배움이 느린 학생들을 놓치기 쉽습니다. 배움이 느린 학생들의 다양한 사례를 살펴보고 학습에 참여시키거나 도울 수 있는 다양한 방법에 대한 이해가 필요합니다.

- 학습 부진의 의미
- 학습 부진 사례와 부진 해소 방법 공유

⑪ 교육과정 재구성

짧은 실습 기간 동안 경력 많은 현직 교사도 어려워하는 교육과정 재구성을 실제로 계획하고 실행하기에는 현실적인 어려움이 따릅니다. 교육과정과 학습자, 학습 환경에 대한 전반적인 이해를 바탕으로 재구성한 사례들을 소개하며 교육과정 재구성의 의미를 이해하고 동기를 유발하는 정도가 적당할 것입니다.

⑫ 교사 전문성 향상과 학습공동체

해외 교원양성제도 사례를 살펴보면, 교사의 전문성 향상을 위해 오랜 시간 투자를 아끼지 않습니다. 교사는 교육하는 사람으로 끊임없는 자기 전문성 개발을 필요로 합니다. 교원 연수뿐만 아니라 자발성과 동료성을 바탕으로 교육 활동 중심의 다양한 분야를 공동으로 연구·실천하는 학습공동체가 있음을 아는 것이 차후 교사로서 성장에 큰 도움이 될 것입니다.

3. 학급운영 및 생활지도

⑬ 저학년, 고학년 학생 특성의 이해

초등교사의 경우 1~6학년까지 여러 발달 단계에 있는 학생들을 지도합니다. 1학년과 6학년 학생들의 특성과 그에 따른 학급운영 및 생활지도 방식은 분명 차이가 있습니다. 대학에서 배운 발달단계별 특성 이론에 더불어 현장 교사의 경험과 사례를 함께 살펴볼 필요가 있습니다.

⑭ 학급운영시스템

대부분의 초등교사는 한 학급의 담임으로서 학급을 책임지고 운영, 관리하게 됩니다. 등교부터 하교까지 무수히 많은 일이 일어나는 교실에서 초임 교사가 흔들리지 않고 학급을 운영하는 데 선배 교사들의 학급운영 노하우가 필요합니다.

• 만남과 헤어짐의 인사

• 공동체 문화 만들기

• 생활 절차

• 학생자치와 학급 규칙 세우기

• 학생 문제 해결의 단계

• 교사 문제 해결의 방법

• 학생 및 학부모 상담 유형 및 실제

⑮ 학급긍정훈육법(PDC)

많은 초임 교사가 처음 학급을 운영할 때, 마냥 친절한 교사가 될 것인지 아니면 무섭고 단호한 교사가 될 것인지를 고민합니다. 아들러 심리학에 기반을 둔 학급 긍정훈육법은 친절하면서도 단호한 교사가 되는 데 큰 도움이 됩니다.

- 친절함과 단호함
- 행동 아래 감춰진 신념
- 소속감과 자존감
- 행복하고 민주적인 교실을 위한 기술들

4. 학교 업무

교사는 수업과 학생 생활지도 이외에도 다양한 행정업무를 수행합니다. 학교에서 교사가 담당하는 업무에는 어떤 것들이 있는지 알아보고 사무 처리에 필요한 업무포털시스템 사용법과 공문서 작성 및 관리법을 실무실습에서 지도할 필요가 있습니다.

- 교육행정전자서명 인증서 발급 및 보관
- 학적업무 처리 및 학교생활기록부 관리
- 업무 처리 관련 용어의 이해
- 업무포털(NEIS, K-에듀파인) 사용법
- 공문서 작성 및 관리

운영 프로그램

월/일(요일)	6/1(월)	6/2(화)	6/3(수)	6/4(목)	6/5(금)
학교 행사					
시업 전		■ 반 아이들과의 아침 인사 ■ 하루 일과 확인 및 준비	■ 반 아이들과의 아침 인사 ■ 하루 일과 확인 및 준비	■ 반 아이들과의 아침 인사 ■ 하루 일과 확인 및 준비	■ 반 아이들과의 아침 인사 ■ 하루 일과 확인 및 준비
1교시	개강식 및 실습 안내 (실습부장)	지도교사 수업참관	지도교사 수업참관 및 보조	지도교사 수업참관 및 보조	수업 준비
2교시	[특강] 내가 꿈꾸는 나의 교실	지도교사 수업참관	지도교사 수업참관 및 보조	지도교사 수업참관 및 보조	교육실습생 수업 A
3교시	아이들과의 첫 만남	[특강] 교육과정–수업–평가의 일체화	동 학년 교체 시범수업 참관(시범수업)	전체 시범수업 참관 (영어)	교육실습생 수업 B
4교시	[특강] 수업참관 및 수업 분석법	[특강] 저학년·고학년 학생 특성의 이해	타 학년 교체 시범수업 참관 (시범수업)	시범수업 토크(영어)	교육실습생 수업 C
5교시	[특강] 학생 참여형 수업	동 학년 교육실습생 수업 전 협의회 및 지도안 작성	동 학년 교육실습생 수업 전 협의회 및 지도안 작성	동 학년 교육실습생 수업 전 협의회 및 지도안 작성	동 학년 교육실습생 수업 전 협의회 및 지도안 작성
6교시	[특강] 배움이 느린 부진 학생 지도법 (발문, 평가, 피드백)	[특강] 학급운영시스템1 (아침 열기, 공동체 놀이 등)	[특강] 학급운영시스템2 (교사 문제해결단계)	[특강] 학급운영시스템3 (학생 문제해결단계)	학년별 교육실습생 협의회
7~8교시 지도강화	■ 학급소개 및 안내 ■ 역할 분담 및 수업 분배 ■ 실습록 작성 방법, 과정안 작성 안내	■ 수업참관 소감 ■ 학생 관찰 특성 ■ 실습록 작성 ■ 수업보조 방법 안내	■ 수업참관 소감 ■ 학생 관찰 특성 ■ 실습록 작성 ■ 교육실습생 공개수업 협의 및 지도 조언	■ 수업참관 및 보조 소감 ■ 학생 관찰 특성 ■ 실습록 작성 ■ 교육실습생 공개수업 협의 및 교수·학습 구상안, 과정안 검토, 지도 조언	■ 수업참관 및 보조 소감 ■ 교수학습 과정안 1차 제출 및 검토, 지도 조언 ■ 실습록 1차 검토
비고					

월/일(요일)	6/8(월)	6/9(화)	6/10(수)	6/11(목)	6/12(금)
학교 행사					
시업 전	■반 아이들과의 아침 인사 ■하루 일과 확인 및 준비	■반 아이들과의 아침 인사 ■하루 일과 확인 및 준비	■반 아이들과의 아침 인사 ■하루 일과 확인 및 준비	■반 아이들과의 아침 인사 ■하루 일과 확인 및 준비	■반 아이들과의 아침 인사 ■하루 일과 확인 및 준비
1교시	전체 시범수업	수업 준비	수업 준비	수업 준비	수업 준비
2교시	시범수업 토크	교육실습생 수업 A	교육실습생 수업 B	교육실습생 수업 C	교육실습생 수업 A
3교시	전체 시범수업	교육실습생 수업 B	교육실습생 수업 C	교육실습생 수업 A	교육실습생 수업 B
4교시	시범수업 토크	교육실습생 수업 C	교육실습생 수업 A	교육실습생 수업 B	교육실습생 수업 C
5교시	[특강] 학급긍정훈육법 (PDC)	수업 준비 및 자료 제작	수업 준비 및 자료 제작	수업 준비 및 자료 제작	창체수업참관 (동아리)
6교시	[특강] 학생, 학부모 상담의 유형과 실제	[특강] 사례 중심으로 살펴보는 교육과정 재구성	[특강] 학생 자치	[특강] 교사 전문성 향상과 학습공동체	창체수업참관 (동아리)
7~8교시 지도강화	■수업참관 및 보조 소감 ■학생 관찰 특성 ■교육실습생 공개 수업 협의, 교수 학습 과정안 2차 제출 및 검토, 지도 조언 ■실습록 작성	■수업 검토회 －수업 검토 및 지도 조언 －수업자 및 참관자, 수업 소감 및 질의응답 －다음 수업 검토 및 지도 조언 ■실습록 작성	■수업 검토회 －수업 검토 및 지도조언 －수업자 및 참관자, 수업 소감 및 질의응답 －다음 수업 검토 및 지도 조언 ■실습록 작성	■수업 검토회 －수업 검토 및 지도 조언 －수업자 및 참관자, 수업 소감 및 질의응답 ■실습록 제출	
비고					

월/일(요일)	6/15(월)	6/16(화)	6/17(수)	6/18(목)	6/19(금)
학교 행사					
시업 전	■ 반 아이들과의 아침 인사 ■ 하루 일과 확인 및 준비	■ 반 아이들과의 아침 인사 ■ 하루 일과 확인 및 준비	■ 반 아이들과의 아침 인사 ■ 하루 일과 확인 및 준비	■ 반 아이들과의 아침 인사 ■ 하루 일과 확인 및 준비	교육실습 반성회
1교시	수업 준비	수업 준비	수업 준비	수업 준비	반 아이들과의 인사
2교시	교육실습생 수업 A	교육실습생 수업 B	교육실습생 수업 C	교육실습생 수업 A	
3교시	교육실습생 수업 B	교육실습생 수업 C	교육실습생 수업 A	교육실습생 수업 B	감사와 격려의 시간
4교시	교육실습생 수업 C	교육실습생 수업 A	교육실습생 수업 B	교육실습생 수업 C	폐강식(설문조사, 수료 기념 영상회) (실습부장)
5교시	수업 준비 및 자료 제작	수업 준비 및 자료 제작	수업 준비 및 자료 제작	실습록 작성 및 아이들과의 인사 활동 준비	
6교시	[특강] NEIS, 업무포털 사용법	[특강] 공문서 작성 및 관리	실습 소감 영상 제작 및 반성		
7~8교시 지도강화	■ 수업참관 및 보조 소감 ■ 학생 관찰 특성 ■ 교육실습생 공개 수업 협의, 교수 학습 과정안 2차 제출 및 검토, 지도 조언 ■ 실습록 작성	■ 수업 검토회 – 수업 검토 및 지도 조언 – 수업자 및 참관자, 수업 소감 및 질의응답 – 다음 수업 검토 및 지도 조언 ■ 실습록 작성	■ 수업 검토회 – 수업 검토 및 지도조언 – 수업자 및 참관자, 수업 소감 및 질의응답 – 다음 수업 검토 및 지도 조언 ■ 실습록 작성	실습평가 토론회 (퍼실리테이션)	
비고					

운영팁(운영 노하우)

- 4학년 교육실습생의 경우 다른 학년과 달리 임용시험에 대한 부담감과 압박감이 있습니다. 수업실무실습을 통하여 이론서에서 배운 교육학, 교육과정에 대한 내용을 경험을 통해 깨닫고 이해할 수 있도록 지도교사의 안내가 필요합니다.

- 2~3학년 수업실습을 하는 동안 해보지 않았던 다양한 교과목을 해볼 수 있도록 수업 지도 계획 시 고려가 필요합니다. 교육실습생이 여러 과목 수업을 할 수 없는 환경이라면 다양한 과목을 참관할 수 있도록 고려해주세요. 특히 영어 교과 수업 실연의 경우 대부분의 지역에 임용시험 2차 과목으로 들어가므로 직접 해보거나 수업참관을 하는 것이 좋습니다.

- 4학년 실무실습은 실무에 대한 경험을 쌓을 수 있는 마지막 기회입니다. 현직 교사에게는 당연한 일들이 실무에 대한 경험이 없는 신규 교사들에게는 공문 접수 하나, 기안 결재 하나가 큰 두려움으로 다가올 수 있습니다. 실무 관련 용어나 시스템과 메뉴얼을 이해하는 것만으로도 현직에 나갔을 때 큰 도움이 됩니다.

- 4학년 수업실습은 1~3학년 동안 실습에 참여한 경험을 바탕으로 이루어집니다. 지난 수업실습이 성공 경험으로 남아 있을 수도 있지만, 지우고 싶은 실패의 기억으로 남아 있을 수도 있습니다. 또한, 지도안 작성이나 수업 실행력에서 실습생 간 편차가 있을 수도 있으며, 현직 교사의 눈으로 보았을 때 부족한 부분이 많이 있을 수도 있습니다. 하지만 누구나 처음은 어렵고 미숙합니다. 지도교사와 함께하는 지도강화 시간을 통해 교육실습생과 먼저 래포를 형성하고 따끔한 조언보다는 격려와 칭찬으로 성장할 수 있도록 도와주는 것이 좋습니다. 그리고 한꺼번에 너무 많은 지도사항을 제시하기보다는 한두 가지 정도에 초점을 맞추어 다음 수업 때 직접 해볼 수 있도록 안내해주세요.

제4부

교육실습 운영 Q&A

제4부 교육실습 운영 Q&A는 교육실습생이 궁금한 질문에 대한 답변들, 처음 교육실습생을 지도하는 교사들이 궁금한 질문에 대한 답변들, 교육실습을 총괄 운영하는 실습부장이 궁금한 질문과 답변들, 실습지도교사들이 바라는 내용들, 교육실습 운영을 위한 각종 서식을 담았습니다. 누구나 처음 접하는 것들에 대한 두려움과 어려움이 있는데, 그에 대한 고민과 궁금증을 모아서 답변들을 정리해보았습니다.

1장

교육실습생이 궁금한 31가지

학습지도 노하우

1. 수업 준비는 언제 어떻게 하시나요?

학생들이 하교한 후에 수업 연구를 합니다. 동 학년 선생님끼리 좋은 자료가 있으면 공유하기도 하고, 다양한 협의회나 전문적 학습공동체를 통해 좋은 아이디어를 공유해요. 또, 공개수업을 하면서 선생님들의 수업에 대한 배움을 얻을 수도 있습니다.

2. 수업을 잘 따라가지 못하는 학생은 어떻게 지도하나요?

학생들의 학업 성취 수준과 학교별로 지도 방법에 따라 조금 차이가 있을 것 같습니다. 배움이 느린 학생을 담임 책임 하에 지도하는 것은 기본적으로 같습니다. 그에 더하여 수업시간에 조금 더 지도를 해주거나 학생과 협의 하에 쉬는 시간, 점심시간 혹은 방과 후 시간 및 숙제 등으로 부족한 부분을 지도할 수 있습니다. 또한, 학교에 따라서는 학년에서 지도 대표 선생님을 과목별로 선정하여 지도하기도 합니다.

3. 저학년은 수업하는 도중에 질문하러 나오는 학생이 많았습니다. 그런 아이들은 어떻게 지도해야 하나요?

선생님마다 방법은 다릅니다만, 보통 수업 중 지켜야 할 일에 대해서 학생들과 지속적으로 이야기를 나눕니다. 그런데도 수업 중에 교사에게 나오는 아이가 있다면, 학생과 손가락 약속을 정하여 자신의 행동을 알아차리게 합니다. 가령, 검지를 들면 다시 자리로 돌아가도록 약속하는 것입니다. 이렇게 반복해서 약속하고 상기시키다 보면 잘못된 행동이 줄어듭니다.

4. 고학년은 발표를 잘 안하려고 하더라고요. 발표를 더 많이 시키려면 어떻게 해야 하나요?

고학년은 사춘기에 접어들면 다른 친구들 앞에서 튀는 행동을 하지 않으려는 경향이 있습니다. 그래서 발표도 줄어들고요. 억지로 발표를 시키기란 정말 어려워요. 그래서 학기 초부터 틀려도 괜찮은 분위기를 만들려고 애쓰는 편이고, 손을 들고 일어나서 하는 발표보다는 짝 대화, 모둠 토론을 거쳐 의견을 제시하는 활동이나 포스트잇을 활용해 자신의 의견을 내는 활동을 많이 하는 편입니다. 그리고 거수, 지명, 발표가 아닌 앉아서 자유롭게 자신의 이야기를 해보게 함으로써 발표에 대한 부담을 갖지 않게 합니다.

생활지도 노하우

5. 실습 기간 동안 생활지도가 가장 어려웠는데 특별한 노하우가 있을까요?

우선, 경력이 많은 선배님들의 조언을 많이 들어보세요. 다년간의 경험에서 쌓은 노하우를 친절하고 자세히 알려주실 겁니다. 둘째, 행복교실, 학급긍정훈육법 등과 같은 학급살이, 생활지도와 관련 있는 다양한 책과 연수를 통해 방법을 익힐 수 있습니다. 셋째, 자기 경험이 쌓이면서 '나'만의 노하우가 생깁니다. 처음에는 어려웠지만, 다양한 유형의 아이들을 대하면서 상황에 따라 어떻게 지도해나갈지 자신만의 노하우를 쌓아갈 수 있습니다. 넷째, 학기 초에 정확한 규칙을 학생들과 민주적으로 함께 정하고 단호하고 일관성 있게 일 년간 유지해나가는 것이 중요합니다.

6. 생활지도는 어떻게 해야 하나요? 두 아이가 다투었는데, 서로 자신은 잘못이 없다고 말하는 경우는 난감할 것 같아요. 어떻게 지도하는 것이 현명한가요?

아이들 감정이 격해져 있을 때 생활지도를 하려고 하면 힘이 드는 경우가 많습니다. 이럴 때는 아이들의 감정이 조금 누그러질 때까지 기다리는 것이 좋습니다. 서로 싸우지 않도록 떨어뜨려놓고 좀 차분해지고 난 뒤에 상담을 합니다. 감정이 누그러지고 나면 슬그머니 자신의 잘못도 인정하는 경우가 많습니다. 그럼에도 불구하고 끝까지 말이 다른 경우가 간혹 있는데, 이때는 주변에서 싸움을 목격한 친구들까지 불러서 상담을 합니다. 어떤 일이 있었는지 글로 쓰기도 하는데, 그러다 보면 자연스럽게 해결되는 경우가 많습니다.

7. 급식 지도할 때 식사하는 순서는 어떻게 정하면 좋은가요?

처음에는 공평하게 번호순으로 돌아가며 식사를 하도록 했어요. 오늘 1번이 제일 먼저 식사를 한다면, 내일은 2번이 제일 먼저 식사를 하고 1번은 제일 마지막에 식사를 하는 식으로 모두가 돌아가며 첫 번째로 식사할 기회를 갖도록 해요. 그리고 아이들과 학급회의를 통해 아이들이 원하는 식사 순서 방법을 선택하여 정하기도 하고, 간단한 공동체 놀이를 하여 놀이에서 줄을 선 순서대로 식사를 하기도 한답니다.

학부모 상담 노하우

8. 학부모 민원은 어떻게 처리해야 하나요?

우선 민원은 어디에나 있다는 사실을 명심해야 합니다. 어려운 요구가 있다면 혼자 해결하려고 하지 말고 경험이 많은 동료 교사나 관리자에게 도와달라고 요청해보세요. 혼자 해결하려 하고 이성보다 감정이 앞서게 되면 일을 그르치게 되는 경우가 많습니다.

9. 퇴근 시간 이후에 학부모가 전화를 하면 어떻게 해야 하나요?

개인적으로 저는 여러 건의 부재중 전화가 들어와 있거나 문자 메시지를 확인하여 급한 상황의 경우 전화를 받거나 다시 걸기도 합니다. 그러나 학기 초에 학부모님들께 전화 상담이 가능한 시간을 미리 안내해드리고, 만약 늦은 시각 또는 이른 아침에 연락이 온다면 정중하게 다음부터는 급한 연락이 아니라면 안내해드린 시간에 연락을 부탁드린다고 말씀드립니다. 또 근무시간 이후 급하게 연락해야 할 사항이 있다면 문자 메시지로 먼저 통화가 가능한지 물어봐달라고 요청합니다.

10. 학부모 상담 때 무슨 말을 해야 하나요?

학부모 상담 때는 주로 학생의 교우 관계 및 학교와 가정에서의 생활태도 그리고 학업성취도에 관한 이야기를 합니다. 보통 학생의 전반적인 학교생활을 말씀드리고, 부모님이 궁금하신 점에 대해 설명하는 방식으로 진행됩니다.

11. 학부모 상담은 어떻게 해야 하나요?

학부모 상담은 직접 면담으로 할 수도 있지만, 학급 SNS(클래스팅, 클래스123 등), 문자 메시지, 알림장 등으로 할 수도 있습니다. 면담의 경우 미리 약속 시간을 정하고 학부모와 상담할 내용을 정리해서 임하고, 상담 내용은 상담일지에 기록해둡니다. 그리고 평소 아이가 수업시간에 기록한 공책이나 학급 생활 일지, 학생 상담일지 등을 활용하여 상담할 수도 있습니다. 그리고 항상 학부모와 담임교사는 학생의 성장을 위해 협력해야 하는 동반자라는 인식을 가지고 상담 시 공감, 경청하며 신뢰를 얻을 수 있도록 합니다.

12. 현직에 나오면 신규 교사라고 학부모님들이 얕잡아 보지는 않나요?

첫 인상에서 주는 자신감이 중요하다고 생각해요. 대부분 학기 초에 학부모 설명회가 있는데, 이때를 기회로 자신의 교육관을 뚜렷하게 말해야 합니다. 절대 흔들려서는 안 되고요, 솔직히 타고난 카리스마가 큰 영향을 미치는 요인이긴 하나 이런 것이 없더라도 소신 있게 자신의 교육관을 전하고 교육 전문가로서의 인상을 남기는 것이 중요합니다.

학교 업무 처리 노하우

13. 수업이 끝나고 오후 시간에는 주로 무엇을 하나요?

학교는 수업이 끝났다고 끝이 아니라 시작이라는 농담이 있습니다. 이는 수업이 끝난 후에는 교사별로 다양한 일을 하기 때문입니다. 학교마다 차이는 있겠지만, 대부분의 학교는 교무부, 연구부, 정보부, 체육부, 과학부, 방과후부 등의 부서로 나누어져 부서별로 다양한 업무를 합니다. 신규 교사도 어엿한 학교의 구성원으로서 하나의 업무를 받아 공문을 작성하는 등 자신의 업무에 맞는 일을 하게 됩니다. 물론 제일 중요한 일은 다음 수업을 준비하는 일과 학생 지도에 관한 자료를 찾는 것입니다. 학생 및 학부모 상담을 진행하는 경우도 있습니다.

14. 선생님들의 학년 배정은 어떻게 이루어지나요? 그리고 업무 배정도 어떻게 이루어지는지 궁금해요.

학기 말에 교사 자신이 원하는 학년과 업무를 지원합니다. 교감 선생님께서 취합하신 뒤에 여러 가지 학교 상황(개인 건강, 개인 연구, 개인 가정 상황, 교육과정 운영 등)을 고려해서 조율합니다.

15. 현직에 오면 어떤 학년이 가장 힘든가요?

매년 다르고 개개인마다 체감하는 것이 달라요. 실습 기간을 통해 어떤 학년이 자신과 잘 맞는지 알 수 있었더라도 현장에 나와서는 담당하게 되는 학년이 매번 바뀝니다. 하지만 다양한 학년을 맡아봐야 교육 전문성이 향상된다고 생각해요. 물론 잘 맞는 학년이 생기면 이를 어필하여 꾸준히 그 학년에서의 전문성을 길러도 좋습니다.

16. 현직에 나오면 어떤 것이 가장 힘든가요?

우선 교육실습에서 경험한 학교생활과 현직으로 근무하게 되는 학교생활은 다릅니다. 실습 때는 계획에 따라 정해진 일과를 따르면 되지만, 현직에 나오면 교사는 자신의 일을 책임지고 하나부터 열까지 신경 써야 해요. 힘든 것은 자신이 생각하기 나름이지만, 개인적으로는 그간 한 번도 해보지 않은 실무와 각종 공문서 처리가 가장 힘들다고 생각해요. 수업과 학생 그리고 업무까지 처리하다 보면 처음에는 정말 정신없답니다. 초반에 각종 실무를 잘 배워두지 않으면 나중에 더욱 힘들어요. 하지만 시간이 지나며 노하우가 쌓이면서 어려움도 줄어드니 너무 걱정 마세요.

스트레스 관리

17. 아이들로 인한 스트레스는 어떻게 관리하시나요?

퇴근이 기다려지는 이유를 찾으면 어떨까요? 좋아하는 취미 생활, 예를 들면 게임이나 운동 등을 즐기며 스트레스를 해소합니다. 교사가 행복해야 아이들도 행복해질 수 있기에 너무 학교와 아이들에게만 얽매이지 말고 일과 개인의 삶을 적절히 조절하며 스트레스를 받지 않는 게 중요한 것 같아요.

18. 억지를 부리는 학부모의 민원이나 스트레스를 받을 때는 마음을 어떻게 다스리나요?

필연적인 것이고 안 받고 싶다고 안 받을 수 없는 것이기 때문에 '그런 사람도 있구나' 합니다. 다만 고칠 점은 고칩니다. 그리고 『미움 받을 용기』라는 책에 나오는 '과제 분리'를 실천할 수 있도록 노력하면 마음이 한결 편해진답니다. 아들러 심리학과 관련된 이 책을 통해 학교에서 아이들, 학부모님, 업무 등 다양한 방면에서 도움을 얻을 수 있으니 꼭 읽어보길 추천해요.

교사의 여가취미 생활

19. 퇴근하면 주로 무엇을 하시나요?

개인의 취향에 맞게 취미 생활을 하기를 권합니다. 무언가를 배우거나 운동을 하거나 교사 동호회 같은 것을 하면 좋습니다. 전문적 학습공동체 모임에 참가하여 선생님들과 함께 학급살이와 수업에 대해 고민하고 연구하는 것도 추천합니다.

20. 유튜브 활동이나 저서 집필이 가능한가요?

유튜브나 도서 집필, 음반 제작 등은 대부분 가능합니다. 다만, 수익이 발생하는 경우(유튜브의 광고가 붙고 수익이 날 경우) 사전에 기관장(교장)의 겸직허가를 받아야 합니다. 다만 겸직허가를 받을 수 없는 직업을 갖거나 수업 및 학교생활에 지장을 주는 외부 활동(야간 대리운전) 등은 불가능합니다.

21. 방학 때 해외여행은 자유롭게 갈 수 있나요?

방학 중 해외여행은 자신의 허용된 연가 범위 안에서는 자유롭게 갈 수 있습니다. 연가 기준은 근속 연수에 따라 3일에서 최대 21일까지 늘어납니다. 저경력 교사일 때는 긴 해외여행(예: 유럽여행) 시 연가가 부족한 경우가 있습니다. 이러한 경우에는 학교장 승인 하에 공무 외 국외 자율연수로 여행 연수를 가기도 합니다. 대신 국외 자율연수의 경우에는 연수이기에 가기 전에 계획을 세워서 결재를 받아야 하고 다녀와서도 배운 점에 대한 보고서를 제출해야 합니다. 물론 학교 수업과 연관되어 자기개발을 하는 내용이 들어가야 합니다.

교사 월급과 경제 생활

22. 교사 월급은 어느 정도 되나요?

현재 2020년 기준 봉급표를 확인해보면, 학교에 처음 들어오는 9호봉 신규의 경우 205만 원의 기본급이 책정되어 있습니다. 여기에 초과근무나 출장 등의 수당을 추가로 받을 수 있습니다. 또한, 기본급여에서 교직원연금 및 각종 보험 등으로 공제되는 금액이 있으며, 학교 급식비 등도 납부되어 실제 지급액은 더 적습니다. 그리고 교사는 호봉제이기에 9호봉에서 시작하여 해마다 1호봉씩 올라갑니다.(군대를 다녀온 남학생은 10 또는 11호봉에서 시작하기도 합니다) 호봉이 올라갈 때마다 처음 몇 년간은 기본급여가 5만 원에서 7만 원 정도가 올라가고 어느 정도 경력이 찬 이후에는 10만 원에서 12만 원 정도 상승합니다.

23. 월급은 어떻게 관리를 해야 하나요?

각자 상황에 따라 다르겠지만, 보통 월급의 50% 이상은 저축을 합니다. 일반 은행 적금이나 교직원공제회 저축 등을 이용하기도 하고, 경우에 따라서는 주택청약, 주식 등 각자 원하는 방법으로 재테크를 하고 남은 금액을 생활비와 비상금 등으로 사용하는데, 월급 관리는 개인마다 상황이 다르기에 재테크 관련 도서나 유튜브 영상, 강의 등을 보며 공부하는 것을 추천합니다.

24. 월급 받으면 무엇을 하시나요?

각자의 상황에 따라 월급의 쓰임은 다를 수 있습니다. 자신의 건강이나 여가생활에 투자하는 사람도 있고 저축을 많이 하는 사람도 있습니다. 공무원이 안정적이라고 하지만 미래에 어떤 일이 일어나게 될지는 알 수 없습니다. 경제적으로 안정적인 삶에 관심이 있다면 재테크 공부를 하거나 월급을 체계적으로 관리하는 방법을 익히기를 바랍니다.

25. 공무원연금은 어떻게 되나요?

공무원연금은 퇴직 후 생계보장을 위한 연금급여로 사기업은 퇴사 시 퇴직금을 수령하지만, 공무원은 퇴직 시 퇴직금을 연금으로 나눠 받는 거예요. 정년 후 지급되는 공무원 연금의 경우 정년이 늘어나면서 2033년 이후로는 65세에 연금이 개시됩니다. 공무원 연금 계산 공식은 '재직기간 평균 기준 소득월액×재직기간(1년 단위)×1.9%'입니다.

26. 수당과 성과급은 무엇이며 어떻게 받나요?

기본적인 수당은 출장으로 인한 출장비, 근무시간 이외에 초과로 근무하는 초과근무수당이 있습니다. 각종 단체에서 진행하는 연수나 협의회로 인한 출장, 학교에 남아서 초과로 일하는 경우, 청소년단체(아람단, 스카우트, 우주소년단 등) 활동으로 인한 출장 및 초과근무 등이 해당합니다. 성과급은 학교의 규정에 따라 S, A, B로 구분되며 일 년에 한 번 지급됩니다.

임용고사 준비 노하우

27. 교대 3학년 때는 임용 공부를 어떻게 준비할까요?

경쟁률 높은 서울이나 광역시를 희망하는 경우 미리 준비하는 경우도 있다고 들었습니다만, 3학년부터 교육과정 공부는 하지 않아도 될 것 같습니다. 굳이 하고 싶다면 영어 회화 공부와 논술 공부를 겸한 독서나 신문 읽기 등을 하면 좋습니다.

28. 임용고사를 준비할 때, 가장 중요한 것은 무엇일까요?

가장 중요한 것은 '마인드 컨트롤'입니다. 임용고사는 공부할 범위가 많기 때문에 모두 다 외우지 못하거나 공부하지 않았다고 절망하지 마세요. 분량이 많지만 내가 공부한 부분이 시험에 출제된다는 긍정적인 생각으로 공부한다면 좋은 결과가 나올 것입니다. 불안한 마음은 수험생 모두 동일하기 때문에 그 마음을 스스로 잘 통제하여 임용고사를 합격한 이후를 상상하며 즐겁게 공부하는 마음가짐이 필요합니다.

29. 어느 지역을 선택해야 할지 고민입니다. 지역별로 어떤 차이가 있을까요?

지역별로 큰 차이는 없습니다. 선진 경기, 민주 서울 등의 말이 있지만 사실 어느 지역이나 학생과 학부모 교사가 함께 이끌어가는 공간이기에 대부분 비슷합니다. 다만, 서울과 경기도는 여러 지역에서 많이 오기에 다양한 교대 출신 선생님들이 더욱 섞여 있는 것에 반해 인천은 경인교대 출신 비율이 조금 높은 편입니다. 또한, 지역별 차이보다 학교별 편차가 큰 편입니다. 관리자 및 근무하는 선생님들의 구성에 따라 학교마다 분위기 차이가 큽니다. 인천이라 더 좋거나 더 나쁘거나 하는 점은 크게 없습니다. 이러한 학교별 분위기도 해마다 선생님들이 이동하기에 매년 바뀌는 편입니다. 대신 서울은 어디에 발령이 나도 서울 내부지만, 경기도 및 인천은 도서 지역이 존재합니다. 경기도는 포천, 연천, 동두천으로 대표되는 외곽 지역이 있으며, 인천 역시 연평도, 백령도 등의 도서 지역이 존재합니다. 최근에는 도서 지역을 따로 임용선발을 하는 경우도 많아 도서 지역에 발령 날 가능성이 조금 감소하기도 했습니다.

30. 임용고사는 언제, 어떻게 준비해야 하나요?

매년 시험 유형이 조금씩 바뀌기에 여러분의 학교 선배들이나 주변 사람들이 지금 신규 현직 교사보다 더 잘 알 것이라고 생각합니다. 하지만 그동안의 선례로 봤을 땐 1학년부터 하든 4학년부터 하든 끈기 있게 열심히 하는 사람이 합격하는 것 같습니다. 남들 시작할 때 같이 시작하면 무난하답니다.

31. 임용 공부할 때, 스터디는 어떻게 하셨나요?

학습 스타일에 따라 스터디 모임이 좋은 경우도 있고 아닌 경우도 있습니다. 스터디의 장점은 꾸준한 공부가 가능하다는 점입니다. 또한, 스터디원과 함께 공부하며 서로 응원하고 시험에 대한 불안감과 스트레스를 해소할 수 있습니다. 또한, 같은 성별끼리 하기보다는 남녀 구성원이 섞인 경우 다양한 방법과 관점으로 공부가 가능하며 면접 준비 등에서도 다른 시각에서 바라볼 수 있어 도움이 됩니다. 혼자 공부하는 스타일에 맞으시는 분은 굳이 안하셔도 괜찮습니다. 하지만 1차 시험 합격 후 면접 준비에서는 면접을 서로 봐줄 사람이 필요하기에 2차 시험에서는 꼭 필요하다고 전해드리고 싶습니다.

2장

지도교사가
궁금한
14가지

예산 사용

1. 예산을 어떻게 써야 하나요?

교육실습 운영 예산 편성 및 활용은 시·도교육청별 지침이나 각 교육대학에서 정해져 오는 경우가 많습니다. 이 지침을 따라서 학교에서 융통성 있게 결정하면 됩니다. 3부 3장 교육실습 예산 계획을 참고하십시오.

2. 교육실습 운영 예산 편성 및 활용은 어떻게 해야 하나요?

① 실습지도교사 수당(교장, 교감, 지도교사): 비교적 많은 액수는 아니지만, 보상의 차원에서 주워집니다. 또한, 특강 교사에게는 원고료를 일부 더 책정해서 줄

수도 있습니다. 지역에 따라 다르지만, 길잡이 교사 등과 같은 특수한 프로그램의 지도교사의 경우 수당으로 추가 금액이 지급되기도 합니다.

② 실습지도교사 협의회비(간식비, 협의비)

③ 교육실습생 협의회비(간식비, 협의비)

   – 간식비: 실습생들이 공동으로 사용하는 공간에 두는 다과류에 해당합니다. 커피, 녹차 등 차 종류 티백과 생수, 과자류 등을 준비합니다. 실습을 오면 많은 에너지를 쏟기 때문에 중간중간 보충해줄 당류가 있으면 좋습니다.

   – 협의비: 학년 대표 수업이 끝나면 함께 모여 협의회를 할 자리에서 피자 혹은 치킨 등을 배달시켜 먹을 수 있습니다. 협의 시 이런 음식들은 분위기를 보다 더 부드럽게 만들어줍니다.

④ 교육실습 운영비: 교육실습 수업준비물품 구입비, 교육실습 교구교재 구입비

   – 교육실습 수업준비물품 구입비: 실습생 대부분은 학교에 있는 수업준비물품이나 담임교사, 전담교사의 수업준비물품을 사용합니다. 간혹 학교에서 근처 도소매점 문구사와 연계하여 미리 금액을 지불하고 받은 선불상품권으로 수업에 필요한 물품을 구입하기도 합니다. 배당 수업에 따라 다르긴 하지만, 보통 1~2만 원 정도의 선불 상품권을 지급하며, 간식비나 협의비를 줄이면 수업준비물품 구입비를 더 늘릴 수도 있습니다.

   – 교육실습 교구교재 구입비: 교육실습 시 필요한 교구들은 학교에 비품 창고나 학습준비물실, 교실 등에 있는 것을 사용하면 가장 좋습니다. 별도로 필요하다면 이는 소모품이 아니므로 학년별로, 학년군별로 묶어 공동으로 구입 사용할 수 있도록 협의하는 것이 좋습니다.

공간 활용

3. 교육실습 연구실은 어느 교실을 활용하면 좋은가요?

남는 교실이 있거나 특별실이 있으면 교육실습생이 연구하고 쉴 수 있는 공간으로 조성해주면 좋습니다. 교육실습생 수, 학교 사정에 따라 이용할 수 있는 공간이 달라지겠지만, 도서실이나 시청각실, 교무실, 특별실, 연구실 등을 활용합니다.

4. 교육실습 연구실에 필요한 물품은 무엇이 있나요?

실습생들이 가장 많이 사용하는 것이 컴퓨터, 프린터(컬러, 흑백), 복사기입니다. 요즘은 실습생들이 개인 노트북을 많이 가져옵니다. 학교에 와이파이가 되는 곳이 있다면 안내해줍니다. 또한, 학교 컴퓨터 이용 시 보안상 사용이 안 되는 웹하드나 이메일이 있다면 미리 알려주는 것이 좋습니다. 학년연구실에 있는 컴퓨터나 프린트 사용해야 하는 경우 실습지도교사가 아닌 분들께 방해가 될 수도 있으니 사전에 양해를 구합니다. 교무실 등 특별실에 있는 것도 사용하도록 하며, 실습 기간 중에는 A4 용지 사용이 매우 많으니 미리 A4 용지를 여유 있게 준비해두시는 것이 좋습니다. 교육실습 연구실에서 사용하는 것만으로는 많이 붐비니 사용 시간대를 정해주거나, 학년연구실 등도 사용할 수 있도록 해주면 좋습니다. 이때 클립이나 스테이플러도 함께 준비해주는 것이 좋습니다.

수업준비물품으로 가장 많이 사용하는 것은 4절 도화지, 8절 도화지 등입니다. 미리 넉넉히 구입해놓도록 합니다. 또한, 풀이나 가위, 색연필, 사인펜, 매직펜 등은 평소 학급에서 쓰는 것을 사용하도록 안내합니다.

3, 4학년 실습생은 교과서 및 교사용 지도서를 직접 구입해서 가지고 있는 경우도 있습니다. 교과서는 학교에 있는 여분의 교과서를 깨끗이 보고 돌려놓도록 안내합니다. 지도서의 경우는 첫날 자신이 맡은 수업 부분을 복사해서 사용하도록

합니다. 이때 세안 작성이나 보다 깊은 이해를 위해 단원의 개관, 평가 부분 등도 살펴볼 수 있도록 합니다.

연수 운영

5. 교육실습 연수 프로그램은 어떻게 구성하면 좋을까요?

수업지도, 생활상담, 교육행정, 문예체육 전문 연수. 미래 교육, 놀이 교육 등과 같은 외부 전문강사 초빙 특강도 좋습니다.

수업지도 전문 연수는 수업에 형식적인 면과 내용적인 면에서 나누어 접근하면 좋습니다. 실습생들에게는 수업의 기본을 익히는 것도 크게 의미 있는 일입니다. 수업의 전체적인 흐름, 기본적인 틀을 안내해주는 것이 좋으며, 판서의 방법도 알려주고 연습하도록 합니다. 준비한 지도안에 맞게 시간 분배를 잘 하여 수업을 진행하는 것도 필요합니다. 또한, 수업 내용의 측면에서는 핵심성취기준에 도달하기 위해 한 차시 수업을 어떻게 구성하는 것이 좋은지에 대하여 다루면 좋겠습니다. 모든 배움에는 재미와 의미가 있어야 합니다. 너무 재미에만 치우치지 않았는지, 의미에만 치우쳐서 지루한 수업이 되지는 않았는지, 좋은 수업에 대해 함께 고민할 수 있는 내용의 연수를 구성하면 됩니다. 수업지도 연수에 어려움을 느낀다면 전문가의 책이나 강의안에 도움을 받는 것도 좋은 방법입니다.

생활상담 전문 연수는 실습생들이 관심이 많은 분야입니다. 그리고 실제 현장에서도 매우 중요한 영역입니다. 학년별 특성 및 상황에 따라서도 굉장히 많은 것이 달라집니다.

우선 생활상담 전문 연수에서는 정기적인 상담, 비정기적인 상담으로 나눠서 안내하면 좋습니다. 매 학기 초에 실시되는 정기적인 상담에 대해 구체적인 상담 과정을 예시를 들어 설명해주거나 실제 상황을 재연해보는 것도 좋습니다. 또한, 선생님이 겪으셨던 비정기적인 상담 및 노하우에 대해서도 안내해주신다면 실습생들에게는 현장에 나갔을 때 큰 도움이 됩니다. 공통적인 대처 요령을 알려주시거나 실습생들에게 궁금한 질문을 받아 답변해주는 것도 좋습니다.

생활지도 영역에서는 선생님이 아이들 평소에 생활지도 하시는 구체적인 방법 및 노하우에 대해 나누면 좋습니다. 전 학년을 다루기는 시간상 어렵기 때문에 선생님이 맡으신 해당 학년에 대해서 집중해서 나누는 것도 좋습니다.

신규 발령 난 교사들이 업무가 제일 어렵다고 토로한다는 얘기를 들은 적이 있습니다. 교사의 본업이 행정업무가 아님에도 불구하고, 많은 선생님이 과중한 업무에 시달리고 있는 게 현실입니다. 교육행정 전문 연수에서는 업무가 궁금한 실습생들을 위해 여러 가지 매뉴얼을 안내하면 좋습니다. 매년 1~2월쯤에 공문으로 오는 '초등주요업무계획'이나 각종 생활기록부 매뉴얼 등 PDF나 책자로 오는 매뉴얼들을 보고 업무를 실행하는 방법을 알려주시고, 전년도 기안을 찾아서 복사해서 사용하는 법도 알려주시면 유용합니다. 한번에 교육행정을 다 배우기는 어려우니 매뉴얼에 대한 안내, 전년도 기안 찾아서 참고하는 방법, 예산 사용하는 방법, 담임 업무(나이스, 생기부, 출결 관리 등) 이렇게 큰 단위로 나누어 화면으로 보여주는 것이 좋습니다. 또한, 예시로 공문서 작성을 컴퓨터실에서 한 번 해볼 수 있도록 하는 것도 좋습니다. 이때 실습생들은 인증서가 없으므로 학교홈페이지에 입력 양식을 올려주시고, 워드로 작성을 따라해 보도록 하는 것도 하나의 방법입니다. 그리고 요즘에는 교사 실무에 관한 책이나 유튜브도 나와 있으니 참고하도록 안내해주시는 것도 좋습니다.

학교에는 연간 특별행사가 많습니다. 여러 연간 특별행사를 소개해주거나 일정이 맞는다면 경험시켜 주는 것도 좋습니다. 문예체육 전문연수는 학교 연간 교육과정에 계획되어 있는 문예 체육 행사를 쭉 안내해주고 학교에서 어떤 식으로 시행되고 있는지 설명해주면 됩니다. 또한, 기존에 찍어 놓은 사진이나 동영상 자료가 있다면 보여주는 것이 훨씬 구체화되고 생동감 있습니다. 학교홈페이지 행사앨범(사진 자료)에 올려놓은 것을 활용하는 것도 좋습니다.

학교 내 인력만으로는 특강을 하는 데 어려움이 있다면, 전문강사를 초빙하여 진행하는 것도 한 방법입니다. '사람과교육연구소'에서는 현직 교사의 현장 경험을 살린 전문강사 배출에 힘쓰고 있습니다. '사람과교육연구소'의 전문강사들은 초등교육 관련 다양한 영역의 분야에 전문적인 지식과 현장 경험을 두루 갖추고 있어, 실습생들에게 질 높은 특강을 제공하는 데 도움을 드릴 수 있습니다.

업무 분장

6. 실습지도 선생님들의 역할은 무엇이 있나요?

- 교장: 실습지도 총괄, 특강
- 교감: 실습지도 장리, 특강
- 실습부장: 실습운영 기획, 교육실습생 지도, 특강
- 지도교사
  - 교육실습 '소통' 지원팀: 교육실습밴드 개설 및 운영
  - 교육실습 '연수' 지원팀: 교육실습생 특강 운영 및 지원, 외부 전문강사 초청 특강 운영
  - 교육실습 '수업' 지원팀: 지도교사 시범 수업, 수업 물품 구입 및 지원, 현장 체험학습 운영 및 지원, 교육실습생 대표 수업 지도 및 지원
  - 교육실습 '공간' 지원팀: 교육실습 연구실 관리(세팅, 정리 등), 교과서 및 교사용 지도서 구입 및 비치, 교육실습용 기자재 지원, 컴퓨터, 프린터(컬러, 흑백), 복사기, 프린터 토너, A4 용지 등
  - 교육실습 '복지' 지원팀: 교육실습 예산 운영 및 집행, 교육실습생 신원 조회 및 학급 배정, 교육실습생 다과 구입 및 지원, 교육실습생 환영 홍보 현수막 제작 및 게시

• 협력교사는 교육실습생을 직접적으로 지도하지 않지만 교육실습 운영 시 각
종 행정 업무나 학교 행사, 특강 등을 도와주는 협력자입니다. 실습에 참여하
지 않는 담임 및 전담교사, 신규 교사, 보건교사, 특수교사, 영양교사가 협력
교사에 해당됩니다.

(※ 협력교사 특강 영역: 특수교육, 영양교육, 보건안전교육 등)

7. 실습지도 선생님들의 역할을 어떻게 나누면 좋을까요?

어떤 프로젝트를 하든 구성원들의 자발적인 동의와 참여가 중요하다고 생각합
니다. 그러므로 선생님들 각자가 자신이 잘하고 좋아하는 것을 선택해서 할 수 있
도록 배려하고 지원하는 것이 좋습니다. 한편, 역할 나누기가 힘들 경우 실습부장
이 중간에서 조율해서 사전에 개별적으로 역할을 부탁드리면 원활하게 역할을 나
눌 수 있습니다.

8. 실습생이 오는 게 두려워요. 어떻게 하면 좋을까요?

처음 실습 지도를 맡게 되면 실습생이 오는 게 두렵다고 얘기하시는 분이 있습
니다. 실습생은 현장 경험을 하러 오는 대학생이며 여러분의 후배입니다. 실습생
은 현장의 분위기를 익히고 배운 것과 실제의 모습을 확인하고, 현장에 나갈 준비
를 하기 위해 학교에 실습 오는 것이지 선생님을 평가하러 오는 것이 아닙니다. 처
음에는 실습생이 오는 게 두려울 수도 있지만, 막상 실습생이 오면 교사가 되기 전
에 가졌던 '처음의 마음', '설렘'을 다시 느낄 수 있는 좋은 기회가 됩니다. 실제로
처음에는 두려워했던 선생님들도 실습을 완료할 쯤에는 '후배들에게 도움을 줄 수
있어서 기쁘고 좋았다', '교육 전문가로서 더 많이 배우고 성장하고, 준비하는 계
기가 되었다'고 말합니다.

선생님의 교육 경력이 짧든, 길든 간에 상관없이 선생님의 연차에서 줄 수 있는

특별한 배움이 있습니다. 그리고 모든 선생님은 자기도 모르게 자신만의 노하우를 쌓고 있습니다. 그걸 편안하게 나눠주세요. 선생님만의 개성, 특성, 선생님 반 아이들만의 모습을 자연스럽게 보여주세요. 지금 학급운영이 잘 되고 있으면 잘 되는 모습 그대로, 좀 힘들고 잘 안되면 힘든 모습 그대로 줄 수 있는 각기 다른 배움이 있습니다. 너무 완벽한 모습을 보여주려고 애쓰지 않아도 괜찮습니다.

9. 무엇을 준비해야 할지 모르겠어요. 교육실습생 지도를 위해 무엇을 준비하면 되나요?

교육실습생원부, 근무상황부, 교육실습생역할분담표, 교과별 수업 단원 및 학습 주제, 좌석 및 시간표, 사진 명렬표, 수업참관협의록, 첫 인사 시간에 할 프로그램, 실습생 자리 배치 세팅을 해주시면 됩니다.(제3부 '교육실습 운영프로그램' 참조)

앞에 제시한 학교에서 공동으로 나눠주는 양식 외에도, 선생님이 한눈에 알아보기 쉬운 타임테이블 형식의 진도표를 주시면 좋습니다. 전담이 있는 학년에 경우에는 전담 시간과도 상의해서 맞춰놔야 합니다. 과목별 진도를 정리하고, 해당 교육실습생에게 줄 수업을 분배합니다. 가급적 교육실습생의 전공과목 수업을 한 번, 그리고 다양한 교과목을 경험해보고 갈 수 있도록 골고루 분배합니다. 수업시간도 1~6교시를 다양하게 경험해보게 하는 것이 반 아이들의 집중도나 흥미도를 파악하는 데 도움이 되니 한 실습생이 계속 1교시 수업만 해보는 것보다는 다양한 교시를 경험할 수 있도록 분배하는 것이 좋습니다. 예체능의 경우에는 진도와 상관없이 실습생이 하기 좋은 수업 차시를 제공하기도 합니다. 체육 수업의 경우에는 강당 사용 가능 시간을, 과학 수업의 경우에는 과학실 사용 가능 시간을 확인하는 것이 좋습니다.(도서실, 컴퓨터실 등 특별실 사용 시간도 미리 확인)

10. 지도강화 시간에 무슨 이야기를 나눠야 할지 걱정돼요. 일대일 멘토링 시간에 어떻게 지도하면 될까요?

- 수업나눔: 그 날 본 수업(대표수업, 담임수업, 동료 실습생수업)에 장점, 배울 점, 좋았던 점, 반 아이들 분위기 특성, 학년별 특성을 이야기 나눕니다.
- 학생나눔: 반 학생 중 몇 명씩을 지정하여 더 관찰하고 이야기 나누고 수업 태도 등을 보게 한 후 개인별 특성에 관한 나눔, 관련 상담 내용이나 부모 상담 내용, 학생의 교우 관계, 성격, 좋아하는 것 등에 대한 나눔, 래포 형성 등에 관한 이야기를 나눕니다.
- 수업 준비: 수업을 준비하면서 느꼈던 어려움이나 상의하고 싶은 부분을 다룹니다. 시연하려는 수업에 대한 수업자의 의도나 계획을 짧게 나누거나, 자리배치, 수업 형태, 담임교사의 조언을 해주시면 됩니다.
- 수업 피드백: 수업자가 수업하면서 느꼈던 점, 아쉬웠던 점, 의도대로 잘 되었던 부분, 의도와 다르게 진행되었던 부분을 나누고 보완해주시면 됩니다.

기타 고민

다음은 실습지도교사들의 여러 가지 고민을 모아봤습니다. 실습을 운영하거나 참여하는 선생님들께서 실습교사의 어려움을 참고하시어 보다 효과적이고 효율적인 교육실습을 함께 고민해주세요.

11. 수업 공개가 부담스러워요

"수업을 동료 교사와 교육실습생들에게 보여주는 것이 부담스럽습니다."

누구에게나 수업 공개는 늘 부담스럽습니다. 그러나 수업 공개를 통해 수업 자체에 대해 깊은 연구와 자료 개발을 통해 스스로 성장하는 계기가 된다는 사실을 기억할 필요가 있습니다. 수업 공개가 부담스러운 이유는 내 수업이 다른 사람에게 평가 받는다는 것에 대한 두려움과 부끄러움이 있기 때문입니다. 그러므로 수업 참관하는 교육실습생들에게 수업과 관련하여 사전, 사후 협의를 통해 자신의 수업에 대한 의도와 전개 과정을 충분히 설명하고 그들의 질문에 연구한 만큼 이야기해주면 수업 공개에 대한 부담을 줄일 수 있습니다. 또한, 동료 교사들의 지지와 격려와 협력을 통해 수업 공개에 대한 부담감을 내려놓을 수 있을 것입니다.

12. 실습이 끝난 후 학습 분위기는 괜찮을까요? 제가 다시 가르쳐야 하나요?

"학습 분위기 및 학생들의 수업 집중도가 떨어져서 지도하기 힘듭니다."

교육실습생이 왔을 때나 교육실습을 마치고 간 이후에 학생들의 학습 분위기나 수업 집중도가 떨어지기 일쑤입니다. 이러한 상황을 자연스러운 과정으로 받아들이고 학생들에게도 차분한 가운데 학습을 할 수 있도록 동기 부여하고 학습 규칙과 약속을 지킬 수 있도록 지도할 필요가 있습니다. 학생들도 새로운 교생 선생님들과의 만남과 헤어짐 이후 감정을 정리할 시간도 필요합니다. 조급한 마음보다는 차분하고 여유로운 마음을 갖는다면 선생님도 아이들도 제자리를 찾을 것입니다.

13. 행정업무가 너무 많아요

"실습학교 운영과 관련한 행정업무 과다로 교육실습생들에게 집중하기가 쉽지 않습니다."

교육실습 기간 중에도 교사들은 행정업무가 끊이질 않습니다. 이에 대한 불편함은 교육실습생들도 가지고 있는 문제입니다. 지도교사가 바쁘면 실습생들은 자신들의 수업에 관한 도움을 청하는 것이 부담스럽습니다. 그러므로 학교 차원에서 교육실습 기간 중에는 각종 회의나 행사는 최대한 자제하고 지도교사가 교육실습에 집중할 수 있도록 배려와 지원이 필요합니다.

14. 수당이 너무 적습니다

"실습교사에 대한 인센티브가 적어 열정 페이를 강요당하는 심정입니다. 교육대학교에서 교부하는 실습지도수당이 하루에 5~6,000원 수준임을 감안할 때 실습교사에게 지나친 헌신을 강요한다는 인상을 지울 수 없습니다."

교육실습을 운영하고 교육실습생을 지도하는 교사에게도 적절한 보상이나 지원이 필요합니다. 그래야 역량이 우수한 선생님들이 자신의 수업 역량과 업무 역량을 최대한 발휘하여 교육실습을 운영할 수 있습니다. 우수한 지도교사가 확보되어야 우수한 교육실습 운영이 가능하다는 사실을 염두에 두고 교육대학교, 교육청, 교육부 차원에서 재정적 지원을 아끼지 말아야 합니다.

3장

지도교사가
바라는
4가지

1. 교육실습협력학교 선정 방식

　　교육실습학교 운영 방식에는 지역별로 약간의 차이가 있으나 대게 공모의 과정을 거쳐 선정이 됩니다. 학교 단위 실습학교는 가장 보편적인 운영 방식으로 실습지도의 주 업무를 담당하고 있는 각 대학의 부설초등학교와 공모를 통해 선정된 교육실습협력학교로 나뉩니다.

　　교육실습협력학교의 경우 일반 학교 중 선정되므로 상황에 따라 교육실습지도를 희망하지 않는 교사가 억지로 교육실습을 지도하게 되는 경우가 생기기도 합니다. 또 정작 교육실습지도를 희망하는 교사가 있더라도 교육실습협력학교에 근무하지 않는 경우, 지도를 할 기회를 가질 수 없다는 점이 한계입니다. 따라서 교육대학교와 교육청에서는 학교 현장의 교육실습 지도교사의 요구와 의견을 반영하여 교육실습학교를 아래와 같이 다양한 기준과 방식으로 선정해주시길 바랍니다.

① 학교 단위 실습학교 운영 - 현재 가장 보편적인 운영 방식
② 학년 단위 실습학교 운영 - 동 학년 희망을 통해 실습학교 운영
③ 개인 단위 실습학교 운영 - 교사 개인별 혹은 팀별로 실습학교 운영

2. 실습지도교사 역량 강화 연수 지원

교사 개인별 역량에 과도하게 의존하는 현재의 교육실습은 지역별, 학교별로 편차를 키우고 더 나아가 교육실습의 의미를 희석시키는 문제가 생길 수 있습니다. 해외 교육실습 운영 사례를 살펴보면, 핀란드의 경우 실습지도교사가 되기 위해서는 2~3달간 교육실습생 지도 방안에 대한 사전 연수를 들어야 합니다. 우리나라도 교육대학교나 교육청 주관으로 교육실습 운영에 필요한 내용과 운영 방법에 대한 사전 연수가 있긴 하나 대부분이 교육실습업무 처리 방식에 대한 전달 연수이며 교육실습생에 대한 이해나 실질적인 팁을 나누기에는 절대적으로 시간이 부족합니다.

또한, 해외 사례에서 살펴보았듯이 교육실습 기간 중 실습생이 성취해야 과제와 실습생 평가 기준에 대해서 명확한 제시가 필요합니다. 각 지역의 상황에 알맞은 교육실습 운영 매뉴얼을 개발하고 지속적으로 수정 · 보완하여 실습학교와 지도교사에게 배포해야 합니다. 그리고 운영 매뉴얼을 바탕으로 하여 실습지도교사의 역량을 키울 수 있는 연수가 반드시 필요합니다.

3. 교육청의 역할과 책임

　자잘한 소모용품부터 수업 준비에 필요한 용품 구입까지 교육실습을 운영하는 데는 많은 예산이 듭니다. 앞의 요구사항과 같이 교육실습 운영학교의 실정에 알맞게 예산을 확대 지원해주시고 교육실습 지도교사의 사기 증진을 위해 노력에 걸맞는 승진 가산점을 주길 바랍니다.

4. 교육대학교의 역할과 책임

　교육실습학교는 정해진 기간 동안 대학을 대신하여 교육실습생의 지도를 맡습니다. 교육실습생이 대학에서 배운 이론들을 실습학교에서 현실화할 수 있는 환경을 갖추기 위해서는 교육청뿐 아니라 교육대학교에서의 인적, 물적 지원도 필요합니다.

교육실습 지도교사 지도 수당과 교육실습 운영비를 현실화해주세요
　지도 수당과 실습 운영비 현실화로 지도교사의 전문성을 인정하고 사기를 진작해주세요.

실습 운영 업무가 과중됩니다. 정산 서류를 간소화해주세요
　교육실습 사전과 사후에 갖추어서 제출해야 할 서류가 너무 많습니다. 이는 업무 과중으로 다가와 교육실습 본연의 업무에 집중하는 데 어려움을 줍니다.

교육실습생들이 수업 구성 및 지도안 작성법을 배울 수 있도록 해주세요

대부분이 교육실습생이 교육실습 중 처음으로 현장의 수업을 접하고 수업 계획을 세워봅니다. 기본적으로 교육실습에 나오기 전 수업 지도 계획을 세우는 방법과 수업지도안을 작성하는 방법을 배운다면 실습이 보다 효과적으로 운영될 것입니다. 그뿐만 아니라 매번 특강을 계획하는 교육실습학교의 입장에서도 부담이 줄어들 것입니다.

교육실습 운영학교 대상 오리엔테이션을 실시해주세요

실습학교는 서로 다르게 계획을 세우고 실습을 실시합니다. 중요한 실습 내용이 누락되거나 중복이 되는 것을 방지하기 위해 교육실습 운영학교 대상 오리엔테이션을 해주어야 합니다. 그래야 학생들이 교육대학교에서 어떤 내용을 배우고 실습에 임하는지 알 수 있어 교육대학교와 실습학교가 잘 연계된 실습을 만들 수 있습니다.

① 교대에서 기본 특강 – 매뉴얼 제공 필요
② 학교에서 기본 실습 – 매뉴얼 제공 필요
③ 담임교사와 작성 – 매뉴얼 제공 필요

교대에서도 특강을 해주세요

교육실습생들이 1학년 때부터 실습을 한다고 하면 교대 및 실습학교 차원에서 다양한 특강을 듣게 됩니다. 그러다 보니 특강 영역이나 주제가 중복되어 효과성이나 효율성 면에서 문제점이 발생하고 있습니다. 교육실습생들의 입장에서는 이전 실습에서 들었던 주제의 특강을 중복해서 듣게 되는 문제가 발생하기도 하고, 실습교사 입장에서는 어떤 영역이나 주제의 특강을 준비해서 진행해야 하는지 고민이 생깁니다. 그러므로 교육대학교 차원에서 교육실습생들의 학년별 위계에 맞는 특강 영역이나 주제에 대한 가이드라인을 제시해주기를 제안합니다.

필수 특강 주제, 특강 주제 예시 등을 제시해준다면 교육실습생들은 자신들이 해당 실습마다 어떤 주제의 특강을 듣게 될지 짐작할 수 있을 것이며, 실습교사들은 교육실습생 수준별로 어떤 주제의 특강을 준비해서 도움을 줄지 방향을 잡을 수 있을 것입니다.

이 책에서는 특강 영역은 크게 4가지로 구성하였습니다. 교육과정 영역, 생활교육 영역, 문화예술체육 영역, 교육행정 영역입니다. 이 4가지 영역은 그 특성에 맞는 세부 특강 주제로 구성할 수 있습니다. 예를 들어 교육과정 영역에서는 개정 교육과정, 단위 학교 특색 교육과정, 교과별 특성 등과 같은 관련된 소영역에 맞게 세부특강 주제를 재구성하여 운영하면 됩니다.

특강 1. 교육과정 영역

미래학교, 미래교육, 체계적 교수법의 실제, 소프트웨어 교육의 기초, 수학교구 제작 및 활용 방법, 배움 중심 수업지도안 작성법, 효과적인 수업을 위한 발성발음법, 비주얼씽킹으로 공부의 기초 쌓기, 메이커 교실, 놀면서 공부하는 놀이과학 등

특강 2. 생활교육 영역

학급운영 노하우, 특수교육의 실제, TET 교사역할훈련, 학부모 상담의 실제, 학급환경 자료 제작, 학교안전교육의 이해, 학교폭력예방의 실제, 함께 성장하는 공동체 놀이, 학급운영시스템으로 행복한 교실 만들기, 에니어그램으로 바라보는 나와 우리 아이들, 학급긍정훈육(PDC)으로 친절하고 단호한 교사 되기 등

특강 3. 문화예술체육 영역

UCC 제작, 학교 체육의 실제, 신규 교사와 토크 콘서트, 학급 뮤지컬 지도의 실제, 1인 1악기 연주회의 실제, 청소년단체의 이해와 실제, 학급 이벤트로 만드는

특별한 우리 반, 퍼실리테이션으로 민주적 교실 만들기, 효과적인 학교 스포츠클럽 운영 노하우 등

특강 4. 교육행정 영역

나이스 복무관리, 인사복무의 실제, 교직에 대한 이해, 업무포털 활용법, 공문서 작성의 실제, 학교 현황 소개 및 학교 탐방, 교사 생애주기별 성장 과정 등

4장

교육실습
운영 서식 모음
23가지

1. 교육실습생 지도 카드
2. 교육실습생 출근부
3. 교육실습 결과 보고서
4. 교육실습 과정표
5. 교생수업 배당표 및 수업배당 조건표
6. 교육실습생 안내 자료 1
7. 교육실습생 안내 자료 2
8. 교수 · 학습과정안 약안
9. 교수 · 학습과정안 세안
10. 특강 원고 양식
11. 수업 협의록 양식
12. 교육실습 일지 협의록 양식
13. 수업 참관분석표 양식
14. 교육실습생 역할분담표 양식
15. 학생 생활 관찰 양식
16. 입교식 · 수료식 식순 자료
17. 교육실습 평가서 양식
18. 실습생 좌석 배치도
19. 교육실습 지원금 정산 자료
20. 실습을 마치며 양식
21. 교육실습 운영만족도 설문조사표 1 – 참관실습
22. 교육실습 운영만족도 설문조사표 2 – 수업실습
23. 교육실습 운영만족도 설문조사표 3 – 수업실무실습

1. 교육실습생 지도카드(예시)

▶ 교육실습생 지도카드 ....

○○교육대학교

학 번		심화과정		지도교수		
성 명		주민등록번호				사진 3×4Cm
주 소						
연락처		휴대전화		보호자		
건강상태		취미		종교		가족 사항	

구분 / 실습명	교육실습		근무상황				실습록 기록 회수	지도안 작성 회수	수업 시간수	지도교사 (인)	학교장 (인)
	학 교	학년 반	출 근	결 근	지 각	조 퇴					
교육 봉사 실습	실습기간 :										
	실습기간 :										
참관 실습	실습기간 :										
	실습기간 :										
수업 실습 Ⅰ	실습기간 :										
	실습기간 :										
수업 실습 Ⅱ	○○초등학교 실습기간 : 2020. 5. 23 ~ 5. 27	3-2	10	·	·		10	2	2	김○○	김○○
	○○초등학교 실습기간 : 2020. 5. 30 ~ 6. 3	3-3	10	·	·		10	1	1	서○○	김○○
실무 실습	○○초등학교 실습기간 : 2020. 5. 23 ~ 6. 3	6-1	9	1	·		9	3	3	최○○	조○○
	실습기간 :										
기타 · 특기 사항	• 교생 대표로 연구수업 실시함(2020. 5. 22. 홍길동 서명) • 학년대표로 활동함(2020. 5. 22. ~ 6. 3. 홍길동 서명)										
• 특기사항의 기록 : (예) 교생 대표로 연구수업 실시함(년. 월. 일. 지도교사 서명 날인)											

2. 교육실습생 출근부(예시)

실무실습 실습생 출근부

기간 :

○○초등학교

학반	교육실습생	/ (월)	/ (화)	/ (수)	/ (목)	/ (금)	/ (월)	/ (화)	/ (수)	/ (목)	/ (금)	비고
-	성명 학번											
	성명 학번											
	성명 학번											
	성명 학번											
	성명 학번											

교육봉사실습 결과 보고서

1. 실습학교명 :   초등학교   학년   반

2. 실습 기간 :   년   월   일 ~   년   월   일(1주간)

3. 지도교수 및 지도교사

직 명	성 명	교육봉사 활동 내용	비 고
		교수·학습 보조 활동, 학습부진아 지도, 학습 자료 및 교구 제작, 학급 및 학교 청소 환경 관리, 예·체능지도, 기타 활동	

4. 교육봉사 활동 영역

○ 교수·학습 보조 활동
○ 학습부진아 지도
○ 학습 자료 및 교구 제작
○ 학급 및 학교 청소 환경 관리
○ 예·체능 지도
○ 기타 활동

5. 평과 결과

심화과정명	학 번	성 명	(P/F)	비고

위 사실을 증명함.

년   월   일

○○초등학교장   직인

교육실습(참관실습) 결과 보고서

1. 실습학교명 :　　　　초등학교　　학년　반,　　학년　반

2. 실 습 기 간 :　　년　월　일 ~　　년　월　일(2주간)

3. 지도교수 및 지도교사

직　　명	성　　명	담 당 내 용	비　　고
교사 교사	홍길동 사임당	수업 참관 및 수업 분석 관점 지도, 학급 운영에 따른 학생 특성 관찰 안내(학급 관찰)	

4. 실습내용

○ 기본 소양 지도 : 말, 행동, 자세, 교육 현상의 해석, 교육공무원의 근무 자세
○ 학생 연구 : 교과 학습, 학교생활, 좌석 배치, 교우 관계
○ 학교, 학급 환경 : 구조, 시설 활용
○ 학급 경영 관찰
　- 수업 전 학생 지도 : 아침 자기 주도적 학습, 역할 분담 활동, 아침활동 지도
　- 생활지도 : 교내생활, 교외생활, 개별상담, 행동관찰 등
　- 건강관리 : 청결, 채광, 환기, 보건 위생 등
　- 교육과정 및 학습 지도 : 교수 행동 영역별 참관, 교과별 수업 참관

5. 평과 결과

심화 과정명	학 번	성 명	근무태도(50점) (출·결사항, 복장 자세, 언어생활 등)	참관활동(50점) (참여도, 학생관찰, 실습록 기록 등)	합계	등급

위 사실을 증명함.

년　　월　　일

○○초등학교장　　　　　　직인

교육실습(수업실습) 결과 보고서

1. 실습학교명 :   초등학교   제   학년   반

2. 실 습 기 간 :   년   월   일 ~   년   월   일(2주간)

3. 지도교수 및 지도교사

직 명	성 명	담 당 내 용	비 고
교사		학습지도 일반, 바람직한 교수행동의 기초와 기본 교수·학습 과정안 작성, 학급경영 일반	

4. 실습내용

○ 수업 계획 수립
○ 교육과정 구조, 단원 위계
○ 수업 흐름 이해, 학습 방법, 내용 선정 조직
○ 수업 전개, 수업 변인 상호 작용
○ 학생 이해와 긍정적 태도
○ 학급 경영 일반
○ 교사로서의 자질

5. 실습상황(평가)

심화 과정명	학 번	성 명	근무태도 (20점) (출·결사항, 복장 및 자세, 언어생활 등)	학습지도능력 (60점) (수업설계, 자료제작 활용, 수업진행, 수업토의 등)	업무처리능력 (20점) (학급관리, 생활 지도, 학생관찰, 결과물 등)	합계 (100)	등급
교육학과							
도덕과교육							
사회과교육							

위 사실을 증명함.

년   월   일

○○초등학교장   직인

교육실습(실무실습) 결과 보고서

1. 실습학교명 :　　　　초등학교　　제 학년 반

2. 실 습 기 간 :　　년　월　일 ~　　년　월　일(2주간)

3. 지도교수 및 지도교사

직　명	성　명	담 당 내 용	비　고
교사	○○○	학습지도 일반, 교직 실무, 학급경영 일반, 교직 자세	

4. 실습내용

○ 수업 계획 수립(교수·학습방법, 내용 선정 조직)
○ 교육과정 운영, 연간 계획
○ 교직 실무(학급경영 계획, 업무부별 계획)
○ 학교 행사 계획
○ 학생 이해와 긍정적 태도
○ 사무 관리(학생의 전출입, 생활기록부, 건강기록부, 출석부, 공문서 작성 및 관리 등)
○ 교사로서의 자질

5. 실습상황(평가)

심화 과정명	학번	성명	근무 태도 (20점)	학습지도능력 (40점)	학급경영 및 실무능력 (40점)	합계 (100)	등급
			출결사항, 복장, 자세, 언어생활 등	수업설계, 수업진행 자료제작·활용, 수업토의	학급관리, 생활지도, 학생상담, 업무처리 등		
교육학과							
도덕과교육							
사회과교육							

위 사실을 증명함.

　　　　　　　　　　　　년　　월　　일

○○초등학교장　　　　　직인

참관실습 과정표

가. 제1주 　　　　　　　　　　　　　　　　제 　학년 　반 　담임 　　(인)

시정 \ 행사 \ 일시	입교식	아침체조	수요방송	아침체조	금요방송	비고
1교시 09:20 ~ 10:00	**실습 안내** 과정안 작성법 및 실습록 작성	**특강** 교감	**학급 참관** (교과) 이름	**학급 참관** (교과) 이름	**교생 수업** (교과) 교생 이름	
2교시 10:20 ~ 11:00	**특강** 학교장	**학급 참관** (교과) 이름	**학급 참관** (교과) 이름 (1↔3반, 2↔4반)	**수업 참관** 좋은 수업 탐구대회 수업 참관 (5-2, 수학)	**교생 수업** (교과) 교생 이름	
3교시 11:10 ~ 11:50	**담임 수업** (교과) 이름	**학급 참관** (교과) 이름 (1↔2반, 3↔4반)	**수업 참관** 좋은 수업 탐구대회 수업 참관 (3-3, 도덕)	**수업 참관** 좋은 수업 탐구대회 수업 참관 (6-1, 실과)	**교생 수업** (교과) 교생 이름	
4교시 12:00 ~ 12:20	**교재연구** 수업 참관 방법	**교재연구** 수업 참관 방법	**교재연구** 선배 교사와의 만남	**교재연구** 선배 교사와의 만남	**교재연구** 교육 현장 이해	
5교시 13:40 ~ 14:20	**시범 수업** (6-4, 미술) ○○○	**시범 수업** (2-4, 바생) ○○○	**특강** 음악 감상 지도 (○○○)	**시범 수업** (5-4, 도덕) ○○○	**시범 수업** (3-4, 체육) ○○○	
6교시 14:30 ~ 15:10	**특강** 학교 안전교육 (○○○)	**특강** 학년별 발달 특성의 이해 (○○○)	**체육 연수** 체육 기능 연수 (체육부장)	**특강** 수업 집중 방법 (○○○)	**자치회 참관** 어린이회 참관	
7~8교시 15:20 ~ 16:30	○실습지도 • 담임수업, 시범수업 참관 소감 • 학급 참관 소감 • 중점지도 및 토의 주제 - 참관실습의 목적(월) - 수업참관 요령(화)		○실습지도 • 체육연수 • 실습 관련 지도	○실습지도 • 수업협의(사전, 사후) • 학급 참관 및 수업 참관 소감 • 중점지도 및 토의 주제 - 수업분석 방법(목) - 어린이회 지도(금)		
기타	♠ 일일 중점 지도 및 토의 보고서 작성(실습의 길잡이 활용할 것) ♠ 담임수업 및 학급 수업 참관 시 수업 사전 설명 ♠ 좋은 수업 탐구대회 출전 학생 수업 참관(수: 3교시, 목: 2~3교시-수업실) - 도덕(6학년 1,2반), 수학(4학년 1,2반), 실과(6학년 3,4반) ♠ 금요일 6교시는 자치회 참관(2학년→5학년, 4·6학년은 그대로) ♠ 금요일 1~3교시는 교생 수업 실시 ♠ 수업참관 및 연수 참여 : 반드시 **5분 전 입실** 지도					

참관실습 과정표

나. 제2주

제　학년　반　담임　　　(인)

시정 / 일시 행사	애국조회	아침체조	수요방송	아침체조	금요방송	비고
1교시	**담임 수업**	**학급 참관**	**학급 참관**	**수능 시험일**	**교생 수업**	
09:20 ~ 10:00	(교과) 이름	(교과) 이름	(교과) 이름		(교과) 교생 이름	
2교시	**수업 참관**	**학급 참관**	**학급 참관**	**학급 참관**	**교생 수업**	
10:20 ~ 11:00	좋은 수업 탐구대회 수업 참관 (5-4, 체육)	(교과) 이름 (1↔2반, 3↔4반)	(교과) 이름 (1↔3반, 2↔4반)	(교과) 이름	(교과) 교생 이름	
3교시	**특강**	**수업 참관**	**수업 참관**	**특강**	**교생 수업**	
11:10 ~ 11:50	학교 급식의 이해와 영양교육 (○○○)	좋은 수업 탐구대회 수업 참관 (4-3, 미술)	좋은 수업 탐구대회 수업 참관 (5-3, 영어)	학교보건 교육의 이해 (○○○)	(교과) 교생 이름	
4교시	**교재연구**	**교재연구**	**교재연구**	**교재연구**	**담임 수업**	
12:00 ~ 12:20	선배 교사와의 만남	선배 교사와의 만남	선배 교사와의 만남	교육 현장 이해	(교과) 이름 학급 환송회	
5교시	**시범 수업**	**시범 수업**	**체육 연수**	**시범 수업**	**교재연구**	
13:40 ~ 14:20	(5-3, 수학) ○○○	(4-4, 사회) ○○○	뉴스포츠 연수 (○○○)	(2-2, 국어) ○○○	우수 실습록 및 바른 글씨 쓰기 전시회	
6교시	**특강**	**특강**	**체육 연수**	**교재연구**	**교재연구**	
14:30 ~ 15:10	발명 및 영재교육 (○○○)	독서 교육 (○○○)	배구 및 체육 연수 (체육보건부장)	바른 글씨 쓰기 대회	실습 평가	
7-8교시 15:20 ~ 16:30	○실습지도 • 담임수업, 시범수업 참관 소감 • 중점지도 및 토의 주제 - 학생평가의 이해(월) - 학생 특성에 따른 관찰 관점(화) • 실습 관련 지도		○실습지도 • 체육연수 • 실습 관련 지도	○실습지도 • 수업협의 (사전, 사후) • 학급참관 소감 • 시범수업참관 소감	○수료식(15:30~)	

기타

♠ 월요일 1교시 : 담임수업 참관
♠ 담임수업 및 학급 수업 참관 시 수업 사전 설명
♠ 좋은 수업 탐구대회 출전 학생 수업 참관(월: 2교시, 화．수요일 3교시)
 - 체육 (체육관 전체 참관), 미술(1학년 1,2반), 영어(5학년 1,2반)
♠ 둘째 주 시범수업 참관 학반 안내
 (월-5교시 : 5학년 3．4반, 화-5교시 : 1학년 3．4반, 목-5교시 1학년 1．2반)
♠ 금요일 1~3교시는 교생 수업 실시(교생 수에 따라 1~2교시)
♠ 의자는 금요일 4교시 후 점심 때 창고로 가져가기

수업실습 과정표

가. 제1주

제　학년　반　담임　　(인)

시정＼일시＼행사	입교식	아침체조	수요방송	아침체조	금요방송	비고
1교시 09:20~10:00	**실습 안내** 연구실습부장	시범 수업 (5-3, 영어) ○○○	시범 수업 (6-1, 국어) ○○○	시범 수업 (1-3, 수학) ○○○	시범 수업 (3-3, 도덕) ○○○	
2교시 10:20~11:00	**특강** 학교장	**특강** 교감	교생 수업 (교과) 교생 이름	교생 수업 (교과) 교생 이름	교생 수업 (교과) 교생 이름	
3교시 11:10~11:50	**담임 수업** (교과) 이름	교생 수업 (교과) 교생 이름	교생 수업 (교과) 교생 이름	교생 수업 (교과) 교생 이름	교생 수업 (교과) 교생 이름	
4교시 12:00~12:40	**특강** 수업 집중 방법 (○○○)	교생 수업 (교과) 교생 이름	교생 수업 (교과) 교생 이름	교생 수업 (교과) 교생 이름	교생 수업 (교과) 교생 이름	
5교시 14:00~14:20	**교재연구** 학년별 발달 특성의 이해	**교재연구** 수업 참관 방법	**교재연구** 실습록 기록 방법	**교재연구** 수업 토크	**교재연구** 수업 토크	
6교시 14:30~15:10	**특강** 학교 안전교육 (○○○)	**교재연구** 수업 토크	**교재연구** 수업 토크	**체육 연수** 뉴스포츠 연수 (○○○) 배구 및 체육 연수 (체육보건부장)	**자치활동 참관** 학급어린이회 참관	
7-8교시 15:20~16:30	○실습지도 • 수업협의(사전, 사후) • 중점지도 및 토의 주제 　- 교수·학습 과정안 작성(월) 　- 학습 목표의 진술(화) • 실습 관련 지도		○실습지도 • 수업협의 　(사전, 사후) • 토의 주제 　- 발문과 응답 　　처리(수)	○실습지도 • 수업협의(사전, 사후) • 중점지도 및 토의 주제 　- 주의 집중 방법(금) • 실습 관련 지도 • 체육연수		

기타	♠ 2, 4, 6학년에서 수업실습 실시 ♠ 금요일 자치활동 참관 시 2-1→4-1, 2-2→4-2, 2-3→4-3, 2-4→4-4로 이동 ♠ 일일 중점 지도 및 토의 보고서 작성(실습의 길잡이 활용할 것) ♠ 시범수업 참관 안내 　(○○○ 선생님 : 2학년 1,2반 / ○○○ 선생님 : 2-3,4반 / ○○○ 선생님 : 4학년 1,2반 / 　○○○ 선생님 : 4학년 3,4반 / ○○○, ○○○ 선생님 : 6학년 1,2반 / ○○○ 선생님 : 6학년 3,4반) ♠ 시범수업 과정안 제출 시 시각 엄수 ♠ 교생 공개 수업자 선정 : 학년에서 1명씩 선정 지도 ♠ 시범 수업 후 교생들과 함께하는 수업토크 운영(수업자 참석) - 5교시 또는 6교시

수업실습 과정표

나. 제2주

제   학년   반   담임   (인)

시정 \ 일시·행사	애국조회	아침체조	수요방송	아침체조	금요방송	비고
1교시	**담임 수업**	**시범 수업**	**시범 수업**	**시범 수업**	**교생 연구 수업**	
09:20 ~ 10:00	(교과) 이름	(5-2, 과학) ○○○	(1-2, 통합-슬생) ○○○	(3-2, 사회) ○○○	(2학년, 통합-즐생) 교생 이름	
2교시	**교생 수업**	**교생 수업**	**교생 연구 수업**	**교생 연구 수업**	**교생 수업**	
10:20 ~ 11:00	(교과) 교생 이름	(교과) 교생 이름	(4학년, 과학) 교생 이름	(6학년, 체육) 교생 이름	(교과) 교생 이름	
3교시	**교생 수업**	**교생 수업**	**교생 수업**	**교생 수업**	**교생 수업**	
11:10 ~ 11:50	(교과) 교생 이름	(교과) 교생 이름	(교과) 교생 이름	(교과) 교생 이름	(교과) 교생 이름	
4교시	**교생 수업**	**교생 수업**	**교생 수업**	**교생 수업**	**담임 수업**	
12:00 ~ 12:40	(교과) 교생 이름	(교과) 교생 이름	(교과) 교생 이름	(교과) 교생 이름	(교과) 이름 학급 환송회	
5교시	**교재연구**	**교재연구**	**교재연구**	**교재연구**	**교재연구**	
14:00 ~ 14:20	아침활동 시간 운영 방법	효과적인 발문	판서 및 학습장 정리 방법	수업 토크	교수·학습 과정안 전시회	
6교시	**교재연구**	**교재연구**	**교재연구**	**체육 연수**		
14:30 ~ 15:10	수업 토크	수업 토크	수업 토크	뉴스포츠 연수 (○○○) 배구 및 체육 연수 (체육보건부장)		
7-8교시	○실습지도 • 수업협의(사전, 사후) • 중점지도 및 토의 주제 - 거수와 지명, 예습과제 설정(월) - 교과별 수업 모형(화) • 실습 관련 지도		○실습지도 • 수업협의 (사전, 사후) • 토의 주제 - 수행평가의 이해(수)	○실습지도 • 수업협의(사전, 사후) • 실습 관련 지도 • 체육연수 ○수료식(15:30~)		
15:20 ~ 16:30						

기타	♠ 교생 공개 수업자 수업 협의 및 수업 지도 ♠ 월요일 1교시 : 담임수업 참관(이때는 교환 참관이 이루어짐) 　　　　　　(2-1→4-1, 4-1→6-1, 6-1→2-1반으로 이동하여 참관) ♠ 교생 연구수업 시 동학년에서 동영상 촬영, 연구수업학년 교생 수업실 참관 　　예) 2-1 교생 연구수업은 동학년 교사 및 2학년 교생 전체가 수업실에서 참관 ♠ 금요일 교수·학습 과정안 전시회 실시함(세안 - 교생당 1부씩) ♠ 의자는 금요일 4교시 후 점심 때 창고로 가져가기

실무실습 과정표

가. 제1주

제 　학년　 반 　담임　 　(인)

시정＼일시＼행사	입교식	아침체조	수요방송	아침체조	금요방송	비고
1교시 09:20 ~ 10:00	**실습 안내** 실습부장	**시범 수업** (3-1, 수학) (○○○)	**시범 수업** (6-1, 과학) (○○○)	**시범 수업** (5-1, 사회) (○○○)	**시범 수업** (2-3, 통합-즐생) (○○○)	
2교시 10:20 ~ 11:00	**특강** 학교장	**특강** 교감	**특강** 영양교육의 이해 (○○○)	**특강** 보건 교육 (○○○)	**특강** 학급 교육과정 편성 및 운영의 실제 (○○○)	
3교시 11:10 ~ 11:50	**담임 수업** (교과) 이름	**교생 수업** (교과) 교생 이름	**교생 수업** (교과) 교생 이름	**교생 수업** (교과) 교생 이름	**특강** 시수표 및 주안 작성법 (○○○)	
4교시 12:00 ~ 12:40	**특강** 공문서 접수 및 작성법 (○○○)	**교생 수업** (교과) 교생 이름	**교생 수업** (교과) 교생 이름	**교생 수업** (교과) 교생 이름	**교생 수업** (교과) 교생 이름	
5교시 14:00 ~ 14:20	**교직 실무 지도** 아침활동 시간 운영 및 담임의 역할 (실습부장)	**교직 실무 지도** 동아리 운영의 실제 (실습부장)	**체육 연수** 체육연수 사전 준비 및 뉴스포츠 (체육보건부장)	**교직 실무 지도** 3월 학기 초 교육활동 준비 (실습부장)	**교직 실무 지도** 학년별 특성 이해 및 학생 생활지도 (실습부장)	
6교시 14:30 ~ 15:10	**특강** 학교 안전교육 (○○○)	**특강** 수업집중 레크레이션 (○○○)	**체육 연수** 배구 및 체육 기능 (체육보건부장)	**특강** 학교/학년 교육과정 편성 및 운영 (○○○)	**자치활동 참관** 학급어린이회	
7-8교시 15:20 ~ 17:00	○실습지도 •수업협의(사전, 사후) •중점지도 및 토의 주제 - 문서관리 및 공문서 작성(월) - 학교 교육과정 편성 및 운영(화) •실습 관련 지도		○실습지도 •체육연수 •수업협의 (사전, 사후)	○실습지도 •수업협의(사전, 사후) •중점지도 및 토의 주제 - 교수·학습 과정안 작성(목) - 학급 교육과정 편성 및 운영(금) •실습 관련 지도		
기타	♠ 1주 : 1.3.5학년은 1반 교실, 2반 교실, 2.4.6학년 1반 교실, 3반 교실 　 2주 : 1.3.5학년은 3반 교실, 4반 교실, 2.4.6학년 2반 교실, 4반 교실 　 (1.3.5학년은 1반과 3반, 2반과 4반 팀티칭, 2.4.6학년은 1반과 2반, 3반과 4반 팀티칭) ♠ 금요일 자치활동 참관 시 1-1→4-1, 2-1→5-1, 3-1→6-1 이동 ♠ 일일 중점지도 및 토의 보고서 작성 ♠ 시범수업 시 동 학년에서 반드시 동영상 촬영, 동 학년 교사와 교생 참관 　 예) 3-1 시범수업은 동 학년 및 3학년 교생 전체가 참관 ♠ 수업 자료 보관 철저(교수·학습 자료 전시회 출품) ♠ 교생 공개 수업자 선정 : 각 학년 1명씩 선정 지도					

실무실습 과정표

나. 제2주

　　　　　　　　　　　　　　　　　　제 　학년 　반 　담임 　　(인)

시정 / 행사	애국조회	아침체조	수요방송	아침체조	금요방송	비고
1교시	**시범 수업**	**시범 수업**	**교생 연구 수업**	**교생 연구 수업**	**특강**	
09:20 ~ 10:00	(1-1, 국어) (○○○)	(4-1, 체육) (○○○)	(6학년, 교과) 교생 이름	(1학년, 교과) 교생 이름	특수교육의 이해 (○○○)	
2교시	**담임 수업**	**교생 연구 수업**	**특강**	**특강**	**특강**	
10:20 ~ 11:00	(교과) 이름	(3학년, 교과) 교생 이름	영어 수업실연 및 영어 면접법 (○○○)	학급 경영 (○○○)	심층 면접법 (○○○)	
3교시	**교생 수업**	**교생 연구 수업**	**교생 연구 수업**	**교생 연구 수업**	**특강**	
11:10 ~ 11:50	(교과) 교생 이름	(5학년, 교과) 교생 이름	(2학년, 교과) 교생 이름	(4학년, 교과) 교생 이름	학생평가 (○○○)	
4교시	**교생 수업**	**교생 수업**	**교생 수업**	**교생 수업**	**담임 수업**	
12:00 ~ 12:40	(교과) 교생 이름	(교과) 교생 이름	(교과) 교생 이름	(교과) 교생 이름	교과 (이름) 학급 환송회	
5교시	**교직 실무 지도**	**교직 실무 지도**	**수업 협의회**	**특강**	**교직 실무 지도**	
14:00 ~ 14:20	학부모 교육활동 공개의 날 (실습부장)	체육연수 사전 준비 및 배구 심판 방법	교생 연구수업 협의	외부인사 특강	교원능력개발평가 (실습부장)	
6교시	**특강**	**특강**	**교직 실무 지도**	**특강**	**동아리활동 참관**	
14:30 ~ 15:10	Wee클래스 운영의 실제 (○○○)	배구 및 체육 기능 (체육보건부장)	학급 환경 구성의 실제 및 교육자료 전시회	외부인사 특강	동아리 활동 참관	
7-8교시 15:20 ~ 17:00	○실습지도 • 수업협의(사전, 사후) • 중점지도 및 토의 주제 - 학교생활기록부(월) - 공무원(교원) 복무규정(화) • 실습 관련 지도		○실습지도 • 체육연수 • 수업협의 (사전, 사후)	○실습지도 • 수업협의(사전, 사후) • 중점지도 및 토의 주제 - 동아리활동 운영 계획(목) • 실습 관련 지도 ○수료식(15:30~)		

기타

♠ 교생 공개 수업자 수업 협의 및 수업 지도
♠ 월요일 2교시 : 담임수업 참관
♠ 교생 연구수업 시 동학년에서 반드시 동영상 촬영, 연구수업학년 교생 수업실 참관
예) 3-1 교생 연구수업은 동학년 교사 및 3학년 교생 전체가 참관
♠ 5월 18일(수) - 교생 전체 수업 협의회 실시
♠ 수업 자료 보관 철저(교수·학습 자료 전시회 출품)
♠ 금요일 학생 동아리 활동 참관(1학년→4학년, 2학년→5학년, 3학년→6학년), 장소는 추후 안내,
3시 10분까지 참관하고 수업참관실로 오기
♠ 의자는 금요일 4교시 후 점심 때 창고로 가져가기

5. 교육실습생 배당표 및 수업배당 조건표

교육실습생 수업 배당표

20○○학년도 ○○초등학교

○○실습		학년 반 지도교사			(인)	
월일 교시	구분	5/30 월	5/31 화	6/1 수	6/2 목	6/3 금
1	과목	국어				
1	단원 (차시)	환영식 학교장 지도강화	특강	특강	특강	특강
1	교생					
2	과목					
2	단원 (차시)	교육실습 오리엔테이션	시범수업참관 (2-7)	시범수업참관 (4-8)	시범수업참관 (6-1)	시범수업참관 (6-3)
2	교생					
3	과목					
3	단원 (차시)					
3	교생					
4	과목					
4	단원 (차시)					
4	교생					
비고						

▸ 1인 2 세안 작성(결재:1회는 담임-교육과정부장(수석)-교감-교장, 1회는 담임-교육과정부장-교감), 4일 전 결재
▸ 약안 6회 작성(결재: 담임-교육과정부장-교감), 2일 전 결재
▸ 세안 표시는 '과목'란 우측에 '세안'으로 진하게 주서로 표시, (/)에는 차시 표시
▸ 세안 수업은 학년에서 다른 시간으로 배정, 동일 교과목의 동일 차시가 되지 않도록 조정

교육실습생 수업 배당표

20○○학년도 ○○초등학교   **2주차**

○○실습		학년 반	지도교사	(인)	
월일 교시	구분	6/6 월	6/7 화	6/8 수	6/9 목	6/10 금
1	과목					
	단원	현충일				
	교생					
2	과목					
	단원		시범수업참관 (3-6)		시범수업참관 (1-6)	▸1,2학년 단위 1학년교생실습 대표공개(수학)
	교생					
3	과목					
	단원			동아리 활동참관 참관 없음 수업 기능		교수참관 수업협의
	교생					
4	과목					
	단원					
	교생					
비고						

▸ 1인 2 세안 작성(결재:1회는 담임-교육과정부장(수석)-교감-교장, 1회는 담임-교육과정부장-교감), 4일 전 결재
▸ 약안 6회 작성(결재: 담임-교육과정부장-교감), 2일 전 결재
▸ 세안 표시는 '과목'란 우측에 '세안'으로 진하게 주서로 표시, (/)에는 차시 표시
▸ 세안 수업은 학년에서 다른 시간으로 배정, 동일 교과목의 동일 차시가 되지 않도록 조정

교육실습생 수업 배당표

20○○학년도 ○○초등학교   **3주차**

○○실습	학년 반	지도교사	(인)

월일\교시	구분	6/13 월	6/14 화	6/15 수	6/16 목	6/17 금
1	과목					
1	단원					수업시연 (희망자)
1	교생					
2	과목					
2	단원					수업시연 (희망자)
2	교생					
3	과목					
3	단원	▶3,4학년 단위 4학년교생실습 대표공개(미술)	▶5,6학년 단위 6학년교생실습 대표공개(음악)	시범수업참관 (5-6)	시범수업참관 (5-4)	수업시연 (희망자)
3	교생					
4	과목					
4	단원	교수참관 수업협의	교수참관 수업협의			수업시연 (희망자)
4	교생					
비고						

▶ 1인 2 세안 작성(결재:1회는 담임-교육과정부장(수석)-교감-교장, 1회는 담임-교육과정부장-교감), 4일 전 결재
▶ 약안 6회 작성(결재: 담임-교육과정부장-교감), 2일 전 결재
▶ 세안 표시는 '과목'란 우측에 '세안'으로 진하게 주서로 표시, (/)에는 차시 표시
▶ 세안 수업은 학년에서 다른 시간으로 배정, 동일 교과목의 동일 차시가 되지 않도록 조정

교육실습생 수업 배당표

20○○학년도 ○○초등학교   **4주차**

| | | ○○실습 | 학년 | 반 | 지도교사 | (인) |

월일 / 교시	구분	6/20 월	6/21 화	6/22 수	6/23 목	6/24 금
1	과목					
	단원					
	교생					
2	과목					
	단원					
	교생					
3	과목					
	단원		시범수업참관 (교과 영어)			
	교생					
4	과목					
	단원					
	교생					
비고				▸1, 3, 5학년 교육실습록 제출 (4시까지 교무실)	▸2, 4, 6학년 교육실습록 제출 (4시까지 교무실)	

▸ 1인 2 세안 작성(결재:1회는 담임-교육과정부장(수석)-교감-교장, 1회는 담임-교육과정부장-교감), 4일 전 결재
▸ 약안 6회 작성(결재: 담임-교육과정부장-교감), 2일 전 결재
▸ 세안 표시는 '과목'란 우측에 '세안'으로 진하게 주서로 표시, (/)에는 차시 표시
▸ 세안 수업은 학년에서 다른 시간으로 배정, 동일 교과목의 동일 차시가 되지 않도록 조정

교생수업 배당 조건표

20○○학년도 ○○실습   ○○초등학교

(   )학년 (   )반   지도교사   (인)

과목	1인당 배당 기본 시수			총시수	1인당 수업	비고
	교생 이름 ( )	교생 이름 ( )	교생 이름 ( )			
국어						
도덕						
사회						
수학						
과학						
실과						교대 연계 학년군 대표 수업자 1인 선정
체육					8회 (약안 6회 + 세안 2회)	
음악						
미술						교생: ( )
영어						
통합교과(바생)						
통합교과(슬생)						
통합교과(즐생)						
창의적 체험활동						
계						

- - - - - - - - - - -

※ 수업 배당 기본 원칙
1. 위의 교생 배당표를 가지고 되도록 그 차시에 맞도록 교생이 신청하기
    단, 하루 동안의 교시(과목)는 변경 가능함
     1주일 범위 안에서도 수업 진행에 무리가 없으면 과목 변경이 가능함
2. 가능한 한 전 교과를 고루 수업할 수 있도록 함

※ 교대 연계 학년군 대표 수업
1. 보여주기 위한 수업이 아니라 함께 고민하고 연구하기 위한 것임을 명심
2. 성적 사정 시 약간의 인센티브가 있을 수 있으나 노력도와 협력 등 실습의 전반적인 영역을 평가함으
    로 상황에 따라 인센티브 제공 여부를 고려해볼 수 있음

6. 교육실습 안내자료(1)-실무실습 중심 예시

○○초등학교   제(   )학년 (   )반

1. 출·퇴근
가. 출근 : 오전 8시 30분까지
나. 퇴근 : 오후 4시 30분 이후, 지도교사의 허락을 받은 후로 한다.
다. 출근과 동시에 교실에 비치된 출근부에 본인이 직접 날인(사인)하고 08시 30분 이후에는 연구실에서 날인한다.

2. 근무 태도
가. 부득이한 사유로 결강을 해야 할 때에는 지도 교사를 거쳐 학교장의 사전 허락을 받아야 한다.
나. 학교에서는 원칙적으로 금연한다.
다. 탈의 및 휴식은 탈의실과 빈 특별실을 활용한다.
라. 전체 모임 및 시범수업 참관은 수업참관실에서 실시하며, 5분 전에 반드시 입실하여 지정된 좌석에 앉는다.
마. 학생 지도는 교내에 한하며 지도교사의 승인 없이 체벌, 교외 인솔, 가정방문, 임의 소집 등을 할 수 없다.
바. 학생들의 청소활동, 작업 활동, 특별활동에 함께 참여한다.

3. 교육실습생 교수·학습과정안 작성
가. 수업이 있는 교육실습생은 사전에 지도교사와 의논하여 수업과정안을 작성할 과목을 정하고 3회 이상 작성한다.
나. 수업이 있는 교육실습생은 사전수업 협의회를 수업 3~4일 전에 실시할 수 있도록 준비하여 지도교사에게 지도(결재)를 받은 후 수업 2일전 13:40까지 지도된 과정안(붉은색 펜 사용)과 수정안 1부를 실습부에 제출한다. (학급 대표 취합 제출)
다. 교육실습생 수업자는 수업 당일 학급 교생에게 교수·학습 과정안을 복사하여 배부한다.
라. 수업 개선을 위한 학습모형이나 과정을 적용한 세안을 1회 작성하여 제출한다.
마. 학년대표 수업 교수·학습 과정안은 지도교사의 지도와 결재를 받은 후 수업 2일 전 16:30까지 세안(5부, 좌상철)과 약안 인쇄용 1부를 완결하여 실습부에 제출한다.

4. 복장
가. 명찰을 패용한 단정한 옷차림으로 하며, 품위에 손상이 가지 않도록 한다.
나. 체육복, 운동화는 필요시 준비하되 체육 수업 때에는 체육복과 운동화를 필히 착용한다.

5. 언어
가. 실습생 상호 간에도 ○○○ 선생님 등 경어를 쓴다.
나. 교육실습생 상호 간, 교육실습생과 교사 간 인사하는 습관을 기른다.

6. 실습록 기록

가. 매일의 실습 사항을 정확하고 자세하게 기록하여 출근과 동시에 지도교사에게 제출한다.

나. 학교 제출 일시 : 월 일(목) 13:00까지 - 학급 대표, 교무실 담임교사 책상 위
　　　　　　　　　 월 일(목) 13:00까지 - 학급 대표, 교무실 담임교사 책상 위

다. 사실의 기록과 자신의 해석을 구분하여 객관성을 유지한다.

라. 수업참관 기록 시 중요 관점을 문장으로 간략하게 표현한다.

7. 학년대표 교육실습생 회의

가. 매일 오전 08:35 연구실에서 개최

나. 학급 출근부 및 필기도구 지참

8. 교육실습생 제출물 안내

가. 수업과정안은 수업 계획에 따라 작성한다.

나. 수업협의록은 수업과정안을 작성한 수업에 한하여 협의록을 작성한다.

다. 일일 중점 지도 및 토의 보고서는 일일 담임일에 작성하고 지도교사의 지도 내용을 개조식으로 요약 정리한다.

라. 담당 학생 관찰일지는 담당 학생을 매일 관찰하고 기록한다.

9. 기타

가. 실내화를 사용하고 중요한 소지품은 항상 가지고 다니도록 한다.

나. 일일 담임 교생은 08:10까지 출근하여 학생들의 등교부터 하교까지 일과 운영에 적극적으로 참여하고 학급 바로미 학생과 사제동행 하여 역할 분담 활동에 최선을 다하며 지도한다.

다. 학생을 대할 때는 맡은 학급의 담임이라고 생각하고 행동한다.

라. 모든 행동은 학생들의 귀감이 될 수 있도록 솔선수범한다.

마. 과학실 수업의 과학 자료를 대여하고자 할 때는 반드시 하루 전에 자료신청서 양식(담임)에 기록하여 과학실에 제출하여야 자료를 대여받을 수 있다.

바. 신발은 신발장에 가지런히 정리하여 보관하고 공용 슬리퍼는 항상 제자리에 짝을 맞추어 정리 정돈하여 학생들의 본보기가 되도록 한다.

사. 교수·학습과정안 세안과 약안 양식은 ○○초등학교 홈페이지/교생마당에 탑재되어 있으므로 다운받아서 활용한다.

아. 학급 협의회 안내

【 학급 협의회 순서 】
(예) ○월 ○일(월) 학급 협의회 － 수업협의(사전수업협의, 사후수업협의) － 중점 지도 사항 토의 － 수업 준비

자. 담임교사 연락처 안내

담임교사 연락처	■ 담임교사 : ○○○ ■ ☎(교실 혹은 연락 가능한 전화번호) 　02- 　010- ■ 실습담당자 : 교사 ○○○ ☎ (010-0000-0000)

7. 교육실습 안내자료(2)-실무실습 중심 예시

담임 :　　　(인)

연락처 : ☎　　　　　　　　✉

1. 기간 :

2. 학급 운영 철학 :

3. 학급 학생 수 : 남　　명, 여　　명, 계　　명

4. 학급의 특징 :

5. 학급에서 교육실습생의 할 일
　가. 학급 학생의 역할 분담 활동 지도
　　- 과제 검사, 일기 확인, 학습부진아 보충 지도, 등·하교 시간 지키기, 아침 활동 지도, 수업 태도 관리, 실내생활 지도, 수업 준비, 급식 예절 지도, 놀이 지도 등 학급 생활 전반에 대한 지도 실시

　나. 담당 학생 명단

지 도 교 생 명	학급 학생명	담당 역할(청소)

　다. (　)학년 (　)반 학생좌석 배치도

교 육 실 습 생 참 관 석

6모둠	5모둠	4모둠

3모둠	2모둠	1모둠

교 사 　책 상

마. 일일 학급 도우미 활동 배정
  1) 도우미 활동 시 할 일 – 문단속. 아침 학습활동 지도, 수업협의회 진행 및 기록하기 등

월 일 (요일)	월 일 (요일)	월 일 (요일)	월 일 (요일)	월 일 (요일)
월 일 (요일)	월 일 (요일)	월 일 (요일)	월 일 (요일)	월 일 (요일)

라. 교육실습생 역할 분담

역할	담당교생 선생님	내용
대표(1)		동료 교사의 리더, 친목 도모, 제출물(실습록, 학생 행동 분석지, 실습소감록 등) 수합 및 모든 교생 활동 총괄, 알림 사항 안내
총무(1)		근무상황부 관리, 실습록 확인받기, 예습 과제 및 준비물 미리 수업 교생에게 받아 알림장 제시할 수 있도록 준비 및 확인
수업 관리(1)		수업 지도안 및 수업협의록 수집 및 보관(철하기) 교사용 교과서 및 지도서 관리, 칠판 관리
학습 자료 분배 및 정리 정돈(1)		교생 선생님 청소 분배 및 당번 교생과 역할 활동 챙기기, 교생 학습 자료 분배 및 정리 정돈하기 교생 사물함, 신발장, 정리 및 관리 지도하기
모든 교생	알림장 검사(각 담당 학생), 과제검사, 일기 확인, 수업 준비 보조 및 기자재 관리, 복사	

※ 대표회의 Ⅰ - 일시: 매일 아침 08:40   - 대상: 학년 .학반 대표   - 장소: 회의실(본관 1층)

6. 기타
  가. 항상 이름표 부착 - 옷을 갈아입었을 때도 항상 부착하기
  나. 실내화 각자 준비, 소지품은 지정된 함이나 교실 한쪽에 가지런히 정리하고 이름 쓰기
  다. 체육 시간 및 직원 체육 시간 - 체육복 및 운동화 착용하여 전원 참석하기
  라. 실내 금연 및 교외로 무단출입 금하기 등
  마. 특강 시간에 졸지 않기, 휴대폰 사용 금지, 제출물 시간 지키기
  바. 아프거나 개인 사정이 있을 시 담임교사에게 필히 연락하기

8. 교수·학습 과정안 약안(예시)

※ 교수 · 학습 과정안은 학교의 교육 목표나 상황에 따라 다양한 형식으로 운영되고 있습니다. 그러나 교수 · 학습 과정안이 수업자에게는 수업의 가설이 되며 참관자에게는 수업을 위한 귀중한 안내서가 된다는 점을 고려한다면, 교수 · 학습 과정안의 근본적이고 중요한 몇 가지 요건만은 체계적으로 갖추어 통일성을 기할 필요가 있습니다. 교육실습생에게 가장 기본적인 교수 · 학습 과정안을 쓰는 방법을 알려주는 것이 교육실습협력학교의 중요한 임무이기도 합니다.

O 본시 교수·학습 과정안(약안)

○○과 교수 . 학습 과정안

일 시		장소		대상		지도교사	
단원 및 차시				교과			
성 취 기 준				역량			
배 움 주 제							
배 움 목 표							
수 업 자 의 도							
평 가 계 획	성취기준		영역	평가내용		평가시기	평가방법

배움 과정	배움 단계	교 수·학 습 활동	시량	평가	자료(★) 및 유의점(☞)

⊙ 칠판활용 계획

●단원 ●배움문제 ●배움활동 배움 1. 배움 2. 배움 3.	단원명 : 교실에서 수업할 때는 칠판 가운데 쓰기

9. 교수·학습 과정안 세안

-차시의 수업 특징을 나타낼 수 있는 문구 제시-

○○과 교수·학습 과정안

- 단   원 :
- 배움주제 :

(교과 및 차시와 관련 있는 삽화나 사진 제시, 90*70)

일 시	20○○년 ○월 ○일( ) ○교시
장 소	○학년 ○반
대 상	○학년 ○반 ○명 (남 ○명, 여 ○명)
지도교사	사 임 당 (인)

○○초등학교

교 재 연 구

1. 단원:

2. 단원 개관

3. 단원 목표

4. 교육과정 상의 성취기준

5. 단원 지도 계획

6. 단원 평가 계획

7. 지도상 유의점

8. 본시 배움 수업 과정안

일 시	20○○. ○. ○.(○) ○교시	장소		대상	○학년 ○반 ○○명	지도교사	사임당

단원 및 차시		교과	

성 취 기 준		역량	

배 움 주 제	

배 움 목 표	

수업흐름	배움 열기	배움 활동		배움 정리
	○ -하기 ○	○ ○	○ ○	○ ○

수 업 자 의 도	※ 3~5단락 구성, 내용과 형식은 자유롭게, 셀 변형 가능 학습자 실태 분석 주제를 정한 이유, 재구성 의도 배움 전략(수업 모형, 자료 활용 등) 수업 철학, 학생관 이전 차시 내용, 후속 차시 내용 연결 등

평 가 계 획	성취기준	영역	평가 내용	수집 증거	평가 방법
	[4국01-03] --	지식	--- 찾을 수 있는가?		
		기능	--- 주장할 수 있는가?		
		태도	--- 참여하는가?		

피 드 백 전 략	

배움 단계	학생 배움.지원 활동	자료(★) 및 유의점(☞)
배움 열기 (7′)	◈ 마음열기 ◈ 생각열기 ◈ 배움 문제(또는 배움 주제로 제시 가능) 확인하기 ┌──────────────────────────┐ │ │ └──────────────────────────┘ ◈ 배움 활동 안내하기 ┌──────────────────────────┐ │ <배움 1> │ │ <배움 2> │ └──────────────────────────┘	

배움
활동
(28′)
	◈ 배움 1. 이야기를 듣고 원인과 결과 알아보기
	  ○ -하기
	    ■ (교사 발문, -합니다. -할까요?)
	    -(아동 예상 반응 및 응답, -한다. -입니다.)
	  ○ -하기
	    ■ (교사 발문, -합니다. -할까요?)
	    -(아동 예상 반응 및 응답, -한다. -입니다.)
	┌──────────────────────────────────────┐
	│ <평가> (예) 인물에 대한 적절한 질문을 만들 수 있는가? │
	│ <피드백> (예) 단계적으로 질문을 만들 수 있도록 도와준 │
	│ 다. 인물이 그 상황에서 느꼈을 감정이나 생각을 알아보는 │
	│ 질문을 하도록 도와준다. │
	└──────────────────────────────────────┘
	
	◈ 배움 2. 원인과 결과 주사위 놀이하기
	  ○ -하기
	  ○ -하기
	    ■ (교사 발문, -합니다. -할까요?)
	    -(아동 예상 반응 및 응답, -한다. -입니다.)
	┌──────────────────────────────────────┐
	│ <평가> │
	│ │
	│ <피드백> │
	└──────────────────────────────────────┘	

배움 정리 (5′)	◈ 배움 활동 정리하기 ◈ 차시 예고하기	

10. 특강 원고 양식

○ 특강 원고 편집 방법

항 목	작 성 방 법
용지/여백	• A4 용지 　(여백 : 위:20, 아래:15, 왼:25, 오른쪽:20, 머리말:10, 꼬리말:0, 제본:0)
줄간격	• 160을 원칙으로 하되 적절히 조절 가능
글씨체	• 장[Ⅰ, Ⅱ 등] : 신명조 16, 장과 본문 사이 두 줄 간격, 가운데 정렬 • 절[1, 2 등] : 굴림체 14, 절의 상하 한 줄 간격, 1칸 • 항[가, 나, 다 등] : 중고딕 12, 항의 상하 한 줄 간격, 3칸 • 세항[1), 2) 등] : 신명조 11, 5칸 • 세세항[가), 나) 등] : 신명조 11, 7칸 • 본문 : 신명조 11 (단, 도표 안의 글자는 10호 이하) 　- 단 시작 : 들여쓰기 10 　- 한 줄에 한 글자만 있을 때 : 자간 조정(Shift+Alt+N 키 이용)하여 윗줄로 옮김 　- 본시 학습 과정안 부분의 부호 체계 큰 것부터 작은 것 순서로 　　(예) ◈, ○ • - 등
번호 체계	• 1, 가, 1), 가), (1), (가), ①, ㉮ 등을 사용
분량	• A4 용지 2~4매

※ 작성 예시 ※

20　. 학생 생활지도의 실제(16포인트, 중고딕, 가운데 정렬)

(1줄 띄우기)

○○초등학교

E-mail 교사 ○○○

(12포인트, 신명조, 진하게, 오른쪽 정렬, 1줄 띄우기)

11. 수업 협의록 양식

수 업 협 의 록

제   학년   반

일 시	. . . 교시	수업자		지도교사	(인)
교 과		단원 및 차시			(/)
수 업 전 협 의					
수업설계					
수업과정					
학습자료					
학습관리					
수업확인					
지도조언					
수 업 후 협 의					
수업분석					
지도조언					

12. 교육실습 일지 협의록 양식

(   ) 교육실습 협의록

날짜	20○○년 월 일 요일	기록	교생 ( ) 인
업무 연락			

수업 지도 목표 및 내용		
1교시		
2교시		
3교시		
4교시		
5교시		
6교시		

학급 협의 내용

※ 담임수업 및 시범수업참관, 지도강화, 학생관찰 및 생활지도, 기타 협의 등에 대한 발전적 논의 내용

1일 당번 교생의 오늘의 소감	동료 교생
	( ) 인
	( ) 인

13. 수업참관 분석표 양식

수 업 참 관 분 석 표 1

년   월   일   참관자: (인)

교 과	단 원	학 습 주 제	차 시	학 반	수업자
			/		

학습목표	

참관 영역	참 관 관 점	평점 (A,B,C)	특기사항
수업 설계	1 교재의 특질에 맞는 학습모형을 선택하였는가?		
	2 교과 및 제재의 특질에 적합한 내용 조직인가?		
	3 내용, 장면 활동, 제재 등에 따른 융통성 있는 집단조직인가?		
	4 명세화된 수업목표 진술인가?		
	5 수업목표와 평가 계획이 일관성이 있는가?		
	6 학습자 중심의 수업 계획인가?		
수업 과정	7 흥미와 호기심이 지속적으로 일어나는 학습활동을 하고 있는가?		
	8 교사의 문제 제시에 대해 학생이 스스로 배우고자 하는가?		
	9 학습목표와 관련된 배움 중심의 학습자 주도적 활동인가?		
	10 학생들이 학습과정에 능동적으로 참여하는가?		
	11 협력적 배움(자기생각 만들기)과 나눔(서로 다른 생각 나누기)으로 지식 창조의 과정을 거치고 있는가?		
	12 비판적 사고활동(토의나 토론, 실험, 관찰, 글쓰기 등)을 거쳐 자기 생각을 만들어가는 수업인가?		
	13 학생-학생, 교사-학생이 협력적인 상호작용으로 배움이 일어나는가?		
	14 교사의 발문이나 안내에 따른 발표 태도가 능동적인가?		
	15 생각을 파고드는 발문을 하는가?		
	16 발문 후 반응을 위한 적절한 시간을 두는가?		
	17 생각하는 기회를 제공하는가?		
	18 학생의 능력차를 고려한 개별지도를 하는가?		
	19 기본학습태도를 수시로 확인하고 지도하는가?		
	20 개인별(수준별) 과제활동에 잘 참여하도록 안내가 되었는가?		
	21 과제 해결을 위한 방법과 자료가 제시되었나?		
	22 학습주제 해결에 적절하게 모둠을 구성하여 참여하는가?		
	23 교사는 학생들의 배움이 일어나도록 지원하는가? (수용, 격려, 칭찬, 신뢰, 참여, 존중, 마중하기 등)		
	24 학생 개개인의 정의적 능력(도전정신, 성취동기, 호기심, 자존감, 협동과 책임 등)을 고려하는 수업인가?		
	25 배움의 내용이 실생활(삶)과 연관되어 있는가?		
	26 학생과 눈높이를 같이하고 인격을 존중하는가?		
수업 확인	27 배움의 과정을 통해 결과를 스스로 정리하고 자기화하여 표현하는가?		
	28 배움에 대한 기쁨과 더 배우고자 하는 마음을 가지는가?		
	29 배움의 변화를 통해 개개인별 피드백이 적절하게 이루어지는가?		
	30 평가가 격려와 지적 성장을 돕는 역할을 하고 있는가?		
종합 의견			

수 업 참 관 분 석 표 2

교 과 명		일 시	년 월 일 요일 교시		
단 원 명		대 상	학년 반	수업자	

영역	관 점	특 기 사 항
배움 설계	1. 학습자 배움중심의 교과 교육과정이 창의적으로 설계되었는가? 2. 배움의 도약이 가능한 학습과제로 선정되어 있는가? 3. 학습자 배움중심의 수업 방법을 구안·적용하였는가?	
배움 열기	1. 학습자가 학습목표를 찾을 수 있도록 지도하는가? 2. 자기가 정한 학습목표에 맞게 스스로 공부할 내용과 방법을 찾아 가는가? 3. 학습자가 흥미와 호기심을 가지고 배우고 싶어 하는가?	
배움 활동	1. 자기수준에 알맞은 학습과제를 선택하여 활동하는가? 2. 서로 존중하고 협력하며 배우고 있는가? 3. 배움의 내용이 학습자의 삶과 연계되어 이루어지는가?	
	4. 학습자가 자기 언어로 자유롭고 다양하게 표현하는가? 5. 교사와 친구의 말을 진지하게 듣고 반응하는가? 6. 학습에 몰입하며 더불어 즐겁게 공부하는가?	
	7. 배움의 전 과정에서 능동적으로 배움의 변화가 일어나는가? 8. 학습자가 배움 과정 속에서 감동(성취의 기쁨, 발견, 만족, 깨달음)을 느끼는가?	
	9. 교사는 학습자 한 명, 한 명을 보살피며 수업을 하고 있는가? 10. 학습자의 학습목표 도달 정도를 수시로 평가·확인하는가?	
배움 정리	1. 자기가 정한 학습목표에 도달하는가? 2. 배움 내용을 서로 이야기하는 기회를 갖는가? 3. 배움 내용을 자기 언어로 정리하는가?	
종합 의견		

참관자 : 직   성명 :   (인)

자 기 수 업 분 석 표

년 월 일 요일					
분석자		교 과		단 원	

자기 수업 분석 관점

◇ 학습자 배움에 주목하기
  - 학습자가 '어디에서 배우고, 어디에서 주춤하는가' 하는 사실에 주목하는가?
  - 나의 지시, 지도에 따라 학생들이 어떻게 배우고 있는가?
  - 학생들은 배움의 맥락을 이해하고 있는가?
  - 학습 간에 의미 있는 모둠활동이 이루어졌나?

◇ 수업자 스스로 배울 점에 주목하기
  - 수업에서 좋았던 점은 무엇인가?
  - 수업관찰 후 스스로 배운 점은 무엇인가?
  - 교실에 배움과 상관없는 불필요한 언어와 행동은 없었는가?

◇ 수업 맥락에서 듣기, 연결 짓기, 되돌리기에 주목하기
  - 학습자 한 명 한 명의 중얼거림과 당황함을 받아들이고 있는가?
  - 학습자와 '학습자, 사물, 사건'과의 연결 및 관계는 어떠한가?
  - 학습자의 점프가 있는 배움이 이루어지고 있는가?
  - 교실에 서로 들어주는 관계가 성립되어 있는가?
  - 협동적인 배움이 일어나고 있는가?

◇ 모든 학습자에게 질 높은 배움이 이루어지고 있는가에 주목하기
  - 교재 선정(가치)이 적절한가?
  - 교재의 수준은 적절했는가?

◇ 교재 연구, 실태분석, 수업모형 적용, 교사 발문, 수업자료 활용, 판서, 수업 형태 등은 어떠한가?

수업 종합적 분석 내용

14. 교육실습생 역할 분담표

교육실습생 역할 분담표

초등학교   제   학년   반

심화과정	학 번	성 명	일일 담임일	역 할 활 동	담당 학생
				인사지도, 독서지도, 조회활동지도, 생활지도, 교실 정리정돈 지도(청소용구함, 쓰레기통 및 교실 청결)	
				인사지도, 독서지도, 생활지도, 아침체조 지도, 교실 정리정돈 지도(칠판 주변 정리 및 교실 청결)	
				인사지도, 독서지도, 수요방송 시청, 교실 정리정돈 지도(골마루 및 신발장 정리지도)	

※ 교생 선생님은 등교와 동시에 1일 담임이 되어 역할 활동을 합니다. 아침 자율학습 시간을 이용하여 학생들의 예습 과제, 일기, 독서활동 지도를 하며, 특히 아침 독서 시간에는 교생 선생님도 학생과 같이 독서활동을 실시합니다.

좌석 배치도

참 = = = = 관 = = = = 석

6 모둠		5 모둠		4 모둠	

3 모둠		2 모둠		1 모둠	

칠판

15. 학생 생활 관찰 양식

담당 학생 관찰 일지

제   학년   반 교생:

학생명	관점	관찰 내용
	생활	
	학습	
	과제	
	생활	
	학습	
	과제	
	생활	
	학습	
	과제	
	생활	
	학습	
	과제	
	생활	
	학습	
	과제	

아동 생활 체크리스트

제   학년   반 교생:

| 아동명 | ○월 ○일 (월) | | | ○월 ○일 (화) | | | ○월 ○일 (수) | | | ○월 ○일 (목) | | | ○월 ○일 (금) | | |
	○월 ○일 (월)			○월 ○일 (화)			○월 ○일 (수)			○월 ○일 (목)			○월 ○일 (금)		
	일기	태도	준비물	일기	숙제	준비물	쓰기	숙제	준비물	일기	태도	준비물	쓰기	태도	준비물
종합의견															
종합의견															
종합의견															
종합의견															
종합의견															

식   순(입교식)

- 개   회
- 국민의례
- 사 도 헌 장 낭 독
- 학 교 장 인 사
- 교 원 소 개
- 환 영 사
- 실 습 생 다 짐
- 폐   회

식   순(수료식)

- 개   회
- 국민의례
- 학 교 장 인 사
- 환 송 사
- 실 습 생 답 사
- 폐   회

실무실습 평가서

이 설문 조사는 실습의 질을 향상하기 위한 것으로 다음 실습 준비를 위한 기초자료로 활용할 목적으로 실시하오니 성실하게 답하여 주시기 바랍니다.

◎ 평가점수 : ⑤-매우 그렇다(우수), ④-대체로 그렇다(양호), ③-보통이다(보통),
②-대체로 그렇지 않다(미흡), ①-매우 그렇지 않다(불만)

<실습생 본인에 대한 질문>		평 가 점 수				
나는 실습시간에 열의를 가지고 적극적으로 실습에 임하였다.		5	4	3	2	1
<세부 질문>		평 가 점 수				
특강	1. 특강은 규정된 시간을 준수하여 충실히 진행 되었다.	5	4	3	2	1
	2. 특강 강사님은 특강준비를 항상 철저히 하여 오신다.	5	4	3	2	1
	3. 강사님은 특강 내용을 알기 쉽게 설명해 주셨다.	5	4	3	2	1
	4. 전체적으로 꼭 필요한 내용의 특강이었다.	5	4	3	2	1
	5. 이 특강이 나의 실무실습에 도움이 되었다.(강좌명)					
수업	7. 교육실습생의 수업의 횟수는 적절하였다.	5	4	3	2	1
	8. 이 수업으로 수업에 대한 능력이 향상되었다.	5	4	3	2	1
	9. 실습교육에 대한 담당교사의 지도방법은 효율적이었다.	5	4	3	2	1
프로그램운영	10. 전반적인 프로그램의 내용에 대해 만족한다.	5	4	3	2	1
공통	이번 실습으로 교직을 이해하는 데 많은 도움이 되었다.	5	4	3	2	1

※ 이번 실습에서 좋았던 점, 개선방안 또는 건의사항이 있으면 상세하게 기재해주시기 바랍니다.

18. 실습생 좌석 배치도(예시)

수업참관실 좌석 배치도

전 면

		1-1 000	000	000	
		1-3 000	000	000	
	1	줄	비	우	기

1-2 000	000	000	
1-4 000	000	000	

출입구(앞)

출입구(뒤)

♠ 수업참관 및 특강 참여 : 반드시 5분 전에 입실하여 지정된 좌석에 앉는다.

교육실습 지원금 정산서(예시)

실습학교명	○○초등학교		실습명	실무실습
실습기간	~		실습인원	4학년 00명
지원비 총액	원			

정 산 내 역

(단위 : 원)

월 일	적요	수량	단가	금액	비고
	생수 18.9L	10			
	종이컵 Box	1			
	커피믹스	6			
	녹차	2			
	파이류	1			
	매실주스 Box	6			
	A4	7			
	지시봉	10			
	백설기	4			
	단호박설기	4			
	플로터 잉크 카트리지	2			
	지도수당	1			
합계					

위와 같이 교육실습학교 지원금 정산서를 제출합니다.

년   월   일

○ ○ 초 등 학 교 장 [직인]

○○교육대학교총장 귀하

교육실습 협력학교 프로그램 운영지원금 정산서 (예시)

○○초등학교장

단위 : 원

구 분	수 령 액	집 행 액	잔 액	집 행 내 역
교육실습 협력학교 프로그램 운영지원금			0	외부 강사료
				실습 반성 및 협의회비
				복사기
				프린터 토너
				스마트 빔 프로젝트
				간식비
				접이식 핸드카
				다산케이스
				실습 운영 물품 및 수업준비물
				계

20. 실습을 마치며 양식(예시)

실습을 마치며

실습 기간	20○○. 5. 30.~ 6. 24.(4주)	심화과정	
실습 학급	학년 반	학 번	
지도 교사		성 명	

※ 실습을 마친 후 보고, 듣고, 느낀 점을 간단하게 기록합니다.

【 2020 참관실습 운영 만족도 설문조사 】

○○초등학교

※ 다음 항목에 대해 만족 정도나 동의하는 정도에 따라 5점 ~ 1점으로 표시해 주십시오.

순	설 문 문 항	높음 ←⋯⋯→ 낮음				
1.	참관실습은 본래의 취지와 목적에 맞게 편성·운영되있는가?	5	4	3	2	1
2.	참관실습학교의 교육실습관련 시설이나 준비 사항은 충분하였는가?	5	4	3	2	1
3.	참관실습학교의 교육실습관련 시설 교생 휴게 및 연구 공간은 만족스러웠는가?	5	4	3	2	1
4.	참관실습학교의 교육실습생을 위한 복지(급식,간식,휴식,교과서 등)는 만족스러웠는가?	5	4	3	2	1
5.	참관실습 운영 관련 안내(전체 및 1일 일정 안내)는 적절했는가?	5	4	3	2	1
6.	참관실습록의 실습일지 및 수업참관록 기록하는 양은 적절했는가?	5	4	3	2	1
7.	교육실습 지도 선생님들의 시범수업 참관 시간(4시간) 배정은 적절했는가?	5	4	3	2	1
8.	교육실습 지도 선생님들의 시범수업 참관은 만족스러웠는가?	5	4	3	2	1
9.	교육실습 지도 선생님들의 다양한 특강에 대한 참여는 만족스러웠는가?	5	4	3	2	1
10.	지도교사와 함께 한 수업(전·후) 협의 시간은 적절했는가?	5	4	3	2	1
11.	지도 선생님들의 수업 및 생활지도 방법 중 가장 도움이 되었던 점은 무엇인가요?					

☞ (※수업지도, 생활지도, 기타 영역에서 도움이 되었던 점이나 현장에 적용할 점을 자유롭게 적어주세요)

12. 지도 선생님과의 수업협의 중 도움이 되었던 주제는 무엇인가요? ('V'표, 모두 체크 가능)

① 학급학생의 이해와 실제   ② 학급운영의 이해와 실제

③ 학생, 학부모 상담의 이해와 실제   ④ 학교 및 학년 업무분장의 이해와 실제

⑤ 배움 중심 수업의 이해와 실제   ⑥ 과정 중심 평가의 이해와 실제

⑦ 전문적학습공동체의 이해와 실제   ⑧ 기타 (   )

* 필요한 주제를 자유롭게 적어주세요

(※ 뒷면에 계속)

13. 지도 선생님들의 특강 중 도움이 되었던 주제는 무엇인가요? ('V'표, 모두 체크 가능)

① 수업참관 자세와 방법   ② 학교안전교육의 이해

③ 학교폭력 예방의 실제   ④ 함께 성장하는 공동체 놀이

⑤ 학급환경 자료 제작   ⑥ 학습자료 제작 및 활용

⑦ PDC 학급긍정훈육   ⑧ 학급경영 노하우

⑨ 학교체육교육의 실제   ⑩ 토크 콘서트(신규─교사)

⑪ 전문적 학습공동체의 이해   ⑫ 참관실습 운영 평가 퍼실리테이션

⑬ 기타: (   )

14. 참관실습을 참여하면서 좋았던 점, 개선할 점, 바라는 점을 자유롭게 기술해 주십시오.

☞   (※ 좋았던 점이나 개선 점, 바라는 점 등을 자유롭게 적어주세요!)

15. 지도 선생님들께 하고 싶은 이야기를 자유롭게 기술해 주십시오.

☞   (※ 마지막으로 지도 선생님들에게 하고 싶은 마음을 전해 주세요!)

2주 동안 참관실습 참여하시느라 수고하셨습니다.
교생 선생님들 덕분에 지도 선생님들과 학생들도
평생에 잊지 못할 소중하고 행복한 시간을 보냈습니다.
감사합니다.

22. 운영 만족도 설문조사(2) - 수업실습

【 2020 수업실습 운영 만족도 설문조사 】

○○초등학교

※ 다음 항목에 대해 만족 정도나 동의하는 정도에 따라 5점 ~ 1점으로 표시해 주십시오.

순	설 문 문 항	높음 ←·······→ 낮음				
1.	수업실습은 본래의 취지와 목적에 맞게 편성·운영되있는가?	5	4	3	2	1
2.	수업실습학교의 교육실습관련 시설이나 준비 사항은 충분하였는가?	5	4	3	2	1
3.	수업실습학교의 교육실습관련 시설 교생 휴게 및 연구 공간은 만족스러웠는가?	5	4	3	2	1
4.	수업실습학교의 교육실습생을 위한 복지(급식,간식,휴식,교과서 등)는 만족스러웠는가?	5	4	3	2	1
5.	수업실습 운영 관련 안내(전체 및 1일 일정 안내)는 적절했는가?	5	4	3	2	1
6.	수업실습록의 실습일지 및 수업참관록 기록하는 양은 적절했는가?	5	4	3	2	1
7.	함께 배움(학년별) 공동 연구 프로젝트 참여는 만족스러웠는가?	5	4	3	2	1
8.	함께 배움(학년별) 공동 연구 프로젝트 협의 시간(5시간)은 적절했는가?	5	4	3	2	1
9.	교육실습 지도 선생님들의 시범수업 참관 시간 배정(3시간)은 적절했는가?	5	4	3	2	1
10.	수업실무 배정 학급 지도 선생님의 수업 참관 시간은 적절했는가?	5	4	3	2	1
11.	수업실무 교육실습생의 수업 공개 시간(8시간)은 적절했는가?	5	4	3	2	1
12.	수업실무 교육실습생의 '1일 담임제' 참여는 만족스러웠는가?	5	4	3	2	1
13.	교육실습 지도 선생님들의 다양한 특강에 대한 참여는 만족스러웠는가?	5	4	3	2	1
14.	수업지도안 작성 안내 및 지도는 적절했는가?	5	4	3	2	1
15.	지도교사와 함께 한 수업(전·후) 협의 내용은 적절했는가?	5	4	3	2	1
16.	지도교사와 함께 한 수업(전·후) 협의 시간은 적절했는가?	5	4	3	2	1

17. 지도 선생님들의 수업 및 생활지도 방법 중 가장 도움이 되었던 점은 무엇인가요?

☞　(※ 수업지도, 생활지도, 기타 영역에서 도움이 되었던 점이나 현장에 적용할 점을 자유롭게 적어주세요)

18. 지도 선생님과의 수업협의 중 도움이 되었던 주제는 무엇인가요? ('V'표, 모두 체크 가능)

□ 학급학생의 이해와 실제   □ 학급운영의 이해와 실제

□ 학생, 학부모 상담의 이해와 실제   □ 학교 및 학년 업무분장의 이해와 실제

□ 배움 중심 수업의 이해와 실제   □ 과정 중심 평가의 이해와 실제

□ 전문적학습공동체의 이해와 실제   □ 기타 (　　　　　　　　　　　)

* 필요한 주제를 자유롭게 적어주세요

(※ 뒷면에 계속)

19. 지도 선생님들의 특강 중 도움이 되었던 주제는 무엇인가요? ('V'표, 모두 체크 가능)

- □ 배움중심 수업 지도안 작성법
- □ 함께 성장하는 공동체 놀이
- □ 쏭내관의 재미있는 역사와 창의력 이야기(*송용진)
- □ 학급환경 자료 제작
- □ 학급운영시스템(첫 만남 프로젝트, 교실놀이)로
  행복한 교실 만들기
- □ 학급경영 노하우

- □ UCC 제작의 실제
- □ 에니어그램으로 바라보는 나와 우리 아이들
- □ 미래학교, 미래 교육(*박찬)
- □ 청소년단체의 이해와 실제
- □ 토크 콘서트(신규 교사)
- □ 퍼실리테이션 활용 수업실습 평가 토론회
- □ 기타: (   )

'*'표는 외부강사 초청 특강

20. 수업실습을 참여하면서 좋았던 점을 자유롭게 기술해 주십시오.

☞ (※ 수업실습 프로그램 중 지속적으로 반영하면 좋을 내용이나 추천 프로그램을 자유롭게 적어주세요!)

21. 수업실습을 참여하면서 개선할 점이나 바라는 점을 자유롭게 기술해 주십시오.

☞ (※ 수업실습 프로그램 중 축소하거나 개선하면 더 좋을 아이디어를 자유롭게 적어주세요!)

22. 지도 선생님들께 마지막으로 하고 싶은 이야기를 자유롭게 기술해 주십시오.

☞ (※ 마지막으로 지도 선생님들에게 하고 싶은 마음을 전해 주세요!)

3주 동안 수업실습 참여하시느라 수고하셨습니다.
교생 선생님들 덕분에 지도 선생님들과 학생들도
평생에 잊지 못할 소중하고 행복한 시간을 보냈습니다.
감사합니다.

23. 운영 만족도 설문조사(3) - 수업실무실습

【 2020 수업실무실습 운영 만족도 설문조사 】

○○초등학교

※ 다음 항목에 대해 만족 정도나 동의하는 정도에 따라 5점 ~ 1점으로 표시해 주십시오.

순	설 문 문 항	높음 ←──→ 낮음				
1.	수업실무실습은 본래의 취지와 목적에 맞게 편성·운영되었는가?	5	4	3	2	1
2.	수업실무실습학교의 교육실습관련 시설이나 준비 시항은 충분하였는가?	5	4	3	2	1
3.	수업실무실습학교의 교육실습관련 시설 교생 휴게 및 연구 공간은 만족스러웠는가?	5	4	3	2	1
4.	수업실무실습학교의 교육실습생을 위한 복지(급식,간식,휴식,교과서 등)는 만족스러웠는가?	5	4	3	2	1
5.	수업실무실습 운영 관련 안내(전체 및 1일 일정 안내)는 적절했는가?	5	4	3	2	1
6.	수업실무실습록의 실습일지 및 수업참관록 기록하는 양은 적절했는가?	5	4	3	2	1
7.	함께 배움(학년별) 공동 연구 프로젝트 참여는 만족스러웠는가?	5	4	3	2	1
8.	함께 배움(학년별) 공동 연구 프로젝트 협의 시간(5시간)은 적절했는가?	5	4	3	2	1
9.	교육실습 지도 선생님들의 시범수업 참관 시간 배정(4시간)은 적절했는가?	5	4	3	2	1
10.	수업실무 배정 학급 지도 선생님의 수업 참관 시간(매일1시간)은 적절했는가?	5	4	3	2	1
11.	수업실무 교육실습생의 수업 공개 시간(12시간)은 적절했는가?	5	4	3	2	1
12.	수업실무 교육실습생의 '1일 담임제' 참여는 만족스러웠는가?	5	4	3	2	1
13.	교육실습 지도 선생님들의 다양한 특강에 대한 참여는 만족스러웠는가?	5	4	3	2	1
14.	수업실무 교육실습생의 저학년 현장체험학습(뮤지컬 관람) 참여는 만족스러웠는가?	5	4	3	2	1
15.	수업지도안 작성 안내 및 지도는 적절했는가?	5	4	3	2	1
16.	지도교사와 함께 한 수업(전·후) 협의 내용은 적절했는가?	5	4	3	2	1
17.	지도교사와 함께 한 수업(전·후) 협의 시간은 적절했는가?	5	4	3	2	1

18. 지도 선생님들의 수업 및 생활지도 방법 중 가장 도움이 되었던 점은 무엇인가요?

☞ (※ 수업지도, 생활지도, 기타 영역에서 도움이 되었던 점이나 현장에 적용할 점을 자유롭게 적어주세요)

19. 지도 선생님과의 수업협의 중 도움이 되었던 주제는 무엇인가요? ('V'표, 모두 체크 가능)

① 학급학생의 이해와 실제　　② 학급운영의 이해와 실제
③ 학생, 학부모 상담의 이해와 실제　　④ 학교 및 학년 업무분장의 이해와 실제
⑤ 배움중심수업의 이해와 실제　　⑥ 과정중심평가의 이해와 실제
⑦ 전문적 학습공동체의 이해와 실제　　⑧ 기타 (　　　　　　)
* 필요한 주제를 자유롭게 적어주세요

(※ 뒷면에 계속)

20. 지도 선생님들의 특강 중 도움이 되었던 주제는 무엇인가요? ('V'표, 모두 체크 가능)

① 배움중심 수업 지도안 작성법   ② UCC 제작의 실제

③ 함께 성장하는 공동체 놀이   ④ 학급환경 자료 제작

⑤ 학급경영 노하우   ⑥ 특수교육의 실제

⑦ 학교폭력 예방법   ⑧ 학교체육의 실제

⑨ 학부모 상담의 실제   ⑩ 토크 콘서트(신규 교사)

⑪ T.E.T 교사역할훈련   ⑫ 청소년단체의 이해와 실제

⑬ 마이크로비트와 함께하는 메이커 교실   ⑭ SW교육의 기초

⑮ 퍼실리테이션으로 민주적 교실 만들기   ⑯ 기타: (   )

21. 수업실무실습을 참여하면서 좋았던 점을 자유롭게 기술해 주십시오.

☞ (※ 수업실무실습 프로그램 중 지속적으로 반영하면 좋을 내용이나 추천 프로그램을 자유롭게 적어주세요!)

22. 수업실무실습을 참여하면서 개선할 점이나 바라는 점을 자유롭게 기술해 주십시오.

☞ (※ 수업실무실습 프로그램 중 축소하거나 개선하면 더 좋을 아이디어를 자유롭게 적어주세요!)

23. 지도 선생님들께 마지막으로 하고 싶은 이야기를 자유롭게 기술해 주십시오.

☞ (※ 마지막으로 지도 선생님들에게 하고 싶은 마음을 전해 주세요!)

4주 동안 수업실무실습 참여하시느라 수고하셨습니다.
교생 선생님들 덕분에 지도 선생님들과 학생들도
평생에 잊지 못할 소중하고 행복한 시간을 보냈습니다.
감사합니다.

마치며 나눈 이야기

인터뷰어: 편집자

인터뷰이: 김동민, 고은별, 김호정, 노진영, 안나, 정호중, 정유진

드디어 원고가 마무리되었습니다. 그동안 수고 많으셨습니다. 몇 가지 주제에 대해 간단하게 인터뷰를 하고 마치려고 합니다. 준비되셨죠?

Q. 교육실습연구회를 만들게 된 계기와 과정을 이야기해주시겠습니까?

김동민 처음 교육실습협력학교 담당부장을 맡고 12명의 선생님과 함께 교육실습을 운영하려니 설렘도 있었지만 막막하고 두려운 마음이 더 컸습니다. 그럼에도 사람과교육연구소의 행복교실에 참여하면서 교육 철학, 학급운영시스템 등을 공부했고 아이들에게 가르치는 것을 체계적으로 정리할 수 있었습니다. 그것을 교육실습생들에게 가르쳤을 때 더욱 효과가 좋았습니다. 정유진 선생님과 이런 이야기를 나누면서 실습지도교사들에게 마땅한 매뉴얼이 없다는 것과 담임교사에게 '학급운영시스템'이 필요한 것처럼 실습지도교사나 실습운영교사에게도 '교육실습운영시스템'이 필요하다고 느껴 교육실습연구회를 만들게 되었습니다.

고은별 교육실습을 지도하면서 여러 교육실습생을 보면 서툴고 힘들기만 했던 그 시절의 제가 떠올라요. 밤새 준비해간 수업을 망쳤을 때, 힘들고 포기하고 싶었던 순간마

다 여러 선생님의 가르침과 격려가 있었지요. 그 은혜에 보답하고 싶은 마음이 있었어요. 성실히 교육실습생을 지도했지만, 늘 아쉬움과 부족함을 느꼈습니다. 그러다가 교육실습연구회 소식을 듣고 함께하게 되었습니다.

정호중 많은 교육실습생이 실습을 마치고 나서 이제 진짜 교사가 된 것 같다고 말합니다. 저 역시 대학 시절을 돌아보면 교사로서 가장 도움이 되었던 것은 실습이라고 생각합니다. 교사가 되어 다양한 공부 모임에 참여하고 운영하면서 함께 성장하는 것이 정말 즐거웠습니다. 제가 공부 모임에서 체계적으로 정리한 내용을 선생님들과 나누기 위해 함께하게 되었습니다. 참가하신 선생님들의 지역이 다양해서 지역에 따른 특색과 장단점을 배울 수 있어서 큰 도움이 되었습니다.

Q. 교육실습 지도교사는 보람도 있지만, 힘들기도 할 텐데 계속해온 이유가 무엇입니까?

안　나 교육실습생을 지도하다 보면 대학생 때 교육실습을 처음 나갔을 때와 같이 설레는 기분이 듭니다. 사실 반 아이들은 저보다 더 들뜨고 신나 해요. 그런 분위기가 좋아 기회가 닿을 때마다 교육실습지도교사를 지원했습니다. 교육실습지도를 하다 보면, 보여주기 창피한 순간도 있었고 너무 보여주고 싶은 자랑스러운 순간도 있었습니다. 그 어느 순간에나 배움은 있었으리라 생각합니다. 돋보이고 싶은 마음을 버리고 나의 가장 자연스러운 모습과 진정성을 보여줄 때 마음은 항상 통했습니다. 그리고 이 과정에서 실습생들과 함께 성장해나간다는 것이 기뻤습니다.

노진영 제 교대 시절을 돌이켜 보면, 가장 기억에 남는 것이 교육실습이었습니다. 저는 실습을 하면서 한 학급의 담임이 되어 아이들과 함께하고 싶다는 꿈을 꾸게 되었습니다. 그만큼 교육실습은 저에게 특별하고 의미 있는 시간으로 남아 있습니다. 저는 실습학교에서 근무하며 교육실습생들을 만날 때마다 '내가 지도한 교육실습생들도 나처럼 진짜 교사가 되는 꿈을 가지면 좋겠다'는 생각을 합니다. 이런 마음이 선배 교사로서 그들에게 줄 수 있는 가장 큰 선물이 아닐까 생각합니다.

Q. '초등교육실습운영시스템'의 장점을 간단하게 이야기해주시겠습니까?

정유진 교사의 삶은 하루하루가 거친 바다를 항해하는 것과 같습니다. 지도와 나침반을 가지고 길을 떠나지만, 풍랑에 헤매기 마련입니다. 교육실습도 비슷합니다. 그런데 최신 자동항법시스템과 다양한 프로그램을 가진 배라면 어떨까요? 풍랑에 침몰하지 않고 견디고 해결하면서 목적지까지 재미있고 의미 있게 갈 수 있을 것입니다. '초등교육실습운영시스템'이 바로 최신 자동항법시스템이라고 생각합니다.

김동민 함께한 선생님들은 실습학교에서 수년 동안 실습생들을 지도해왔고 자신의 지역에서 행복교실 모임을 운영해오신 강사님들입니다. 교육실습운영시스템을 만들기 위해 모여서 각자 실천해왔던 자료를 펼쳐보면서 깜짝 놀랐습니다. 실습생들과 함께한 좋은 활동들만이 아니라 나름대로 자신만의 운영시스템을 갖고 있었습니다. 여러 지역의 선생님들이라 서로의 공통점과 차이점을 비교, 분석하면서 보다 보편적인 모델로 만들어갈 수 있었습니다.

김호정 처음 교육실습생을 지도하게 되었을 때 예비 교사를 양성하는 데 도움이 될 수 있다는 기대감과 동시에 어떻게 실습을 운영할까 하는 막막함을 느끼며 시작했습니다. 아마 교육실습 지도를 처음 하시는 선생님들뿐만 아니라 몇 년을 하신 선생님들도 비슷하리라 생각합니다. 그래서 이런 '운영시스템'이 필요하다고 생각했습니다. 기본이 되는 틀이 있다면 다양한 프로그램을 적절하게 활용할 수 있으니까요.

Q. 지난 일 년 동안 만나서 작업을 해왔는데 이제 마무리할 때가 되었습니다. 마지막 소감과 앞으로의 계획을 이야기해주세요.

안 나 설레는 마음으로 이 책을 만들었어요. 우리의 이런 시도가 이 책을 읽는 선생님과 만나게 될 교육실습생 그리고 대한민국 공교육을 한층 더 설레게 만들 거라 기대합니다.

고은별 우리의 뜻이 교직을 준비하거나 교직의 길에 서 있는 모든 선생님께 용기가 되어 우리 교육을 나아가게 하는 힘이 되길 진심으로 기원합니다.

김호정 제가 처음 교육실습생을 지도할 때는 도움받을 만한 자료가 많지 않아 막막했습니다. 이제는 이 책을 통해 교육실습지도 선생님들께서 막막함보다는 기대감을 가지고서 교육실습생 지도를 하게 되시길 기대합니다. 또한, 교육실습생뿐만 아니라 나 스스로도 또 하나의 도전을 성공적으로 해내며 성장했다는 성취감과 보람을 느낄 수 있으리라 기대하며 응원합니다.

정호중 우리가 겪은 시행착오를 잘 모으고 다듬어서 이 책을 내놓습니다. 이 작은 발걸음이 조금 더 좋은 실습으로 이어져 후배들에게 도움이 되면 좋겠습니다.

노진영 저는 많은 교육실습생이 아이들과 함께 살아가는 교사의 길이 매우 가치 있는 일이라는 것을 실습을 통해 느낄 수 있으면 좋겠습니다. 이를 위한 우리의 한 걸음이 실습지도교사들에게 큰 힘이 되길 바랍니다.

정유진 이 책을 집필하신 선생님들에게 지도받은 교육실습생들은 정말 큰 행운이었다고 생각합니다. 예전에는 교육실습생의 일부만이 이런 행운을 누렸다면, 이 책으로 인해 더욱더 많은 교육실습생이 그 행운을 누리게 되리라 기대합니다.

김동민 많은 경험과 논의를 통해 이 책이 나오게 되었습니다. 우리의 '초등교육실습운영시스템'을 통해 교육실습생의 성장과 발전을 돕는 실습지도 선생님들이 두려운 마음보다 설렘과 기대감으로 가득하여 교육실습생들을 지도하시기를 기대합니다. 이게 끝이 아니라 새로운 시작이라 생각합니다. 네이버 밴드 '사람과교육실습연구회'에서 다양한 자료들을 받아서 활용하시고 궁금하고 어려운 것들을 함께 해결할 수 있기를 바랍니다. 교육실습 지도교사라는 멋지고 의미 있는 길을 선택하시는 선생님들의 든든한 지원자가 되어 드리겠습니다.

수업 및 특강 아이디어

다음에 소개하는 수업 및 특강 아이디어 11가지는 교육실습생들에게 공개할 시범수업에 대한 아이디어와 그 지도안(약안) 5가지, 특강 아이디어 큐시트 6가지를 담았습니다. 첫 만남 및 헤어짐 수업 아이디어, 놀이를 활용한 수업 아이디어, 교육실습생 보조·활용·참여수업에 대한 아이디어, 학급회의 수업 아이디어, 토의·토론 수업 아이디어, 실습부장을 위한 수료식 행사 큐시트도 담아보았습니다. 부록에 담은 수업 및 특강 아이디어를 참고하여 교육실습을 알차고 효과적으로 운영할 수 있길 바랍니다.

[지도안] 1. 첫 만남(환영식)

[큐시트] 2. 수업 놀이: 놀이를 활용한 수업

[지도안] 3. 놀이 수업

[큐시트] 4. 교육실습생과 함께하는 코티칭(Co-teaching) 수업 만들기

[큐시트] 5. 특강 운영 방법-학급긍정훈육법(개념, 배경, 활동 1~2, 문헌 소개, 마무리)

[큐시트] 6. 학급회의

[지도안] 7. 토의·토론 수업

[지도안] 8. 의사소통 수업

[큐시트] 9. 실습평가토론회: 퍼실리테이션

[지도안] 10. 헤어짐 행사

[큐시트] 11. 수료식(교육실습부장)

[지도안] 1. 첫 만남(환영식)

배움주제	특별한 첫 만남으로 래포 형성하기		
학습목표	첫 만남 활동을 통해 새로운 관계를 형성한다.	대상	(전) 학년
수업자 의도	첫 만남 활동은 다양한 교과가 어우러진 수업으로, 아동과 교육실습생이 함께 수업에 참여하며 새로운 관계를 형성하고, 인간관계의 기본인 배려와 존중, 만남의 즐거움을 배우고 익히는 것에 주안점을 두어 수업을 설계하였습니다.		

배움단계 (분)		교수 · 학습 활동	자료(♠) 및 유의점(※)
배움열기	동기 유발	◉ 환영 연주로 첫 만남 맞이하기 • 미리 연습한 3곡으로 환영 연주를 시작해봅니다.	※ 학년의 특성에 맞는 악기를 준비한다. ※ 돌림노래 연주곡을 넣어도 좋다.
배움활동	활동 1	◉ 자기소개하기 • 지도교사가 먼저 자기소개와 학급 소개를 합니다. • 교육실습생이 돌아가며 자기소개를 합니다. • 반 학생들이 돌아가며 자기소개를 하거나, 모둠별 소개를 합니다.	※ 자기소개 때 할 말을 미리 적어 두거나 연습하도록 한다. ※ 개성 있는 자기소개 방법을 활용한다.
	활동 2	◉ 이름 빙고 • 반 학생들과 교육실습생의 이름을 넣어 반 전체 빙고를 합니다. (2회 정도) – 지도교사가 먼저 이름을 부르고, 모두가 체크한 후 이름이 지명된 사람이 다시 다른 이름을 부릅니다. – 이름을 쓰는데 시간이 오래 걸리는 경우 216칸 라벨지에 미리 이름을 프린트하여 빙고 할 때 스티커처럼 떼서 붙여 사용하도록 합니다.	※ 사탕과 같은 상품을 준비해도 좋다. ※ 처음 빙고가 나온 후에도 몇 차례 더 진행한다.
	활동 3	◉ 교실 놀이 하기 • 교실 놀이는 단순히 즐거움이 아닌 교육적 활동으로 중요하고 의미 있음을 설명합니다. • 놀이의 규칙(잼존책: 재미, 존중, 책임) 및 안전 수칙을 설명합니다. • 실제 놀이를 합니다. – 첫 만남 추천 놀이: 각종 가위바위보 놀이(기차형, 협력형), 각종 술래잡기 놀이, 가라사대 놀이, 눈치 게임, 과일바구니 놀이, 당신의 이웃을 사랑하십니까 놀이, 친구 초대 놀이, 스피드 게임, 몸으로 말해요 놀이 등.	※ 평소 우리 반이 자주 하거나 좋아하는 놀이가 있다면 그 놀이를 먼저 하고, 새로운 놀이를 한다.
배움정리		◉ 첫 만남 소감 나누기 • 오늘 첫 만남을 통해 알게 된 점, 기대되는 점, 즐거웠던 점, 느낀 점을 나누어 봅시다.	※ 교육실습생과 학생들이 돌아가며 소감을 나눈다.

[큐시트] 2. 수업 놀이: 놀이를 활용한 수업

학교에 학원까지 다니며 공부가 힘들고 지치는 학생들과 수업 중 무기력한 학생들을 보며 실의에 빠지는 교사가 많습니다. 단순한 지식 전달식 수업이 아니라 교사와 학생이 서로 소통하는 과정을 통해 학생 스스로 배우게 하고 학습의 즐거움을 느낄 수 있는 방안을 생각해 봅시다.

특강주제	수업 놀이, 즐거움에 의미를 더하다.
학습목표	수업 놀이의 다양한 방법들을 이해하고 적절한 방법을 선택하여 수업에 활용할 수 있다.
개념설명	수업 놀이란 학생들의 자발적인 참여를 이끌 수 있도록 수업에서 활용할 수 있는 놀이 방법을 뜻합니다.
의 도	공부가 힘들고 지친 아이들이 수업 놀이를 통해 학습 목표도 달성하면서 즐거움도 함께 느낄 수 있는 방안을 생각해봅시다.
실습활동	1. 동기유발: 라디오 사연 읽기

　　　　"오늘 ○○교실 라디오에서는 아이들이 수업에 집중하지 않아 고민이 되는 신규 교사 선생님의 라디오 사연을 들어보도록 하겠습니다."(음악을 틀고 사연 읽기)

　　2. 모둠 정하기 놀이: 유구무언 모둠 만들기 놀이 (자료: 쪽지)

　　　　"지금부터 5학년이 되어 수업 놀이를 해보겠습니다. 활동 전 모둠을 만들기 위한 놀이를 해보겠습니다. 지금부터 쪽지를 하나씩 나누어 드리겠습니다. 쪽지에는 지난 시간에 배운 역사 인물이나 사건에 대한 단어가 적혀 있습니다. 말은 하지 않고 행동으로 같은 단어를 쓴 친구들을 찾아 모둠을 만들어 자리에 앉아봅시다." <small>(말이나 소리는 내지 않고 동작만으로 추측하여 같은 단어일 것 같은 사람들을 찾아 모둠을 만들고 다 함께 어떤 단어인지 공개한다.)</small>

3. 놀이 소개 및 실습(1): 너도? 나도! 놀이 <small>(자료: 과학 교과서, 종이)</small>

　"지금부터 '태양계'라고 하면 떠오르는 단어를 5개 써주세요. 1번 선생님부터 한 분씩 10개 중 하나의 단어를 발표해주세요. 이 선생님과 같은 단어를 쓰셨다면 큰 소리로 "나도!"라고 외치면서 손을 들어주세요. 만약 '지구'라는 단어를 8분이 쓰셨다면 '지구'라는 단어에 대한 점수는 '8'점이 됩니다. 나 혼자만 그 단어를 썼다면 '1'점이 됩니다. 즉 많은 사람이 쓸 것 같은 단어를 쓸수록 점수를 많이 받기에 유리합니다."

4. 놀이 소개 및 실습(2): 카훗 게임 <small>(자료: 스마트폰)</small>

　"선생님들 스마트폰에 아래 주소를 입력하시거나, QR 코드를 인식해주세요. 제가 지금 보내드리는 코드를 스마트폰에 입력하신 후 본인이 쓰고 싶은 닉네임을 만드셔서 참가자로 참여해주세요. 실시간으로 모두 함께 문제를 풀 수 있습니다. 문제를 풀고 나면 등수가 나오는데, 문제를 빠르고 정확하게 풀수록 등수가 올라갑니다." <small>(간단하게 카훗 게임을 만드는 방식에 대해서도 소개한다.)</small>

| 마무리 | • 소개한 놀이 외에 본인이 해보았던 수업 놀이 방법이나, 놀이 규칙을 새롭게 바꿀 수 있는 방법에 대하여 함께 이야기 나눈다. |

- 소개한 놀이 외에 본인이 해보았던 수업 놀이 방법이나, 놀이 규칙을 새롭게 바꿀 수 있는 방법에 대하여 함께 이야기 나눈다.
- 수업 중에 써보고 싶은 놀이 방법을 한 가지 선택하고 활용 방안에 대해 이야기 나눈다.
- 수업 놀이를 할 때 참고할 만한 도서나 영상 자료 출처를 소개한다.

[지도안] 3. 놀이 수업

배움주제	제대로 놀아보자! 놀이 수업		
학습목표	놀이를 하는 의미를 이해하고 규칙을 지켜 즐겁게 놀이를 할 수 있다.		
단원	창의적 체험활동(체육 시간과 연계 가능)	대상	(전) 학년
수업자 의도	아이들은 본능적으로 놀기를 좋아합니다. 놀이를 통해서 즐거움을 얻고 친구들과 상호작용하는 방법을 자연스럽게 익히게 됩니다. 그러므로 놀이가 가지는 장점을 잘 살릴 수 있다면 아이들의 삶은 더욱 행복해질 수 있습니다. 본 수업은 놀이가 가지는 가치와 의미를 배우고 적용 실천하는 데 주안점을 두고 수업을 설계하였습니다.		

배움단계 (분)		교수 · 학습 활동	자료(♣) 및 유의점(※)
배움열기	동기 유발	⊙ 텔레파시 가위바위보 • 'ㅇㅇ의 마음을 읽어라'를 외치며 텔레파시 가위, 바위, 보를 해봅시다. • 텔레파시 가위바위보를 할 때 어떤 생각이 들었는지 자유롭게 이야기해봅시다.	※ 가위, 바위, 보 구호를 다르게 정한 후 같이 외칠 수 있도록 한다.
배움활동	활동 1	⊙ 놀이의 의미 알아보기 • 놀이가 무엇인지 이야기해봅시다. – 놀이는 자유와 즐거움을 누리기 위한 신체적, 정신적 활동입니다. ⊙ 놀이 규칙 이해하기 • 놀이를 잘하려면 어떻게 해야 할지 이야기해봅시다. – 규칙을 지켜야 합니다. – 즐겁게 참여해야 합니다. 등 • 함께하는 즐거운 놀이를 위해 '재미, 존중, 책임'의 규칙을 지키며 놀이 활동에 참여해봅시다.	♣ 잼존책 의미 카드 (재미, 존중, 책임)
	활동 2	⊙ 놀이 고수 6단계 알기 1단계(무기력) – 대충하며 무기력한 사람 2단계(승부욕) – 이기려고만 하고 규칙을 지키지 않는 사람 3단계(규 칙) – 규칙을 지키고 협력하는 사람 4단계(즐기기) – 승패와 상관없이 놀이를 즐기는 사람 5단계(배 려) – 친구를 격려하고 함께 기뻐하는 사람 6단계(창 조) – 새로운 놀이를 만드는 사람 • 나는 놀이 고수 단계 중 어디에 해당하는지 이야기를 나누어 봅시다. • 놀이 고수의 단계가 높은 사람이 많을수록 즐거운 놀이를 할 수 있습니다. ⊙ 놀이하기 • 한걸음 술래잡기를 해봅시다. 1. 술래를 정한다. 2. 술래는 1~5까지 숫자 중에서 자기가 원하는 숫자를 정한 후 걸음을 붙이며 외친다.(예: 한 걸음 또는 세 걸음) 3. 술래의 지시에 따라 술래가 외친 걸음 수만큼 이동한다. 4. 친구들이 걸음 수만큼 이동한 후 술래가 그 수만큼 이동한다. 5. 술래에게 잡힌 사람은 그 자리에서 술래가 되어 걸음 수를 외친다.	♣ 놀이백개 목록 참고하여 놀이를 정한다. ※ 협력하여 즐겁게 놀이할 수 있는 분위기를 만들어 준다. ※ 규칙을 지켜 놀이에 임할 수 있도록 한다.
배움정리		⊙ 놀이 회의하기 • 놀면서 고마운 것, 격려하고 싶은 것, 좋았던 것을 이야기해봅시다. • 놀면서 불편했던 것 개선하고 싶은 것 이야기해봅시다. • 해결 방법을 찾고 정리해봅시다. • 놀이한 소감을 나누어봅시다.	

[큐시트] 4. 교육실습생과 함께하는 코티칭(Co-teaching) 수업 만들기

　교육실습생들은 수업 시 학생활동을 지도하는 방법을 어려워하며 그것을 배우고 싶어 합니다. 지도교사가 교육실습생들과 함께 수업을 진행함으로써 교육실습생들이 가진 어려움과 궁금증을 해결해줄 수 있습니다.

특강주제	교육실습생과 함께하는 수업 만들기
학습목표	교육실습생과 협력하는 수업을 통해 교육실습생들이 수업에서 교사의 역할을 이해한다.
개념설명	교육실습생과 함께하는 수업은 교육실습생들이 자신의 책임하에 40분 수업을 이끌어가기에 앞서 지도교사의 수업에 보조교사로 참여함으로써 수업활동을 이끌어가는 방법을 익히고 수업에서 교사의 역할을 경험할 기회를 주는 것입니다.
의 도	교육실습생들이 수업을 할 때 느끼는 가장 큰 어려움이 40분간 수업을 이끌어가는 것입니다. 교육실습생과 함께하는 코티칭 수업으로 교육실습생들에게 일정한 역할을 수행할 수 있도록 함으로써 수업을 참관하는 것만으로는 배울 수 없었던 것을 배우고 수업 활동을 어떻게 이끌어가는지 직접적으로 배우는 데 매우 효과적입니다.

실습활동

과목	수업주제(수업 형태)	보조교사의 활동지도 방법
국어	토의 · 토론	모둠 주제별 토의 · 토론 활동에 학생들과 함께 참여하여 의견을 나눈다.
수학	내가 만든 퀴즈	학생들이 직접 문제를 만들고 자신이 만든 문제를 친구들과 공유하여 푸는 활동을 할 때 수학을 어려워하는 학생들을 개별지도하여 활동에 참여할 수 있도록 한다.
사회	조사 활동	모둠별 주제를 선정한 후 태블릿을 사용하여 자료를 조사하고 정리하는 과정에서 도움을 줄 수 있다.
과학	실험 활동	모둠별 실험 시 안전사고가 일어나지 않도록 지도하고 실험활동에 함께 참여한다.
음악	가창 기악	가창지도, 악기지도 등 기능을 익히는 활동의 경우는 모둠별로 나누어 지도한 후 전체 활동이 이루어질 때는 학생들과 함께 노래를 부르거나 악기를 연주한다.
미술	그리기 만들기	모둠별로 그리기, 만들기를 위한 기능을 익히는 활동을 지도한 후 학생들과 함께 하나의 작품을 완성하고 만들어낸다.
실과	요리실습 목공실습 식물 심기 실습	모둠별로 각 활동에 필요한 기능을 세부적으로 지도한 후 학생들과 함께 결과물을 만들어낸다.
체육	게임 활동	체육 기능을 습득하는 활동의 경우 모둠별로 나누어 지도하고 기능 습득 후 이루어지는 게임 활동에는 직접 참여한다.
창체	놀이 수업	놀이 활동에 학생처럼 그룹에 직접 참여하여 학생들과 래포를 형성한다.

[큐시트] 5. 특강 운영 방법-학급긍정훈육법
(개념, 배경, 활동 1~2, 문헌 소개, 마무리)

많은 교육실습생은 강의식으로만 운영되는 특강에 금방 지칩니다. 특강에 적절한 활동을 넣으면 준비하는 지도교사도 부담이 적고 참여자들의 반응도 좋습니다. 강의와 활동이 적절하게 배치된 특강 형식을 소개해봅니다.

특강주제 친절하고 단호한 교사 되기

학습목표 학급긍정훈육법이 무엇인지 이해하고 친절하고 단호한 교사란 무엇인지 알 수 있다.

개념설명 학급긍정훈육법은 아들러 철학을 교육에 적용한 생활교육법입니다. 학급운영과 학생생활지도에 많은 도움을 주는 이론과 기법을 담고 있습니다.

의 도 친절해야 할지 단호해야 할지 교사는 항상 흔들립니다. 친절함과 단호함이란 무엇인지 생각해보고 어떻게 친절함과 단호함을 함께 갖출 수 있을지 알아봅시다.

실습활동 1. 나무 역할극(단호한 교사): 단호한 교사 느껴보기
"3인 1조로 짝을 지어주세요. 한 명은 나무, 두 명은 바람 역할을 할 것입니다. 첫 번째 나무는 아주 단단한 나무입니다. 절대 바람에 흔들리지 않습니다. 양쪽에서 바람 역할자는 나무 역할자를 밀어주세요. 나무 역할자는 넘어지지 않고 버티세요. (활동 후) 역할을 바꿔 다시 해봅니다."

2. 나무 역할극(친절한 교사): 친절한 교사 느껴보기

  "두 번째 나무는 너무나 쉽게 흔들리는 나무입니다. 바람 역할자는 나무를 밀어주세요. 나무 역할자는 쉽게 흔들리시면 됩니다. (활동 후) 역할을 바꾸어 다시 해봅니다."

3. 나무 역할극(친절하면서 단호한 교사): 친절하면서 단호한 교사 느껴보기

  "세 번째 나무는 줄기는 유연하지만 뿌리는 단단합니다. 바람 역할자는 나무를 밀어주세요. 나무 역할자는 다리는 고정된 채 상체만 움직이시면 됩니다. (활동 후) 역할을 바꾸어 다시 해봅니다."

4. 느낌 나누기: 역할극에 대한 생각, 느낌 나누기

  "역할극을 하면서 어떤 생각이나 느낌이 드셨는지 말씀해주세요."

5. 친절함과 단호함의 장단점: 친절함과 단호함의 장단점 쓰기 (자료: 전지 4장, 유성매직)

  "전체를 네 팀으로 나누겠습니다. 친절함과 단호함은 장점과 단점이 모두 존재합니다. A팀은 친절함의 장점에 대해 이야기를 나눈 후 전지에 적어주세요. B팀은 친절함의 단점, C팀은 단호함의 장점, D팀은 단호함의 단점에 대해 적어주시기 바랍니다."

6. 발표하기: 팀별로 논의한 내용 발표하기

  "팀별로 논의한 내용을 전체에게 나눠주시기 바랍니다."

7. 친절하고 단호함의 개념: 친절함과 단호함의 개념 설명하기

  "이처럼 친절함과 단호함은 장단점을 모두 가지고 있습니다. 우리는 이 중 둘의 장점을 모두 갖추어야 합니다. 학급긍정훈육법에서는 친절함은 학생의 감정을 수용하는 것이라고 말합니다. 단호함은 잘못된 행동과 공동체의 원칙에 대한 일관성을 갖는 것입니다."

마무리　　활동을 해본 소감을 간략히 나누고 참여자에게 감사의 인사를 전한다.

[지도안] 6. 학급회의

배움주제	학급운영의 꽃, 학급회의		
학습목표	학급회의를 통해 서로 격려하며 문제를 해결하고 성장할 수 있다.		
단원	창의적 체험활동 자율활동(학년에 따라 국어, 사회 교과 연계 가능)	대상	(전) 학년
수업자 의도	매주 1회씩 정기적으로 운영하는 학급회의를 통해 아이들은 서로 격려하고 감사하는 긍정적인 분위기를 형성하여 학급의 문제를 스스로 해결하고 성장해나갈 수 있습니다. 교육실습생들도 교실에서 일주일을 보낸 후 함께 학급의 구성원으로서 회의에 참여하도록 합니다.		

배움단계 (분)		교수 · 학습 활동	자료(♣) 및 유의점(※)
배움열기 (5분)	동기 유발	◉ 학급회의 역할 나누기 및 개회 선언 • 의자만 가지고 동그랗게 앉은 후 이번 회의에서 사회자, 기록자, 소음측정기, 타임키퍼 역할을 하고 싶은 사람 자원해봅시다. 　– 자신이 원하는 역할에 자원하여 해당 역할을 맡도록 한다. • 학급회의의 4대 원칙을 이야기해봅시다. 　– 토킹 스틱을 가진 사람만 말하기, 말하는 사람에게 경청하기, 처음부터 끝까지 원 유지하기, 회의에서 나온 이야기는 비밀 보장 하기	※ 사회자 및 기록자 각 1명, 소음측정기와 타임키퍼는 각 3~4명씩 한다.
배움활동 (32분)	활동 1	◉ 격려 및 감사 나누기 • 돌아가며 한 명씩 이번 한 주 동안 서로 감사했던 점 또는 격려하고 싶은 말을 해봅시다. 　– ○○가 준비물을 빌려줘서 고마웠습니다. 　– 우리 반 친구들 모두 이번 주도 수고 많았습니다. ◉ 학급에서 좋았던 점 이야기 나누기 • 이번 한 주 동안 우리 학급에서 좋았던 점을 돌아가며 한 명씩 이야기해봅시다. 　– 모둠 협력을 잘해서 좋았습니다. 　– 만들기 활동이 재있고 좋았습니다. • 지난주 실천 사항이 잘 지켜졌는지 확인해봅시다.	♣ 토킹 스틱, 회의록 ※ 교사와 교육실습생도 참여하여 이야기 나눈다. ※ 말할 내용이 생각나지 않으면 '패스'했다가 이야기하도록 한다.
	활동 2	◉ 학급에서 아쉬웠던 점 이야기 나누기 • 이번 한 주 동안 우리 학급에서 아쉬웠던 점을 돌아가며 한 명씩 말해봅시다. 　– 청소에 참여하지 않는 친구들이 있습니다. 　– 이동 시 소란스러운 문제가 있습니다. ◉ 아쉬웠던 점의 해결 방안 이야기 나누기 • 아쉬웠던 점 중 가장 우선적으로 해결할 것부터 해결 방안을 이야기해봅시다. 　– 일주일에 한 번 청소 참여 요일별 팀을 만들면 좋겠습니다.	※ 아쉬웠던 점이 많으면 우선순위를 정하여 가장 시급한 문제 2~3가지의 해결 방안을 먼저 마련하고 나머지는 다음 회의에서 다루도록 한다.
	활동 3	◉ 공동의 목표 달성 놀이하기 • 양쪽 친구의 손을 맞잡고 전기를 보내는 감전 놀이를 하며 끝까지 전기를 보내는 데 걸리는 시간을 측정해 지난번과 비교해보겠습니다.	※ 시간을 재어 지난번과 비교하며 공동의 목표를 달성하며 성취감을 느낄 수 있다.
배움정리 (3분)		◉ 학급회의 소감 및 다음 주 다짐 나누기 • 학급회의 소감 및 다음 주 실천 다짐을 이야기해보겠습니다.	

[지도안] 7. 토의·토론 수업

배움주제	학생 활동 중심으로 배움이 일어나는 토론 수업		
학습목표	이야기 속 논제로 생각을 나눌 수 있다.		
단원	국어 독서단원	대상	(4~6) 학년
수업자 의도	『시간가게』 책 온 작품 읽기를 하며 학생들의 삶과 연결을 지어 함께 생각해볼 점을 논제로 토론을 해보고자 하였습니다. 대부분의 학생이 다니는 학원에 대한 논제로 찬성과 반대 입장을 모두 경험해보는 토론을 통해 다양한 관점에서 유연한 사고를 하며 적극적 소통으로 자신의 생각을 정하며 삶을 되돌아볼 수 있도록 본 수업을 구성했습니다.		

배움단계 (분)		교수 · 학습 활동	자료(♣) 및 유의점(※)
배움열기 (5분)	동기 유발	◉ 『시간가게』 속 윤아의 생활과 관련된 뉴스 • 다음 뉴스에서 어떤 내용을 말하고자 하는지 살펴보며 뉴스 속 내용에 대해 이야기해봅시다. ◉ 공부할 문제 확인하기 **독서토론으로 생각을 나누어 봅시다.**	♣ 초등학생들의 사교육 현황 관련 뉴스
배움활동 (30분)	활동 1 생각 기르기	◉ 짝 토론 준비하기 • '초등학생은 공부하는 학원에 다녀야 한다'는 논제에 대해 각자 작성한 입안문을 검토하며 토론 준비를 하겠습니다. ◉ 짝 토론 하기 • 1:1로 짝을 이루도록 두 줄로 동그랗게 마주 보고 앉아 팀을 나누어 회전목마 토론을 실시하겠습니다. 　1. 안쪽 줄과 바깥 줄 두 팀을 찬성과 반대 팀으로 나누기 　2. 찬성 팀 토론자가 입안하기 　3. 반대 팀 토론자가 입안하기 　4. 교차 질의하기 　5. 안쪽 토론자들이 일어나서 오른쪽으로 한 칸 이동하여 새로운 짝 만나기 　6. 위의 과정 두 번 반복하기 • 찬성과 반대 입장을 바꾸어 반대 방향으로 이동하며 같은 방법으로 회전목마 토론을 다시 두 번 실시하겠습니다.	♣ 입안활동지 ※ 교육실습생들도 학생들과 같이 토론을 하거나 관찰하며 어려움을 보이는 학생을 도와주도록 한다. ※ 처음과 반대 입장에서 적극적으로 의사소통을 하며 생각을 기르고 유연한 사고를 하도록 한다.
	활동 2 가치 수직선 토론으로 생각 다지기	◉ 가치수직선 토론하기 • 토론 후 자신의 최종 의견을 포스트잇에 적어 칠판의 가치 수직선에 붙이겠습니다. 　— 토론 전엔 논제에 대해 찬성하는 입장에서 +4점이었는데 토론하며 친구들의 생각을 들어보니 중립인 0점이 되었다. 학원을 다니지 않아도 스스로 공부하는 습관을 들이는 것도 좋을 것 같기 때문이다. ◉ 나의 삶과 연결해보기 • 친구들의 생각을 살펴보며, 앞으로 학원과 공부에 대한 자신의 태도와 생각을 정리해봅시다.	♣ 포스트잇, 가치 수직선 칠판 ※ 토론 속 배움을 실제 삶과 연결할 수 있도록 한다.
배움정리 (5분)		◉ 학습한 내용 정리하기 • 토론하며 서로 잘한 점, 좋았던 점을 격려 칭찬하고, 느낀 점을 짝–전체 발표해봅시다. ◉ 차시 학습 예고 • 『시간가게』 이야기의 흐름에 따라 내용을 요약해봅시다.	

[지도안] 8. 의사소통 수업

배움주제		의사소통을 잘하려면?		
학습목표		의사소통을 잘하기 위해서 말하고 듣는 방법을 알고 생활 속에서 실천한다.		
단원		대화와 공감 (국어)	대상	(5) 학년
수업자 의도		이야기를 잘 듣고 자신의 원하는 말을 바르게 전달하는 의사소통은 매우 중요하지만 많은 사람이 어려워합니다. 놀이와 역할극 실습과 같은 활동을 통하여 의사소통의 중요성을 알고 학생들이 수업과 생활 속에서 바르게 실천할 수 있도록 하는 데 주안점을 두어 수업을 설계하였습니다.		
배움단계 (분)		교수 · 학습 활동		자료(♣) 및 유의점(※)

배움열기	동기 유발	⊙ 놀이로 의사소통 연습하기
		• 가라사대 놀이와 눈치 게임을 해보고 놀이를 잘할 수 있는 방법을 발표해봅시다.
		  – 말하는 사람의 입 모양을 잘 보고 행동을 합니다.
		  – 바로 말이나 행동을 하지 않고 기다려야 합니다. 등		

배움활동	활동 1	⊙ 의사소통을 방해하는 것들 알아보기
		• 주변 사람들과 이야기를 했을 때 당황하거나 속상했던 경험을 떠올려 봅시다.
		  – 친구들이 나를 놀리는 말을 했을 때
		  – 부모님이 나의 이야기를 들어주지 않았을 때
		⊙ 의사소통의 기초 알기
		• 의사소통을 할 때는 말의 내용으로 전달되는 부분보다 목소리 톤, 억양과 같은 청각적 요소와 표정, 제스처와 같은 시각적 요소로 전달되는 부분이 더 크다고 합니다.
				♣ 메라비언 의사소통의 법칙

	활동 2	⊙ 의사소통 미션 역할극 실습하기
		• 짝과 함께 번갈아 가며 의사소통 미션 역할극을 해봅시다.
		  – 화자가 말하는 동안 청자는 미션을 확인하여 미션대로 잘 듣지 않거나 잘 듣는 행동을 한다.
		  [상황 1 미션] 친구가 즐거웠던 경험에 대해서 이야기를 하는데 딴청을 피우거나 말을 중간에 끊는 등 잘 듣지 않는 행동을 한다.
		  [상황 2 미션] 친구가 속상했던 경험에 대해서 이야기를 하는데 눈을 마주치고 잘 들으며 공감해주는 행동을 한다.
		• 바르게 듣는 방법에 대하여 말해봅시다.
		  – 바라보며 상대방의 이야기를 잘 듣습니다.
		  – 고개를 끄덕이거나 적절하게 반응하며 듣습니다.
				※ 상황 1 미션이 끝나면 서로 역할을 바꾸어 상황 2 미션을 경험을 하고 소감을 발표한다.

	활동 3	⊙ 말하기 실습하기
		• 오늘 활동을 하며 감사한 일을 떠올려보고 감사의 말을 전해봅시다.
		  – 나는 ~해서 감사합니다. 왜냐하면~ 이기 때문입니다.
		• 앞으로 우리 반이 어떤 반이 되면 좋겠는지 이야기해봅시다.
		  – 나는 우리 반이 ~하기를 바랍니다. 왜냐하면 ~이기 때문입니다.		

배움정리		⊙ 소감 나누기 • 오늘 수업을 통해 알게 된 점, 느낀 점, 앞으로 생활 속에서 실천하고 싶은 점을 한 가지씩 쓰고 발표해봅시다.		※ 의사소통의 방법을 규칙으로 정하여 교실에 게시하고 수업과 생활 지도에 활용한다.

[큐시트] 9. 실습평가토론회: 퍼실리테이션

실습평가토론회는 교육실습을 성찰하고 더 좋은 실습을 만들기 위해 꼭 필요한 자리입니다. 몇 명의 소감을 듣고 끝내는 형식적인 평가회가 아니라 퍼실리테이션 기법을 활용하여 모두가 참여한다면 더 의미 있는 시간이 될 것입니다.

특강주제　모두가 함께 만드는 실습평가토론회

학습목표　퍼실리테이션 기법을 활용하여 교육실습을 성찰할 수 있다.

개념설명　퍼실리테이션은 모든 참여자가 자유롭게 의견을 이야기하고 의사결정에 효과적으로 참여할 수 있도록 워크숍을 이끄는 것을 말합니다.

의　도　교육실습의 시간을 성찰하는 것은 더 나은 실습을 만들고 더 좋은 교사로 훈련받기 위해 무척 중요합니다. 퍼실리테이션은 모든 참여자가 동시에 의견을 개진하고 의사소통을 원활하게 하는 데 무척 효과적입니다.

실습활동　1. 팀 나누기: 교육실습생을 8개의 팀으로 나눈다. (자료: 뽑기 종이)
　　　　　　"지금부터 실습평가토론회를 시작하겠습니다. 8개의 팀으로 나누도록 하겠습니다. 한 분씩 상자에 있는 번호표를 뽑아주세요. 번호가 같은 사람끼리 팀을 이룹니다."
　　　　　　2. 아이스 브레이킹: 가위바위보 놀이로 분위기를 부드럽게 형성한다.
　　　　　　"두 명씩 짝지어 주세요. 지금부터 만세 가위바위보를 하겠습니다. 가위바위보를 해서 이겼으면 "이겼다", 졌으면 "졌다", 비겼으면 "비겼다"라고 먼저 외치면 이깁니다. 단, 만세를 하면서 외쳐주세요."

3. 팀별로 주제에 대해 포스트잇 붙이며 이야기 나누기: 주제에 대한 생각을 포스트잇에 쓰고 전지에 붙이며 이야기 나눈다. (자료: 전지, 포스트잇, 유성매직)

"지금부터 팀별로 주제를 정해드리겠습니다. 이 주제에 대한 생각을 포스트잇에 써주시면 됩니다. 그리고 팀원끼리 이야기 나눠주세요."

주제 예시: 수업을 하며 기억에 남는 것, 특강에서 기억에 남는 것, 실습 전 과정에서 좋았던 것, 아쉬웠던 것, 어려웠던 점, 바라는 점, 다시 실습 첫날로 돌아간다면, 교대로 돌아가 더 좋은 교사가 되기 위해 하고 싶은 것 등

4. 팀 바꾸기: 이전 팀과 흩어져 자리를 이동한다. 새로운 팀원과 앞에 놓인 주제로 이야기 나눈다.

"자리를 이동하겠습니다. 이전 팀원들과 흩어져 각자 이동하시면 됩니다. 새로운 팀원과 인사 나누시고 앞에 놓인 주제로 이야기 나눠주세요. 마찬가지로 포스트잇에 써주신 후 붙이며 이야기 나눠주세요." (같은 형식을 여러 번 반복하여 다양한 주제에 대해 다른 팀원들과 이야기를 나누게 한다)

5. 원래 팀으로 돌아가기: 여러 번 반복 후 처음 앉았던 자리로 돌아간다. 포스트잇을 요목화하여 발표한다.

"이제 처음 앉았던 자리로 돌아가 주세요. 포스트잇이 많이 생겼을 것입니다. 비슷한 것끼리 분류해주시기 바랍니다. 한 팀씩 어떤 내용이 나왔는지 발표해주세요."

6. 정리하기: 내용을 간단히 정리하고 마무리한다.

"지금까지 8개의 주제로 지난 교육실습을 돌아보았습니다."

마무리 활동을 해본 소감을 간략히 나누고 참여자에게 감사의 인사를 전한다.

[지도안] 10. 헤어짐 행사

배움주제	헤어짐 활동으로 완결 경험 갖기		
학습목표	헤어짐 활동을 통해 완결 경험을 갖는다.	대상	(전) 학년
수업자 의도	잘 만나는 것만큼 잘 헤어지는 것도 중요합니다. 헤어짐 활동을 통해 교육실습생과 반 아이들에게 완결된 경험을 갖도록 하는 것이 좋습니다. 다양한 교과가 어우러진 수업으로 구성하되 학생과 교육실습생이 함께 참여하여 추억을 나누고 지난 시간을 의미 있게 돌아보는 데 중점을 둡니다.		

배움단계 (분)		교수 · 학습 활동	자료(♣) 및 유의점(※)
배움열기	동기 유발	◉ 단체 사진 촬영하기 • 자연스럽게 자리를 잡은 후 다양한 포즈로 단체 사진을 촬영합니다. • 추천 포즈: 꽃받침, 브이, 손 하트, 큰 하트, 파이팅, 자유 포즈.	※ 교육실습생이 가운데 서거나 앉고, 학생들이 그 앞뒤, 양 옆으로 선다.
배움활동	활동 1	◉ 함께한 영상 감상하기 • 영상을 함께 보는 목적과 의도를 설명합니다. • 우리의 즐겁고 행복했던 시간, 성장 과정을 함께 나누는 의미 있는 시간임을 알려 줍니다. • 함께하는 동안 찍은 사진과 영상을 모두 모아 편집한 영상본을 함께 감상합니다.	※ 평소 사진과 영상을 찍어두고 영상 편집 앱을 활용하여 간단히 편집한다.
	활동 2	◉ 이별 연주하기 • 미리 준비한 2~3곡 정도를 진심을 담아 연주합니다.	※ 음악이 가지는 기능과 역할, 감동을 자연스럽게 습득하게 된다.
	활동 3	◉ 소감 나누기 및 편지 전달하기 • 교육실습생 한 명 한 명의 소감을 듣습니다. • 아이들이 한 명씩 나와 미리 준비한 편지를 전달하는 시간을 갖습니다. • 교육실습생이 헤어짐 활동으로 미리 준비한 것이 있다면 이 시간을 활용합니다. • 교육실습생과 아이들에게 자유 사진 촬영 시간을 주어 사진도 찍고 개별 인사의 시간도 갖도록 합니다.	※ 편지는 국어 시간을 활용해 학교에서 미리 작성해둔다.
배움정리		◉ 헤어짐 활동 소감 나누기 • 오늘 헤어짐 활동을 통해 알게 된 점, 생각하게 된 점, 느낀 점을 일기로 써오도록 합니다.	※ 완결 경험은 정서적 성숙을 가져오며, 일상으로 복귀하는 힘을 준다.

[큐시트] 11. 수료식(실습부장)

이벤트 형식의 수료식은 교육실습생들에게 좋은 추억을 하나 더 만들어줄 수 있을 것입니다. 수료식 흐름도를 참고하여 각 학교 특성에 맞는 수료식을 진행해보길 추천합니다. 참고로 본 수료식 행사 내용은 단위 학교 교육실습협력학교 지도교사 13인, 교육실습생 13인(총 26명) 기준으로 구성하였습니다.

특강주제   교육실습 수료식

학습목표   실습부장은 교육실습생과 지도교사 교육실습 수료식 행사를 즐길 수 있도록 돕는다.

개념설명   교육실습 수료식은 교육실습생들이 교육실습 전 과정을 수료한 것을 지도교사가 축하하기 위한 행사입니다. 그동안의 일반적이고 딱딱한 의식행사 개념보다 이벤트와 같은 느낌으로 진행한다면 교육실습생과 지도교사 모두에게 행복한 추억의 되리라고 생각합니다.

실습활동(40분)
1. 개회사: 진행자는 수료식 행사 시작을 알린다. (자료: 마이크)

   "지금부터 2020년 ○○교육실습 수료식을 시작하겠습니다. 지금까지 교육실습 전 과정을 무사히 마친 교육실습생 선생님들께 큰 박수 부탁드립니다."

2. 교장 선생님 축사: 교장 선생님은 실습수료 축사를 한다. (자료: 마이크)

   "교육실습생 선생님들의 교육실습을 축하하기 위해 교장 선생님께서 격려사를 해주시겠습니다." (교장 선생님 격려사)

3. 수료 기념 영상 시청: 교육실습생들이 직접 만든 교육실습 관련 영상(3분

이내) 중 우수 작품 1~2편을 시청한다. (자료: 영상)

"교육실습생 선생님들이 직접 제작한 교육실습 영상을 시청하시겠습니다." (교육실습 우수 영상을 시청한다.)

4. 지도교사 격려: 지도교사가 지도한 교육실습생에게 축하와 격려의 인사를 나눈다. (자료: 마이크)

"지금까지 교육실습생 선생님들을 개별 지도해주시느라 고생하신 지도 선생님을 소개할 때마다 큰 박수 부탁드립니다." (지도교사-교육실습생 1:1 격려 축하)

5. 폐회사: 진행자는 수료식 행사 폐회를 알린다. (자료: 마이크)

"이상으로 2020년 ○○교육실습 수료식을 모두 마치도록 하겠습니다. 교육실습을 위해 고생하신 선생님들과 교육실습생 선생님들께 큰 박수 부탁드립니다."

6. 기념 촬영: 수료식 기념 촬영을 한다. (자료: 카메라)

7. 작별 인사: 지도교사는 교육실습생들과 작별 인사를 나눈다. 지도교사는 수료식장 바깥에서 두 줄로 서서 축하와 격려의 박수를 치며 교육실습생들과 작별 인사를 나눈다.

참고 문헌 및 사이트

1. 참고 문헌

교육실습표준운영매뉴얼, 성신여자대학교 사범대학(2014)

교육실습 제도 연구, 교사교육프로그램 개발 과제 2003-2, 박영만, 김기태, 이시용, 박경문, 송민영, 교육인적자원부(2003)

교육대학교 교육과정의 미래형 모델 개발을 위한 외국 교사 교육과정의 관찰과 탐색, 고경석, 박인기, 노석구, 석문주, 이대식, 최유현, 한진수(2003)

교원양성 및 임용체제 개편 방안 국가교육회의, 경희대학교 (2018-04-30 ～2018-11-29)

교사 양성 제도의 국가 간 비교 연구 -미국, 핀란드, 일본 중심으로-, 경인교육대학교 교육학석사 학위논문, 이승진(2011)

독일 교원양성교육 개혁 동향 연구 - 노르트라인-베스트팔렌과 니더작센 주 학교현장실습 확대 사례를 중심으로-, 김상무, 아시아교육연구 6권 4호(2014)

'세계 교원양성 현장을 가다' 〈1〉 싱가포르 NIE, 교사선발-육성-관리 등 전과정 통제, 동아일보 2010-11-17

'세계 교원양성 현장을 가다' 〈2〉 핀란드, 6개월 교육실습생실습-자발적 교사연수가 '1등 교육' 비결, 동아일보 2010-11-24

'세계 교원양성 현장을 가다' 〈4〉 佛 "교원 질 높여라" 임용자격 석사 이상으로 강화, 동아일보 2010-12-15

전국 단위학교 초등학교 교육실습협력학교 운영 계획

지니샘의 행복교실 만들기, 정유진, 에듀니티

학급운영시스템, 정유진, 에듀니티

호주 초등교사 양성과정의 교육실습 현황과 시사점, 정종진(2009)

2. 참고 사이트

사람과교육연구소 홈페이지 http://hein.co.kr/

전국 부설초등학교 홈페이지

전국 교육대학교 홈페이지